FOUNDER AND CORPORATE CONTROL

创始人与公司控制

仲继银 著

企业管理出版社
EMPH
ENTERPRISE MANAGEMENT PUBLISHING HOUSE

图书在版编目（CIP）数据

创始人与公司控制 / 仲继银著 .—北京：企业管理出版社，2021.11
ISBN 978-7-5164-2490-2

Ⅰ. ①创… Ⅱ . ①仲… Ⅲ . ①公司—企业管理 Ⅳ . ① F276.6
中国版本图书馆 CIP 数据核字（2021）第 182613 号

书　　名：创始人与公司控制
作　　者：仲继银
责任编辑：尚元经　郑小希
书　　号：ISBN 978-7-5164-2490-2
出版发行：企业管理出版社
地　　址：北京市海淀区紫竹院南路17号　　邮编：100048
网　　址：http：//www.emph.cn
电　　话：编辑部（010）68414643　发行部（010）68701816
电子信箱：qiguan1961@163.com
印　　刷：北京天宇万达印刷有限公司
经　　销：新华书店
规　　格：148毫米×210毫米　32开本　12印张　215千字
版　　次：2021年10月第1版　2021年10月第1次印刷
定　　价：88.00元

前　言

PREFACE

创始人：从开始一门生意，到创建一个组织，缔造一家伟大的公司

改变世界的公司，是由她的创始人和其后继者们创立、培育、修正和发展起来的。是一些人，活生生的人，在通过公司这样一种组织，改变和发展着这个世界，从经济到社会和文化。

天生创业者，没有工作过，甚至大学都没有读完，如明星一样引人关注，但更多的人是经过艰苦历练而后成功创业的。有人为创业而先工作，积累经验，有人为创业而先研发，奠定基础，都是谋划在先、充足准备而后成功创业的。

发明和发现改变世界，但需要有相应的企业去执行。有的发明家成功创立了企业，转型为企业家；有的发明家只是做出了发明，企业家的工作由别人去完成了。更多的人没有什么发明，但是他们善于发现，善于创新，可以是模式，可以是产品或服务，甚或是已有企业，他们抓住机遇，有效执行，缔造出了伟大公司。

公司作为一种企业组织，也是一种金融工具。公司可以为发明者们提供平台，可以为创业者们提供金融和组织支持。创业者们创立公司，成为公司创始人，把一项生意变成一个可持续发展的企业组织。

创立公司进行融资需要靠项目前景，公司创立、资金进入后则要靠优秀的管理能力和业务运营水平来发展公司。如果创始人自身的管理能力不足、不能成为优秀的公司管理者，又不能或不愿意放手、引入职业管理，则必然会出局。

公司创始人要避免“不进行外部融资被竞争者挤走，进行外部融资被投资者赶走”的困局，需要在融资时的创始人控制权保护设置和融资后的管理能力提升两个方面做足功课。管理能力提升可以是让自己从创业者成功转型为优秀的管理者，也可以是建立信任，成功引入职业管理者。

从创业选择到公司控制的逻辑导图

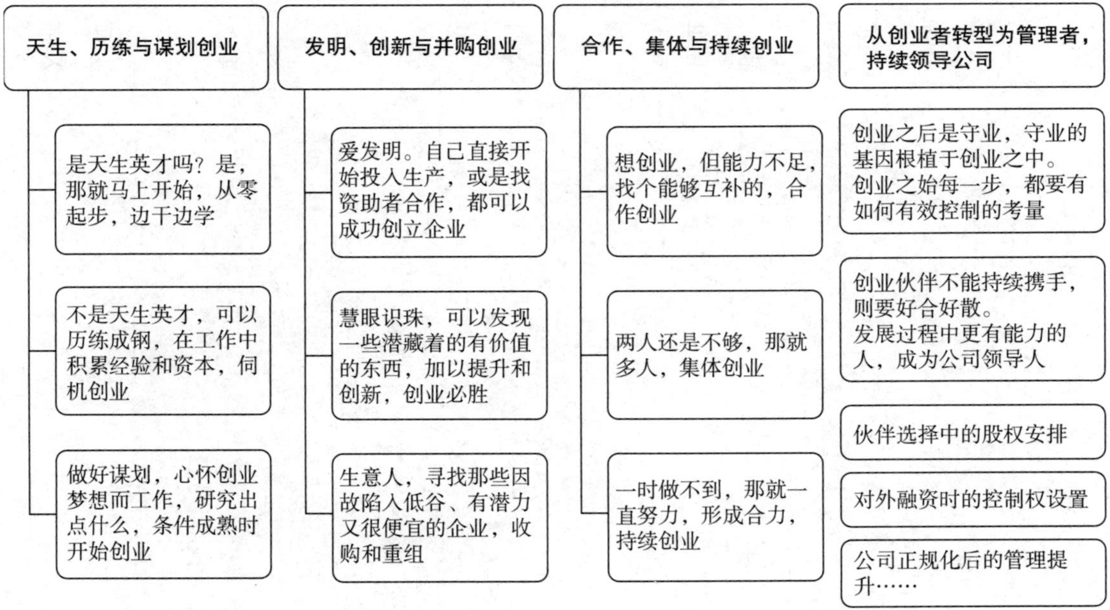

目 录
CONTENTS

4 章 合作、集体与持续创业 190

5章 融资、管理与公司控制 267

1

章

公司治理与企业家精神

1. 从企业经营失败谈起
2. 守规则，定机制，合作共赢
3. 健全治理，化危为机
4. 董事会与公司的企业家精神

传统社会中不乏富可敌国的大商人，但是，他们很难创建出一个可持续发展的企业组织。基于有限责任和董事会及其延伸的一整套公司制度和公司治理机制，使企业家可以有机会成为创始人，缔造出可持续发展、基业长青的伟大公司。

1. 从企业经营失败谈起

商业成功有多种因素，机遇和运气可以成就一家公司短暂或者一段时期的兴盛，但长期可持续的成功需要良好的公司治理。

良好公司治理的一个重要作用是规避企业成功后的失败风险，更能帮助企业在失败中合理有效地分担风险，迈过失败的废墟，继续前行。

大多数的公司危机都源自企业经营中十分正常的失误，如市场判断、技术选择等。在良好的公司治理和风险控制条件下，正常的经营判断失误不会导致企业整体上的难以为继。即使陷入危机，甚至是遭遇灭顶之灾，在健全的公司治理体系之下，可以合理有效地分担损失，失败的企业家还可以有东山再起的机会。

如果经营失败就要自杀，世界上就不会有福特汽车，不会有 3M 公司，不会有 Twitter 公司，更不会有如此辉煌的苹果公司了。在最后成功创建了延续至今的福特汽车公司之前，亨利·福特有过五次经营失败的经历；3M 公司创立之始就遭遇了判断失误；Twitter 公司是从失败的播客公司中衍生出来的；乔布斯曾因经营不善被赶出苹果公司，再次回到苹果公司后缔造了苹果更大的辉煌。

创业就一举成功，并能一直延续的企业太少了。更多的企业是在经历了诸多失败之后才真正成熟起来的。企业经营失败，会给投资者及各种利益相关者带来经济损失，但也有从失败中总结出来的经验和由失败历练出来的独特能力积累在企业家身上，这是一笔无形的社会财富。

如果一个公司不能有一套良好的公司治理机制，让失败项目中总结出来的经验财富得到利用，可谓是赔了夫人又折兵，企业也就难以长期持续。如果一个社会不能通过一套良好的公司治理系统，让遭遇失败企业的各方利益相关者按规则分担损失，让有失败经验的企业家能有东山再起、继续前行的机会，则是一种企业和社会财富的双重损失。

经营失败的企业家自杀，是其个人的悲剧，更是一种社会财富的损失，这种财富损失比其经营失败所带来的直接经济损失更大。在以大众创业、万众创新为国策的当下中国，我们不仅要通过成功企业家的示范激励人们创新和创业，更要通过一套有效的现代公司治理体系，对创业失败者和经营失败企业家提供保护，使由失败经验所构成的社会财富能够积累起来，再次投入到新的财富创造中。

两次重大失败与福特汽车公司的创建

1908 年正式创建福特汽车公司之前，亨利 · 福特有过底特律汽车公司和亨利 · 福特公司的两次失败。

1899 年有近 10 位投资者共同出资 15000 美元创建了底特律汽车公司，亨利 · 福特为公司机械主管，月薪 150 美元。激励机制的缺乏导致底特律汽车公司的失败。1901 年 5 位投资者和亨利 · 福特共计 6 人，组建了一家 60000 美元股本的新公司——亨利 · 福特公司。亨利 · 福特占六分之一的股份，但是没有薪水了。新公司给予亨利 · 福特的"激励"还是不够，亨利 · 福特与投资者之间仍然存在分歧。1902 年，亨利 · 福特仅仅带走 900 美元现金和自己名字的使用权离开公司。这是亨利 · 福特第二次被排除汽车制造者的行列。在 1902 年，没有几个汽车先驱遭遇过两次重大失败。

第三次上路的福特先找到了两名赛车制造资助者，合作的内容就是制造两辆同样的赛车，其中一辆归一位投资者所有，另一辆名为 999 的赛车在 1902 年 10 月 25 日的一次生产商挑战杯赛中打破了美国纪录。凭借赛车上获得的巨大的汽车制造名声，亨利 · 福特找到了一位新的投资者——底特律最大的煤炭商人马尔科姆森。由此诞生了 1903 年正式创立的福特汽车公司。

“失败是成功之母”，这是亨利·福特经挂在嘴边的话。底特律汽车公司和亨利 · 福特公司股东们的投资损失，转化为了亨利 · 福特能够做出好车的名声和一身真功夫，也转化为了“福特汽车公司”股东们几乎是史无前例的巨额投资回报。是责任分担机制清晰的一套现代公司治理体系保证了亨利·福特没有被失败击垮，能够一次一次地走出来，最终缔造出了一家世界级的一流公司。

从失败中站起来的3M公司

1902 年，五位创始人创立了 3M 公司，他们的创业冲动来自当时明尼苏达州正因矿藏而繁荣。他们与其他梦想开矿致富的创业者们一样，“先成立起公司，然后才进行调查研究”。与其他人不同的是，他们在失败后，坚持把公司发展下去，并通过有效的公司治理机制，在资金和人才两个方面都引入新生力量，最终成为了一家持续发展的世界一流公司。

1904 年底，3M 公司股票在当地酒吧里两股才能换一杯最廉价的威士忌，董事会每天都在开会，寻找一个解决之道。创立者们决心不放弃公司，员工也同心协力。合伙人们决定削减自己的薪水，直至取消，还要个人再出资给员工发工资，以便把公司维持下去。最后公司接受了一位名为奥博的投资者建议，决定脱离采矿业，转向制造砂纸和砂轮。1905 年，奥德威投资了 2.5 万美元，同时有几位创始人兑换掉了他们的股份，奥博和奥德威合计占到了 3M 公司 60% 的股份。

奥博和奥德威除了以资金在财务上挽救了 3M 公司之外，还设定了公司的新发展方向和基础制度架构，引入了 3M 公司的成长建筑师和实际缔造者威廉·麦克奈特。3M 公司首任总裁由最初五位投资者中的布赖恩担任，1905 年公司重组后新进入投资者奥博担任第二任总裁，但是很快于 1906 年由另一位新投资者奥德威接任。1909 年，奥博第二次出任总裁，在位 20 年。1929 年，由公司内部成长起来的麦克奈特接替奥博，成为 3M 公司第一位由职业经理人担任的总裁。

麦克奈特不是 3M 公司的创始人，但他是 3M 公司的缔造者，以他终生的 3M 职业生涯塑造出了一家将创新变成系统和可重复过程的公司，成为 2003 年《财富》杂志选出的美国有史以来十位最伟大的 CEO 之一。

2. 守规则，定机制，合作共赢

创业需要伙伴，但若不能有效解决创业伙伴之间的冲突，会带来灾难性的后果。解决冲突的方法多种多样，成功案例不胜枚举。是理性地解决冲突，还是非理性地恶斗到底，一切都取决于当事人自己的选择。

创业伙伴，能够像惠普创始人休利特和帕卡德那样终生合作，可谓传奇，少之又少。但是，只要遵循一些基本的公平处事方法和公司治理规则，与不再合适的原合作者好合好散，发掘新合作者，同样可以缔造出一个持续卓越的伟大公司。

三位古典大亨的经验

在洛克菲勒、卡内基和福特等古典大亨们的时代，股票市场和公司治理规则都没有现在这么发达和细致，但是他们通过遵循一些最基本的公平处事方法而解决了与合伙人之间的冲突，并由此开拓出自己继续前进的道路。

（1）洛克菲勒进入石油业，起源于和其合伙人和平分手

1858 年，洛克菲勒与克拉克合伙开设了从事农产品经销的公司——克拉克 - 洛克菲勒公司，两人各占一半股份。1863 年，洛克菲勒和克拉克决定投资 4000 美元、占一半股份，与炼油专家安德鲁斯合作成立安德鲁斯 - 克拉克公司，建炼油厂。不到一年时间，本来是副业的炼油厂生意就超过了主业农产品贸易。安德鲁斯 - 克拉克公司很快成为了克利夫兰最大的炼油企业，但是洛克菲勒和克拉克之间却在公司管理和战略等方面产生矛盾。洛克菲勒比克拉克更为看好石油业的前景，愿意投入更多的资金发展，而克拉克相对保守。1865 年 2 月，洛克菲勒和克拉克决定散伙，双方竞拍炼油厂的所有权，出价高者得。从 500 美元的底价开始，一路上涨到 7.25 万美元时，克拉克放弃，洛克菲

勒得到炼油厂。公司更名为洛克菲勒－安德鲁斯公司，安德鲁斯只负责技术，26 岁的洛克菲勒全权掌管企业，开始了走向石油大亨的征程。

（2）卡内基：钢铁大王的“极端与妥协”

卡内基能够成为钢铁大王得益于他在宾夕法尼亚铁路公司所积累起来的管理经验、投资机会和第一桶金。但是更重要的是他具有“极端与妥协”的双重个性与能力。在追求生产效率，通过竞争消灭对手方面，卡内基毫不手软并勇于走极端。另一方面，卡内基也善于妥协，是一个战略方向指引者和冲突化解者。在面对自己团队中发生无法化解的矛盾、合伙人退出转让股份价格发生分歧时，卡内基都在最后关头妥协，以对方开出的价格达成和解，以避免走上法庭和两败俱伤。

（3）亨利·福特与其创业伙伴分手：董事会投票，股份收购

煤炭商人马尔科姆森与亨利·福特共同创建了福特汽车公司。两人“有钱者出钱，有力者出力，利益均分”：马尔科姆森提供种子资金，福特负责制造出样车，以便吸

引足够的风险投资来创建一家新公司。新公司中，两位原始合伙人要占 51% 的股份，这 51% 由两人各持一半。但是起初设计良好的平等合作局面，随着公司发展而发生变化。马尔科姆森最初没有参与公司管理，在福特汽车公司取得一定成功，他自己的煤炭生意也通过改制为股份公司而可以放手之后，他要介入公司管理，由此与亨利·福特之间发生了冲突。亨利·福特通过董事会投票决议，并最后收购股权而使马尔科姆森离开了公司。

平等友善，着眼未来

创业伙伴，不仅仅是有足够的机缘，也应该都是经过慎重选择的。有些时候，问题出在小有财富之后的人性扭曲；也有的是视野、判断力等没有随财富增长而得到增强。但如果能够一直本着平等友善的态度，着眼于未来而面对当前的问题，不仅矛盾可以解决，也可以好合好散而双赢。

（1）西尔斯和罗巴克：生意分分合合，关系持续友善

罗巴克是西尔斯－罗巴克公司的共同创始人，他从前身公司西尔斯钟表公司的雇员做起，后来成为合伙人。罗

巴克 1887 年被西尔斯聘为西尔斯钟表公司的维修师，西尔斯于 1889 年卖掉了该公司。1892 年，西尔斯又找罗巴克商讨重新合作，两人合伙组建了罗巴克公司，1893 年重组更名为西尔斯 – 罗巴克公司。两年之后的 1895 年，罗巴克因为个人兴趣转变而要求理查德 · 西尔斯买下了他的股份，不再是股东，但将其姓氏留在了公司名称之中，并一直与公司保持着良好的合作关系。1933 年罗巴克重新加入了西尔斯 – 罗巴克公司，像个明星一样，在全国巡回出席各地的西尔斯商店开业庆典。

（2）沃尔玛：从合伙到公司，仅以账面价值折股

在改组为沃尔玛公司之前，山姆 · 沃尔顿开设的所有商店都是以独立的合伙企业形式组建的，合伙人有沃尔顿的弟弟、父亲、两位妻弟和商店经理（通常为 2% 权益）等。1969 年，沃尔玛公司成立，已有 32 家合伙制商店、78 名合伙人的权益全部置换为沃尔玛公司股份。在这一重组过程中，尽管各个商店的地理位置、经营业绩等差异很大，但没有对每家店一一进行价值评估，而是采用了简单的账面价值法。每位合伙人都爽快地在协议上签了字，并在后来都很高兴当时的明智决定。

（3）ZARA缔造者阿曼西奥：婚变后的股份投票权委托

阿曼西奥妻子梅拉是创始人之一，于 1973 年辞去了公司职务，转做慈善。1985 年经过一系列的重组之后正式成立了 Inditex 公司。1986 年离婚之后，阿曼西奥个人所持公司股份只剩 23%，已经不足以保持住对公司的控制权。梅拉没有让感情裂变影响商业决策，大度并且有眼光，把她的股份投票权委托给了阿曼西奥，支持了阿曼西奥对公司的控制。梅拉推动 Inditex 公司上市，以兑现一些自己所持公司股票，投入她的慈善基金中去。2001 年公司上市之后，仍是公司第二大股东的梅拉退出了公司董事会。

守规则，定机制，防患于未然

志趣相投、价值观共享是成为创业伙伴的重要因素。但是，对于绝大多数人来讲，这些是会随财富、社会地位和环境而改变的。创业伙伴之间要守规则、定机制，防患于未然，避免合作关系破裂带来灾难性后果。

（1）发明人彭伯顿不守规则，错失可口可乐

1855 年 12 月，可口可乐发明人彭伯顿与贩卖彩印机的

鲁滨逊和多伊，及他的一位老搭档霍兰，四人合伙成立了彭伯顿化学公司。彭伯顿投入其技术（可口可乐配方）和实验室，鲁滨逊和多伊投入他们的彩印机，霍兰投入了资金，四人平分股权。可是 1887 年 6 月 28 彭伯顿个人申请到了“可口可乐”专利权，随后于 7 月 8 日瞒着另外三位合伙人将可口可乐三分之二的专利权卖给了其他人。彭伯顿化学公司马上陷入了一系列的诡计、欺骗和混乱之中。多方争夺，几经周折，最后结果是，专利药剂经销商坎德勒以总计 2300 美元获得了可口可乐专利权，缔造出一个已经与彭伯顿毫无关系的可口可乐帝国。

（2）苹果从合伙转为公司：未雨绸缪，杜绝后患

苹果公司前身是苹果合伙企业，存续了不到一年的时间。1976 年 4 月 1 日，乔布斯和沃兹尼亚克达成了合伙协议，约定二人各自占有合伙企业 45% 的权益，余下 10% 的权益给予第三位合伙人韦恩。拉来第三位合伙人是为了避免以后两人在重大问题上达不成一致意见，陷入僵局。但在 1976 年 4 月 12 日，因为害怕乔布斯的负债经营会使自己债务缠身，韦恩以一次性 800 美元的价格让出了自己 10% 的权益，退出了合伙企业。1977 年 1 月 3 日，投资人马库拉

和乔布斯、沃兹尼亚克三人签署文件，正式创建了苹果股份公司。为了避免日后可能产生的法律纠纷，苹果股份公司以 5308.96 美元购买原苹果合伙企业的全部权利，并将这笔钱的三分之一给了韦恩，以确认他不会对苹果股份公司有要求获得利益的任何权利。

（3）斯沃琪缔造者海耶克的控制手段

斯沃琪集团缔造者海耶克，曾是一位成功的企业咨询师。他挣到了一些钱后，想要投资于企业，实际操练一下。1985 年入主 SMH 时，海耶克作为十几位投资者的核心人物，要保持住自己的控制权，做了如下三项安排。通过“联合投资合约”控制住股份：某一成员在对外转让股权时，其他成员具有优先认购权；团队成员中无人有购买意向时，才可以向外转让给第三方，此第三方要获得投资团队的认可。在董事会中，海耶克享有对企业管理事项的一票否决权。与投资团队中的大投资者斯密德亨尼达成协议，斯密德亨尼将其所具有关公司事务的投票权全权委托给海耶克行使。

3. 健全治理，化危为机

公司危机多种多样，有的是由公司外部因素导致的，有的是由公司内部原因造成的；有的是公共性或系统性的危机，有的是个体性的危机。无论危机源自何处，是何性质，董事会都负有最主要的责任，要带领公司渡过危机，并化危为机。

危机是检验一家公司治理体系有效性的试金石，是对公司治理体系有效性和董事及高管能力的测试。良好的公司治理不能预防所有危机，但一个优秀的董事会能通过一些有效的风险管理措施预防风险和事故演变为危机甚至灾难。

许多公司危机本身就源自公司治理问题，如：股东之间的利益冲突，股东与管理层之间的公司资源使用冲突，董事会与管理层之间的人员更替和继任冲突，董事之间的个人恩怨、利益或潜在动机冲突。冲突不可避免，但需要以建设性的方式处理，冲突失控就会变为危机。

在最后成功创建了福特汽车公司之前，亨利·福特曾有过五次经营失败；3M公司创立之始就因判断失误而惨败。责任分担机制清晰的一套现代公司治理体系保证了亨利·福特没有被失败击垮，一次一次地走出来。3M公司的创始人们在经历失败后，通过有效的公司治理机制，在资金和人才两个方面引入新生力量，开拓出一条新路。

公司发展过程中，各种各样的矛盾和冲突本身都不是问题，关键是有没有一个董事会投票这样的明确、权威的决策中心和裁决机制。创始人内部冲突，创始人与投资人之间的冲突，三位创始人的连续出局，都没有阻挡住Twitter作为一家独立公司的发展步伐。是公司各方相互作用但以董事会为核心（谈判、妥协和集体决策）的公司治理系统缔造了Twitter。

乔布斯（自身担任董事长并是公司大股东）先前败给斯卡利（CEO）和后来赢了阿米利欧（董事长兼CEO）的两次苹果内部斗争，都是董事会中的多数派支持决定胜负。董事会的权力到位，有董事会的裁决机制，多大、多激烈的公司内部矛盾和冲突，都可以和平解决，不会导致公司瘫痪甚至分崩离析。

有效的吹哨人保护与警哨程序

提前发现危机是成功管理危机的一个重要前提。如果董事会能够及早发现问题并采取纠正行动，很多危机可能就不会发生了，至少不会走上灾难境地。

大多数危机是逐步形成的，在可解决的问题演变为全面危机之前，通常会有预警信号。内部危机和外部危机，系统性危机和个体性危机，都是如此。

良好公司治理能够确保公司做出优质决策，实施有效的风险管理和内部控制，从而降低危机发生的可能性。董事会成员负有公司风险和危机预防上的特别注意责任，特别是非执行董事要发挥其特殊作用。非执行董事不像执行董事那样直接介入企业运营、对公司具体情况了如指掌，但这使他们更容易看到异常现象和新趋势，能够更早地认清形势、发现危险。

董事会要花更多时间向前看，全方位评估公司所处的政治、经济、社会环境和竞争动态，时刻保持警惕。每家公司都有一套流程来生成有关公司运营和经营环境的信息，这些信息往往包含了危机的早期预警信号。公司董事会和高管层应密切关注、深入分析并充分利用这些信息，特别是在进行公司战略决策时。

对于风险管理和危机预防来说，仅仅依靠常规和例行性的信息来源是不够的。董事会还要确保公司设置和维护一个有效的警哨程序，让人们能够报告他们发现的问题，以使董事会能够及时发现问题，及早采取纠正行动。成功的警哨程序必须让人们相信他们所吹出的“警哨”会被认真对待。还要能让吹哨人感到可以安全地发出信息，并且能够以匿名方式进行。

面对风险与潜在或现实的危机，在掌握真实信息的基础上，还要能迅速有效地采取行动。为此，必须将组织设计成能够纠正错误并迅速对变化做出反应的架构。这需要开放和透明的文化，要能够根据战略和其执行结果，以及不断变化的环境条件迅速调整。如果行动迟缓，危机会迅速蔓延，形成恶性循环，给识别真正的危机来源和从源头上解决危机造成困难。

危机中的董事会与管理层关系

危机中公司的领导权会在股东、董事会和管理层之间移动。董事会在危机中的表现取决于其在危机前是如何运行的。危机往往会强化董事会的决策程序、行为模式，以及董事会与管理层的互动关系。如果在危机前，董事会仅仅是“橡皮图章”，那么在危机期间董事会将更加无用：高管们会无暇关注董事会、向其提供信息、寻求建议和支持。如果在危机前董事会就有效运作，其重要性将在危机中进一步提高：董事会会议更频繁，信息流动会增加，会比平时更关注现金流。

在董事会无效的情况下，公司面对危机时，要么管理层不顾监管或章程的规定，掌管董事会的权力，做出必要的决策；要么股东通过股东大会决策或人格力量控制公司。如果股东人数少且早已参与公司管理时，这会有效。由管理层或股东来应对危机，效果如何取决于掌权股东的经验或管理层的能力，以及其与危机发生的关系（他们自身可能就是危机的根源）。这些选择的风险都会更高，最好还是未雨绸缪，建立起良好稳健的公司治理体系和有效有力的董事会。

良好的公司治理结构和流程有助于公司更充分地做好应对危机的准备。在危机应对中，董事会要处理好其与管理层的关系变化。公司面临重大危机，董事会需要立即深度介入。严重危机情形下，管理层会被降级，一些原属管理层的决策权会被董事会掌控，甚至一些管理层的职位也被董事会成员替代。这些变化可能会引发管理层的各种反应：故意扭曲对行动方案的理解，破坏董事会的决策；或保持沉默，不向员工作任何有关危机应对行动方案的解释等。为此，董事会在与他们就流程和结构的调整进行沟通时要十分谨慎。

应对危机：让专业人士走上前台

“速度”对于管理危机至关重要。在发现即将陷入危机或已经陷入危机时，董事会必须首先接受现实，承认公司已经陷入危机，并迅速采取行动，控制危机。董事会要设想并分析最坏情形，危机发展到最严重阶段时会给公司带来什么样的后果。

董事会应制定合理的危机管理计划并予以实施。虽然无法预见危机的所有细节，但应事先明晰职责，制定预警方案，准备好能够迅速启动的应急支持，并且特别注意危机中的有效沟通。危机沟通不要引起不切实际的期望，不要隐藏残酷事实，尽量直接和面对面沟通。

危机时刻，董事会必须加班。在召开关键决策会议时，董事们必须亲临现场。诸如资讯更新、反馈和审核等工作，董事们可通过电话或视频会议进行。非现场会议有效的前提是董事会在危机之前就已经团结协作，具有公开和诚实辩论的董事会文化。

危机期间，董事会可根据危机的性质和种类，成立专业性的危机应对小组，让专业人士来领导危机应对工作，董事会提供资源和支持。这样做，可以使公司管理层能专注于维护正常经营，公司员工可以专注于业务。更重要的是将职责委派给外部专业人士，可以具有更高水准的危机处理能力（特别是系统性和外部性危机，如瘟疫和自然灾害），可以解决公司内部人士可能存在的一些利益冲突（特别是内部性的冲突和事故危机）。

危机应对小组建立后，要赋予其明确的职责和权力，特别是资源调度和使用权力，使其能高效地开展工作。赋予的职权大小取决于建立危机应对小组的初衷和危机的类型。危机应对小组的每位成员都应当有替补，特别是在成员可能与危机发生有关或存在利益冲突时。

4. 董事会与公司的企业家精神

无论如何定义，说起企业家精神，总会与创新和创业相联系。初创企业和中小企业，自然地具有企业家精神，并且这种企业家精神也很自然地会在企业主或说公司创始人身上体现出来。可是，在成熟公司中，创始人已经退出了公司，公司由董事会掌控大局，CEO 为首的职业经理人团队打理具体事务，企业家精神体现在哪？换句话说，在现代公司治理体系中，股东、董事、经理或是大股东、董事长、总裁等，谁是企业家，谁最具有或应该具有企业家精神？

有学者提出要用“以企业家为中心的公司治理模式”替代“以经理人为中心的公司治理模式”。事实上，现行的公司模式，法律和理论上都是以董事会为中心的，实际运作中，在中国这类股权高度集中的国家，往往是以核心股东为中心的；在英美等股权高度分散的国家，往往是以关键经理人为中心的。以企业家为中心的公司治理，是一种美好愿望，但没有实际可操作性，因为你无法清晰界定企业家的概念。到目前为止，还没有见到任何一个国家公司法上有企业家的概念。

那么，在一个并没有企业家概念的现代公司中，或更准确地说，在以董事会为中心的现代公司治理体系中，企业家精神是如何体现出来的？撇开初创企业和创始人仍在掌控大局的公司不说，成熟的现代公司也无疑是可以具有企业家精神，并且实际具有极为强大有力的企业家精神的。成熟现代公司的企业家精神在“创新”和“创业”两个方面，都有丰富的表现。

“创新”方面，今天改变世界的大多数革命性技术，实际都是源自成熟公司的研发投入而产生，而不再是爱迪生那样的个人创新者力所能及的。从 AT&T 公司的贝尔实验室，到施乐公司的帕洛阿尔托研发中心（PARC），是成熟大公司的研发投入启动了现代微电子和 IT 产业的非凡历程。

“创业”方面，成熟公司的贡献表现在两个方面。一是，成熟公司自身通过新技术和新业务的开发，实现自身转型，成为了一家事实上的全新公司，如IBM从打卡机到计算机再到IT服务，3M从采矿到高科技，丰田从纺织到汽车，苹果从到电脑到手机，富士通从电话机到计算机等。二是，很多新创公司实际源自成熟公司，或具体业务，或创业人员本身，是从成熟公司分离出来的。从大公司走出来的创业者，这方面的例子不胜枚举，从苹果公司创始人之一的沃兹尼亚克，到星巴克公司创始人舒尔茨等。

集体决策的董事会何以容纳个人属性的企业家精神

现代公司治理的基石是董事会，董事会的基本原则是集体决策。公司走向成熟在公司治理上的根本标志就是董事会这块基石是否夯实了，董事会的集体决策原则是否得到了严格遵守。这是否会窒息了本质上是一种个人属性的企业家精神呢？客观地说，这不仅很有可能，并且往往是广泛存在。因此有些学者提出了构建以创新为导向的公司治理模式等等。

创新、创业与企业家精神，本质上来说，都要源自个人的内心。只有具体的活生生的人，才会有冲动、血性或说动物精神一类的本能性的创新和创业基因。公司创新或公司创业，本质上是说，公司作为一个组织，要成为那些具有创新、创业精神和能力的个人的创新和创业平台，为他们的创新创业想法提供资源支持，并在进入到一定阶段之后，以组织的强大能力把这种创新创业行为贯彻和执行下去，或作为公司成长的第二曲线，使其成为公司新的主营业务，或是将其分离和分立出去，公司取得资本投资收益。

遗憾的是，现实中的大多数公司是无法做到这一点的。只有那些真正卓越的公司能够多次做到这一点，从而屹立百年，与时代同行。更多的公司可能做到一次、两次，但是做不到三次、四次。在这种现象的背后，是市场的逻辑永远强于组织的逻辑，市场的逻辑也远比组织的逻辑更为复杂。所以，有诺贝尔经济学奖，而没有诺贝尔管理学奖，也没有诺贝尔法学奖。公司已经是到目前为止人类所发明的最好的一种经济组织和企业制度了，但在创新创业和企业家精神背后的市场逻辑面前，公司还是一个小学生，需要努力学习和成长。

集体决策的董事会要容纳个人属性的企业家精神，可能是一企一策的，即一个企业有一个企业的具体做法。创始人仍在的时候，可能创始人是企业家精神的核心体现。

这种公司里，董事会可能只需要设定公司在创新投入上所能承受的最大风险。谷歌公司和亚马逊公司目前就属于这种情况。创始人不在之后，可能某位新入主的控制性股东，或是某位有重要地位的关键人物，通过出任公司董事长或首席执行官而成为公司企业家精神的主要来源。1905 年奥博和奥德威入主 3M，2005 年与凯玛特合并后兰伯特入主西尔斯，以及 1959 年冈田完二郎就任社长之后的富士通等，都属于这种情况。第三种情况则是，没有了控制性股东也没有了创始人的股权分散公司，董事会在对公司处境有清醒认识的基础上，为公司引入具有强烈企业家精神的人，来带领公司“二次创业”。

成熟公司董事会通常会从以下三个来源为公司引入具有企业家精神的人，带领公司走出困境。一是召回已经退居二线或者可能因为种种原因而离开了公司的创始人。2008 年，已经退居二线 8 年的舒尔茨重回星巴克公司担任首席执行官。1997 年，已经离开了 12 年的乔布斯重回苹果公司，并带领公司通过一系列的创新，从一家电脑公司成长为引领世界潮流的消费电子公司。二是从公司外部甚至是从行业外部聘请合适人员。1914 年 IBM 前身 C–T–R 公司董事会聘请老沃森出任总裁，1993 年 IBM 聘请郭士纳出任董事长兼 CEO，都属于这种情况。三是任用从公司内部培养和成长起来的具有企业家精神的人。铃木敏文 1963 年进入伊藤洋华堂，1973 年负责创立日本 7–11，2005 重组伊藤洋华堂和 7–11 为 7&I 控股集团。

富士通开发计算机和乔布斯重回苹果时的董事会角色

1959 年，离开古河财阀、作为职业经理人在宇部兴产工作了 10 余年，已经 68 岁的冈田完二郎，受时任富士电机社长兼任富士通社长的和田恒辅的邀请，出任富士通社长（后来又出任会长）。一位古河财阀核心企业古河矿业的前社长，出任作为古河财阀孙级公司的富士通的社长，这一“奇迹”现象背后的原因就是冈田看好计算机。在冈田出任社长之前，富士通的社长基本是由母公司富士电机的高管兼任。富士通业务快速发展的势头和冈田完二郎的特殊身份，带给了富士通相对于其母公司富士电机的独立性，使富士通能够做出“在开发电子计算机上孤注一掷”这种大胆甚至近乎赌博性质的决策。

在满是来自富士电机及古河系其他企业的大人物们的富士通董事会上，来自富士通经理层和年轻技术人员们的关于发展计算机业务的提议，按照通常程序是不可能通过的。但是冈田完二郎的特殊地位，使他可以顶住守旧的董事们的压力，而支持年轻经理和技术人员的创新。用冈田自己的话说是，“比如有10名董事，其中有3人赞成的话就应该下令去做；如果有5人赞成的话，就已经动手晚矣。”在1960年决定兴建计算机制造工厂时，董事们纷纷质疑：“我们公司靠国营电信公司的工作，就已经获得了足够的收益，何必还建计算机工厂呢？”“把通信部门汗流浃背挣来的钱投进前途未卜的计算机，岂不是对股东背信弃义的行为吗？”但是冈田坚持做，他劝服说：诸位学习得太不够了，单靠国营电信公司的业务，富士通就不过是一个承包工厂，无法获得飞跃发展，我咨询过的电子专家和公司经营者都认为电子计算机产业前景广阔。

冈田完二郎这位具有企业家精神的人，因其自身的特殊地位，能够说服公司董事会支持公司大胆的创新行为。但是没有这种特殊地位的人能够凭借什么说服董事会支持公司的创新行为呢？因其被迫离开苹果后所创NeXT公司被苹果公司收购而重回苹果公司的乔布斯，为我们提供了凭借一种市场力量而说服董事会的案例。1997年，决定收购NeXT公司并请回乔布斯的苹果CEO阿梅里奥被董事会解聘了，乔布斯却又“解聘”了这个聘请他重掌苹果的董事会。这里的解聘要加上引号，是因为乔布斯并没有法定权力解聘董事，他是凭借市场力量劝说那些他不满意的董事自愿离职。

乔布斯以“统领团队的顾问”身份回到苹果之后，为了留住公司人才，向董事会提出要给高层员工的股票期权重新定价。董事们犹豫不决，乔布斯争辩说，你们是让我来解决问题的，人才是问题的关键，可我们正在流失人才。随后，董事们想要先进行可能要耗时两个月的法律和财务方面的研究后再做决定。乔布斯愤怒地以辞职相威胁：“你们疯了吗？诸位，如果你们不愿意这样做，我下周一就不回来上班了。因为我将面临成千上万比这困难得多的决定要做，如果你们在这样的决定上都不支持我，我注定会失败。所以，如果你们不批准，我就辞职。”（《乔布斯》第 346 页）第二天，董事会做出决定，按解聘阿梅里奥当天的公司股票价格给公司高层员工的股票期权重新定价。

这件事却让乔布斯很不满，他不想继续向一个自己并不敬佩的董事会汇报。乔布斯提出，“停车吧，这样下去不行。这家公司岌岌可危，我没时间哄董事会开心，所以我要你们全部辞职，要不然我就辞职，下周一不回来上班了。”（《乔布斯》第 346 页）最初，乔布斯只同意原董事会成员中有一个人留下，董事们提出再多留下一位，这样看起来好一些。

法定权力上，是董事会有权解聘乔布斯，但是残酷的现实是，董事们知道他们无法忍受乔布斯愤然离开。而且，当时那种情况下，继续做苹果公司董事会成员的前景，对他们来说也不是那么诱人了，大多数人都很高兴解脱出来。

保持规则，富有弹性

乔布斯重回苹果之后，说服苹果公司董事离职（其中包括苹果公司的第一个投资者和首任董事长马库拉，马库拉也是 1985 年乔布斯被迫离开苹果公司时的董事会成员），是否违反了公司治理规则呢？相对于公司董事会，乔布斯的权力来自于市场力量，并且是在董事们认可和认同这种市场力量的情况下，才发生这种特殊作用的——董事们自愿离职，并授权两位留任董事和乔布斯为公司寻找新的董事会成员。如果董事们刚愎自用，不认可和不认同，他们当然有权力立即解聘这个如此“狂妄”的乔布斯。但是，那样的结果可能就是苹果公司已经不复存在了。

事实上，当时苹果公司董事会成员们，在阿梅里奥不在场的情况下，已经对困境中的苹果公司形势做出了如下判断：如果继续让阿梅里奥担任 CEO，只有 10% 的机会可以避免破产；如果解聘阿梅里奥并说服乔布斯接任，有 60% 的机会生存下去；如果解聘阿梅里奥而乔布斯不来，必须找一个新的 CEO，则有 40% 的机会幸存（《乔布斯》第 340 页）。正是基于这种认识，尽管很惊讶，但是当时苹果公司董事们，还是自愿接受了乔布斯的提议：我需要一个更能理解和支持我的新董事会，你们都辞职吧！

在市场的逻辑面前，公司组织的逻辑是次一级的，也许这就是现代公司治理系统要保持弹性、灵活性和适应性的原因所在。

2

章

天生、历练与谋划创业

1. 天生英才
2. 历练成钢
3. 谋划创业

19世纪中期，公司成立从特许制到注册制的转变，是现代公司法和公司治理基本规则成型的一个关键起点，公司成为改变世界的一种现代企业组织形式。组建公司不再是一种特权，而是普通人可以拥有的一种权利。公司创始人从此登上历史舞台，通过创建和管理一家伟大的公司而改变和发展着这个世界。

公司创立的起点各有不同，但是从其创始人如何开始创业的角度看，大致可以分为天生、历练与谋划三类。

1. 天生英才

没有过正式工作直接创业就取得了成功者，可谓是天生创业者。最为天生的创业者也许非比尔·盖茨莫属。盖茨从哈佛退学创业，在“一个甚至都不存在的行业里”（盖茨父亲语）缔造出了微软公司。1975 年微软成立时，是盖茨和艾伦两人的合伙企业，1981 年进行了一次私募融资后改制为公司。

与盖茨非常相似的天生创业者是扎克伯格。2004 年 1 月，还在哈佛上大二、不满 20 岁的扎克伯格向域名公司 Register.com 支付 35 美元，注册了 thefacebook.com，以每月 85 美元的价格从一家名为 Manage.com 的信息存储公司租用了电脑服务器存储空间。2004 年 2 月 4 日，thefacebook.com 网站正式启动。

迈克尔·戴尔 12 岁时就倒腾邮票赚了 2000 美元。1980 年，15 岁生日的时候，迈克尔·戴尔得到了一台苹果二型电脑，拿回家后他就给拆了又重新组装上，从此鼓捣电脑成了他的一大爱好，并从这里寻找到了商机。1984 年 1 月，还是大一学生的迈克尔·戴尔创建了“个人电脑有限公司”（PC's Limited）。

不仅是现代性的 IT 和互联网产业提供了这样的机会，传统行业中也有这样的成功创业者。英格瓦·坎普拉德从少儿时代开始就进行一些小打小闹的批发转零售类小生意。1943 年，17 岁的英格瓦·坎普拉德在其中学毕业要进入商学院读书之前，用他父亲给的一笔“学习奖金”正式创建了自己的公司——宜家。

山姆·沃尔顿从高中时期开始就送报纸赚钱，上大学时主要是靠送报纸赚钱支付自己的学费及生活费。1940 年沃尔顿从密苏里大学毕业，曾打算到宾夕法尼亚的沃顿金融学院继续深造，但是因为无法凭借打工积攒够学费而放弃了。于是，毕业刚刚 3 天之后，沃尔顿应聘到了当时美国零售业龙头 J.C. 彭尼公司的一家分店工作。在彭尼公司工作了 18 个月之后，1942 年初，沃尔顿报名参军。1945 年从军队复员之后，沃尔顿决定投身零售行业，自己开店创业。

比尔·盖茨和保罗·艾伦：创立微软

比尔·盖茨（Bill Gates）生于 1955 年 10 月 28 日，父亲是位律师。1968 年，盖茨就读的西雅图湖滨学校决定租用计算机时间、开设计算机课程——通过电传打字终端机连接到附近通用电气公司拥有的数据设备公司生产的 PDP-10 型小型计算机上。对计算机编程的痴迷，把盖茨和微软的共同创始人保罗·艾伦（比盖茨大两岁、高两个年级）联结到了一起。

1971 年秋天，艾伦进入华盛顿州立大学，主攻计算机科学，但是仍然对用计算机解决实际问题更感兴趣。1972 年，艾伦和盖茨两人花费 360 美元买了英特尔公司刚出产的 8008 芯片，做成了一个最简单的能够编制程序分析交通数据（一些包含交通流量信息的打孔纸条）的“机器”，创建了一家“交通数据”公司。小有收益后不久，这家公司由于美国联邦政府决定免费提供类似服务而寿终正寝。

1973 年秋天，盖茨进入了哈佛大学攻读法律。这时已经在一家公司担任全职编程员的艾伦经常在晚上或周末来看望盖茨，讨论计算机的发展动态及创建一家计算机公司的问题。

1974 年 4 月，英特尔公司推出了可供使用者编制程序的 8080 芯片。艾伦提出了如何迎接这一挑战的问题，他对盖茨说："我们必须为 8080 编制一个 BASIC 语言。"

最先用英特尔 8080 芯片制作出微型计算机的人是艾德·罗伯茨。罗伯茨于 1968 年在新墨西哥州阿尔布科克市创建了微设备和测量系统公司，生产计算器。正当得州仪器公司在计算器市场上把微设备和测量系统公司逼进破产边缘的时候，罗伯茨抓住英特尔 8080 芯片的机会，生产出了世界第一台微型计算机——阿尔泰（Altair）。罗伯茨以每片 75 美元、正常价格三分之一的优惠价格从英特尔公司批量购进 8080 芯片，组装成微型计算机后以每台 397 美元的价格出售。阿尔泰计算机广受欢迎，但并不是每个购买者都能使用机器语言编制程序来操作它。为这个世界第一台微型计算机编制 BASIC 语言的市场机会出现了。

1974 年 12 月，艾伦在看到《大众电子》杂志上关于阿尔泰计算机的报道后，立刻跑去找盖茨。他们决定为这种微型计算机编制 BASIC 语言。BASIC 语言是约翰·凯曼尼和托马斯·科茨于 1964 年创制的。交通数据公司使用 8008 芯片的经验，在湖滨学校学习使用 BASIC 语言时所积累的知识，使艾伦和盖茨信心满满地以交通数据公司的名义给罗伯茨打电话，声称他们已经能够让 BASIC 语言适用于阿尔泰计算机。这时，他们其实还没有见到过 8080 芯片和阿尔泰计算机。但是这两位计算机天才，通过在 PDP-10 型计算机上模拟出阿尔泰的 8080 微处理器的方式（艾伦是这方面的高手，花两周时间解决了这一问题），编制出了可使用于阿尔泰计算机的 BASIC 语言程序（这项工作主要是由盖茨完成的）。1975 年 2 月，艾伦带着他们的成果，去新墨西哥州阿尔布科克市接受微设备和测量系统公司——真实的阿尔泰计算机的检验，结果是顺利运行了。

BASIC 语言的适用，对阿尔泰计算机来说意义重大，罗伯茨准备立即订货，但是盖茨想要继续做些改进再推向市场。1975 年 5 月，罗伯茨聘请艾伦到微设备和测量系统公司软件部任负责人。这年暑假，艾伦说服盖茨来到阿尔布科克，为了便于谈判，两人就地在阿尔布科克合伙组建了“微型计算机 - 软件公司”，目标是为阿尔泰计算机及很快将会在市场上出现的其他微型计算机开发计算机语言。为微设备和测量系统公司开发适用于其阿尔泰计算机的 BASIC 语言，是微软公司的第一单业务，双方所签订的合同——软件所有权归开发者，软件购买者仅有使用权，不能复制转售等等——成了软件专利合同的典范，盖茨的法律知识在这里起了重要作用。

1975 年秋季开学时候，盖茨回到了哈佛，在继续读书的同时做着微软公司的工作。尽管经历了盗版侵害等问题，但是微软公司的 BASIC 语言产品仍逐渐打开了市场。1976 年 4 月和 5 月，盖茨先后雇用了两名他在湖滨学校时的同班同学。这时的微软公司还没有自己的办公室，盖茨在哈佛读书，艾伦在微设备和测量系统公司软件部工作，两位雇员则是一位在自己公寓工作，一位在艾伦办公室里为微软工作。

1976 年 8 月，盖茨又通过张贴广告方式雇用了另外两名程序员之后，微软公司才正式在阿尔布科克市区租了四间房作为办公室。1976 年 11 月，艾伦辞去了微设备和测量系统公司的工作，12 月盖茨从哈佛退学，两位创始人开始全力投入微软公司工作。1977 年春天，有 2 名创始人和 4 名程序员一共 6 人的微软公司搬进了阿尔布科克双圆中央塔楼第八层由 5 个房间构成的一个套房里——微软公司从此开始起飞。

但是，如果没有美国健全的商业法律，正要起飞的微软，马上会被折断翅膀。1977 年 5 月 22 日，罗伯茨将他的微设备和测量系统公司卖给了加州波特克公司。罗伯茨对波特克公司宣称，微设备和测量系统公司已经根据合同规定付给了微软 20 万美元，拥有了全部权利。这引起了关于 BASIC 8080 语言专利权的法律诉讼纠纷，整个案件持续了半年时间，1977 年 12 月微软胜诉。纠纷期间，法庭责令微软不能动用销售 BASIC 8080 语言所得款项，微软财务上相当困难。但是胜诉以后，微软就再也没有为钱发愁的问题了（《微软的崛起》第 56 页）。

在 BASIC 之后，微软于 1977 年 7 月推出了 FORTRAN，随后又推出了 COBOL 和 Pascal 等等。1978 年微软公司已经在微型计算机语言市场上占据了统治地位，实现盈利 100 万美元，拥有员工 13 人。1979 年 1 月，盖茨和艾伦把公司搬回了老家华盛顿州。1980 年 7 月，IBM 公司开始和微软谈判，委托微软为 IBM 计划推出的个人电脑开发操作系统及其他软件。1981 年 8 月 12 日，IBM 公司宣布了其第一台个人电脑的诞生，微软公司的 MS-DOS 也同时面市。

1982 年微软曾雇用了一位名为康恩的人为总裁，但他仅仅 11 个月之后就被解雇了。1983 年，艾伦离开了微软公司，盖茨找来曾任坦迪电脑公司副总裁的休利出任微软总裁。休利为微软公司建立起了一套管理制度，尤其是加强了财务和行政管理。休利的主要使命是“把比尔 · 盖茨解放出来”。在他看来，由于盖茨试图管理的部门太多（他要负责管理所有的开发部门），工作效率受损。盖茨还有些虎头蛇尾，一个项目尚未善终，又会启动一个新的项目。1984 年 8 月，微软进行了一次内部重组，设立了操作系统和应用软件两个大的部门，每个部门内部各设技术组和管理组。1980 年加盟的鲍尔默领衔操作系统部，聘请来苹果公司前市场部主任柯尔主管应用软件部。由此盖茨可以专心他的特长：设计新产品。他的任务被限定为宏观层次上设计软件产品以及决定整个软件产品的发展方向（《微软的崛起》第 229 页）。1987 年，微软公司超过莲花软件公司，坐上了第一大软件公司的宝座。

扎克伯格：哈佛宿舍里的创业行动

扎克伯格（1984 年 5 月 14 日出生）也许并不是最先有实名社交网站设想的人，但是他凭借自己的技术和坚持精神，成为了领先者。

2004 年 1 月，还在哈佛上大二、不满 20 岁的扎克伯格向域名公司 Register.com 支付 35 美元，注册了 thefacebook.com，以每月 85 美元的价格从一家名为 Manage.com 的信息存储公司租用了电脑服务器存储空间。2004 年 2 月 4 日，thefacebook.com 网站正式启动。父亲是牙医（在自家地下室开设诊所）的扎克伯格家境虽非贫寒，但应该不算富有。为了 thefacebook.com 的运营，他找了他的朋友，大三学生爱德华多·萨瓦林（Eduardo Saverin）合作，两人约定：各出资 1000 美元，按 70% 对 30% 的比例分配股权。

在网站上线之后，扎克伯格和萨瓦林两人马上就忙不过来了。扎克伯格把他同宿舍的两位同学达斯廷·莫斯科维茨（Dustin Moscovitz）和克里斯·休斯（Chris Hughes）拉了进来。这样就形成了脸书最初的四人团队：扎克伯格 CEO、萨瓦林 CFO、莫斯科维茨副总裁和网站主管、休斯为宣传总监。股权结构也相应调整为扎克伯格 65%、萨瓦林 30% 和莫斯科维茨 5%。

网站运行 1 个月后，有了 1 万名注册用户，到了 3 月底就有了 3 万多用户。每月要向 Manage.com 支付的服务器托管费用从 85 美元增长到了 450 美元。这时，扎克伯格和萨瓦林决定各自向公司追加投入 1 万美元。

2004 年 4 月 13 日，扎克伯格、萨瓦林和莫斯科维茨三人按 65%、30% 和 5% 的权益比例正式组建了“thefacebook 公司”，注册地为萨瓦林的家乡佛罗里达州。这时他们的网站注册人数超过了15万。

大二结束后，三个月的暑假来临，扎克伯格决定到硅谷去，在加州帕洛阿尔托市租了一套有四个卧室的平房，莫斯科维茨以及新招聘的两位实习生和他一起到了这里。萨瓦林不喜欢硅谷，他暑假要到纽约做实习生，并在那里为他们的网站拉广告，而这一选择埋下了他们分道扬镳的祸根。

到达硅谷之后，肖恩·帕克（Sean Parker）加入了扎克伯格的队伍。帕克是硅谷的一个连续创业者，在加入脸书之前，曾成功创建了音乐分享网站Napster和在线名片系统Plaxo两个公司。前者被唱片公司的起诉所打垮，后者很成功，但肖恩·帕克本人被其引入的风险资本家红杉资本（Sequoia Capital）赶出了公司。帕克拥有公司组建和运作的丰富经验，正是此时的扎克伯格所需要的人才类型，被扎克伯格任命为公司总裁。

扎克伯格到达加州的头几周，花掉了2万美元，这些资金主要来自萨瓦林用自己的1.8万美元开设的公司账户（萨瓦林同时在纽约为公司拉广告，并将钱也存入这个账户）。萨瓦林不喜欢硅谷，更不喜欢帕克，对帕克积极帮助扎克伯格寻找新投资者非常不满，他害怕因此失去自己对公司的控制。为了融资，在帕克的指导下，扎克伯格重组了公司，同时把公司注册地从佛罗里达改到了特拉华州。新的股权结构是扎克伯格51%、萨瓦林34.4%、莫斯科维茨6.81%、帕克6.47%。在这次重组过程中，由于萨瓦林反对帕克及其主张的融资策略，与扎克伯格之间产生了矛盾。在与扎克伯格几次电话争论无果之后，萨瓦林甚至冻结了公司账户。为了维持公司的运转，扎克伯格把自己积攒的学费及父母的一些钱投入了公司。整个暑假中，扎克伯格和其家人共投入公司8.5万美元。

暑假结束时，网站的注册会员数达到了20万人。萨瓦林等其他人返回哈佛继续学业，扎克伯格和莫斯科维茨决定留在加州发展公司。

迈克尔·戴尔：在校生创业

迈克尔·戴尔1965年2月23日出生于美国休斯敦，父亲是牙医（跟扎克伯格一样）。迈克尔·戴尔和宜家创始人坎普拉德一样，天生生意头脑，打小就会赚钱。12岁时他就倒腾邮票赚了2000美元，16岁时，替《休斯敦邮报》拉订户，一年赚了1.8万美元，比他的中学老师收入还高。

1980年，15岁生日的时候，迈克尔·戴尔得到了一台苹果二型电脑，拿回家后他就给拆了又重新组装上，从此鼓捣电脑成了他的一大爱好，并从这里寻找到了新的商机。

1983年秋，18岁的迈克尔·戴尔中学毕业后，遵父母之命进入得克萨斯奥斯汀大学医科，但他的父母没有注意到，他开着去上学的自己赚钱买来的宝马汽车里放着多台个人电脑。1984年1月，还是一年级学生的迈克尔·戴尔创建了“个人电脑有限公司”（PC’s Limited），买来零部件组装好电脑后卖给同学。5月份大一结束的时候，公司改为“戴尔电脑公司”（Dell Computer Corporation），资本金1000美元，是得克萨斯州法律所规定的最低资本额度。

1984年，在仅仅完成了大学一年级的学业之后，迈克尔·戴尔就离开了学校，专注于他的电脑生意。他在电脑杂志上刊登系列广告，直接向消费者销售，并提供多种方案来让消费者有更多组装选择。1985年，戴尔电脑公司推出第一部拥有自己独特设计的电脑：售价795美元，配有英特尔8088处理器、10兆硬盘和5.25寸软驱的Turbo PC，并推出了无条件退款和保证隔天上门维修服务。

1988年6月22日，成立仅仅四年之后，戴尔公司就成功进行了IPO，在纳斯达克上市。1992年，戴尔电脑公司进入《财富》世界500强企业榜单，迈克尔·戴尔成为世界500强企业里有史以来最年轻的首席执行官。

英格瓦·坎普拉德：17岁男孩儿创建宜家

英格瓦·坎普拉德（Ingvar Kamprad）1926年出生于瑞典南部一个主要经营林业的农场主家庭。坎普拉德祖籍德国，1896年，坎普拉德的祖父阿契姆·俄德曼·坎普拉德以5.4万瑞典克朗的价格购买了一处449公顷的土地（森林和农场），从德国移居到瑞典。1897年，因为缺少经营资金、被银行拒绝贷款之后，阿契姆·俄德曼·坎普拉德开枪自杀。坎普拉德祖母独自担负起了经营农场及抚养三个孩子的重担。1918年，坎普拉德的父亲弗兰兹·费奥多·坎普拉德开始接手管理农场。

也许是祖父因钱而自杀，父亲经常念叨农场因为缺钱而做不成的很多事情，给了年纪还很小的坎普拉德赚钱的动力，他从少儿时代就进行一些小打小闹的批发转零售类小生意。五岁时，英格瓦·坎普拉德开始向附近的住家出售火柴；到了七岁时，他开始使用自行车，向地域更广的住家售货。他发现可以通过邮购在斯德哥尔摩以低廉的价格大批量地购买火柴，再以很低的价格零售。从火柴开始，他扩展到出售花籽、贺卡、圣诞树装饰品和后来的铅笔和圆珠笔。小男孩从销售中发现了巨大的赚钱乐趣：“那是一种惊喜，当你发现自己能够如此便宜地买进各种东西，然后再以稍高一点的价格卖出时，你就会感受到这种惊喜。”

1943 年，17 岁的英格瓦·坎普拉德在其中学毕业要进入商学院读书之前，用他父亲给的一笔“学习奖金”正式创建了自己的公司，以自己姓名和地址的简写字母为公司起了名字——IKEA（宜家），I——英格瓦，K——坎普拉德，E——爱尔姆特瑞德（他家农场名），A——阿根纳瑞德（农场所属的小村庄）。在哥德堡商学院学习及毕业后短暂的职员工作期间，坎普拉德一直在业余时间做着自己公司的生意。在 1948 年第一次打出家具广告之前，坎普拉德经营的都是圣诞卡、自来水笔等小东西。由于最初主推的家具（一种椅子和一种咖啡桌）很成功，坎普拉德开始印制名为“宜家通讯”的小报（1951 年正式发展为宜家的商品目录册）。1948 年，宜家公司有了第一位雇员，但是实际还是坎普拉德一个人的公司，家人及陆续增加的几位雇员主要是起个帮手的作用。

山姆·沃尔顿：创建沃尔玛公司

（1）从小城镇和加盟店开始创业

1918 年 3 月 29 日，山姆·沃尔顿出生在美国南部的一个农场主家庭。成长于大萧条时期的沃尔顿，从高中时期开始就送报纸赚钱。上大学时，沃尔顿主要是靠送报纸赚钱支付自己的学费及生活费。送报纸一年可赚 4000 到 5000 美元，同时他还在餐厅当服务员，换取免费的一日三餐。

1940 年 6 月 3 日，沃尔顿从密苏里大学毕业。他曾打算到宾夕法尼亚的沃顿金融学院继续深造，但是因为无法凭借打工积攒够学费而放弃了。于是，毕业 3 天之后，沃尔顿应聘到了当时美国零售业龙头 J.C. 彭尼公司的一家分店工作，月薪 75 美元。在彭尼公司工作了 18 个月之后，1942 年初，沃尔顿报名参军。1945 年复员，他决定投身零售行业。

1943 年情人节那天，沃尔顿和其父亲是律师、银行家兼牧场主的海伦结婚。结婚后的两年时间里，他们搬了 16 次家。在 1945 年沃尔顿决定找个合适的地方开店创业时，海伦表示“现在我将跟你到任何你想去的地方，只要你别让我住在大城市里。对我来说，有一万人的城镇就够大了。”这一因素导致早期的沃尔顿不在任何 1 万人以上的城镇里开设商店。

沃尔顿做店主的生涯是从加盟一家地区性零售商巴特勒兄弟公司开始的。该公司旗下有两个特许经营商店系统——由小型百货商店组成的“联合百货店”和由杂货店组成的“本 · 富兰克林商店”。

1945 年 9 月 1 日，经过在本 · 富兰克林商店的两周培训之后，沃尔顿自己的第一家商店、位于约有 7000 人口的阿肯色州纽波特镇的一家本 · 富兰克林特许加盟店开张了。沃尔顿是以自己的 5000 美元积蓄和从岳父那里借的 2 万美元，总计 2.5 万美元的价格买下这家店面经营权的。这是个美国典型的旧式杂货店，50 英尺宽，100 英尺深。沃尔顿通过自己寻找更低价格的货源、打折销售及其他一些新鲜的促销手段（在商店门口外设置爆米花机和冰淇淋机），把这个小店经营得红红火火，两年半时间还清了岳父的 2 万美元借款，从而拥有了完全属于自己的商店。

沃尔顿接手该店时年营业额约 7.2 万美元，第二年营业额就提高到了 14 万美元，第三年达到 17.5 万美元。到第五年的时候，年营业额达到了 25 万美元，年利润在 3 万到 4

万美元。沃尔顿的商店成为本·富兰克林加盟店中首屈一指的商店。但是，经验不足的沃尔顿在该店的房租契约中没有加入五年期满之后有权继续续约的条款。结果，房主说什么都要收回房子，导致沃尔顿不得不把该店的经营权、货架和存货等以很便宜的5万美元价格卖给了房主，房主将该店转给了他的儿子经营。

（2）本顿维尔镇东山再起

1950年，32岁的沃尔顿带着转让纽波特的本·富兰克林店所得5万多美元，开始四处寻找开设自己新店的地址，最后在本顿维尔镇买下了当时年营业额只有3.2万美元的一个杂货店。为了扩大面积，他以99年的租期（不再是5年租期）租下了隔壁的一个理发店，打掉隔墙，开成了当地的“巨型商店”——50英尺宽，80英尺深。当时，自助销售在美国刚刚萌芽，沃尔顿的这家商店成为了全美国第3家实行自助销售的杂货店。1950年7月29日，该店开始在《本顿县民主党人报》上第一次做广告——沃尔顿的廉价商店“重新开张大甩卖”。该店自称为“沃尔顿的廉价商店”，但实际还是一家本·富兰克林加盟店。该店迅速大获成功。

为了扩大生意，也为了分散风险，不把鸡蛋全放在一个篮子里，1952 年，沃尔顿在本顿维尔南部的菲耶特维尔镇买下了一个新的小店——只有 18 英尺宽和 15 英尺深，但是这家商店开成了名副其实的“沃尔顿廉价商店”，不再是一家本·富兰克林加盟店。也是从该店起，沃尔顿开始雇用职业经理人帮助他打理商店，并逐渐形成与商店经理“合伙”的经营理念。沃尔顿以 1% 利润分成为筹码，从竞争对手公司 TG&Y 挖来了菲耶特维尔沃尔顿廉价商店的第一任经理威拉德·沃克。威拉德·沃克的原老板对他说“一无所有的百分之一还是一无所有”，但是沃克相信并跟定了沃尔顿，并且在以后借钱购买了沃尔玛公司股票。

本顿维尔和菲耶特维尔两家商店的成功，激励沃尔顿把所赚到的钱都投资到了开设更多的新店之中（其中一些是富兰克林加盟店）。所有这些商店都是以独立的合伙企业形式组织的，合伙人有沃尔顿的弟弟巴德，沃尔顿的父亲，妻子海伦的两个兄弟，甚至他的孩子——把他们送报挣的钱投资进来。沃尔顿给雇用的经理人员在新开商店中有一定限度的投资额。基本做法是，比如一家需要投资 5 万美元的商店，聘请来的店经理可投入 1000 美元，占 2% 的权益比例。为了方便巡视自己的各个商店，节省开车赶路的时间，沃尔顿于 1957 年花 1850 美元买了一架时速可达 100

公里的两座飞机。驾机巡视商店及飞行勘测新店开设地址，成为了沃尔顿领先于对手十年的制胜招数之一。沃尔玛最早的 100 多家商店地址，都是和其弟弟巴德（Bud Walton）亲自飞行勘测选择的。

（3）开设沃尔玛百货商店

从 1945 年算起，通过分别与不同人合伙、各自独立存在方式运作了 15 年之后，1960 年，沃尔顿共有 15 家商店。但是因为每家商店的规模都太小，营业额总计才 140 多万美元。而且由于多是本·富兰克林加盟店，进货渠道和折价销售策略都受到一些限制。沃尔顿开始设想开设单体规模更大、并且是真正廉价销售的商店。

沃尔顿决定在本顿维尔南规模大很多的罗杰斯镇开设第一家“沃尔玛”商店。沃尔顿投入 95%，弟弟巴德投入 3%，将负责管理该店的经理唐·惠特克投入 2%。该店选择“沃尔玛（WAL-MART）”作为名称的原因是：一要表现出这是沃尔顿的廉价商店的意思，二是只有 7 个字母可以节省制作招牌的费用。相比之下，以前的 Ben Franklin 名称有 11 个字母，招牌制作者要按字母数收费。沃尔顿还让在该店招牌的两边分别写上“低价销售”和“保证满意”，这成为了以后沃尔玛的两条重要经营哲学。这家沃尔玛的第一家店于 1962 年 7 月 2 日正式开张。此时沃尔顿 44 岁，已经在商店经营领域打拼近 17 年。

在沃尔玛商店创立之后的一段时间里，沃尔顿同时经营着三种类型的商店：挂名富兰克林的加盟店，冠名沃尔顿的杂货店和沃尔玛商店。但是，随后逐步撤销了前两类商店，并以沃尔玛商店取而代之。许多年里，这些商店的总部只有沃尔顿一个人负责，每家商店由店经理负责。沃尔顿到处查看自己的商店，考察竞争者的商店，并为自己的商店招揽人才。早期沃尔玛的商店经理们，像唐·惠特克和威拉德·沃克等这样一些人，都是实干家出身，没有一人是大学毕业，并且这些人也不希望沃尔顿雇用大学毕业生。这一点很像亨利·福特，早年要到福特汽车公司工作，大学毕业者要装作自己没有上过大学。

第一家沃尔玛商店的营业额为 100 万美元，比沃尔顿此前开的那些杂货店（营业额在 20 万到 30 万美元之间）大了一些，但是当时已有别人的商店营业额在 200 万美元。沃尔顿和他的合伙人在这第一家沃尔玛商店埋头苦干了两年多，凭借永远比别人低 20% 的价格逐渐发展起来，并开始从罗杰斯镇向外扩张。

沃尔顿开设的那些富兰克林加盟店只是低价销售某些商品，但是沃尔玛商店则是真正和全面的低价销售。1962年是廉价销售开始在美国兴起的一年，至少有四家大公司开设了廉价销售商店，其中包括美国廉价销售商店的早期领导者凯玛特（K-mart），沃尔玛在当时实在是小得非常不起眼的。甚至在五年之后，凯玛特有250家分店，沃尔玛只有19家，凯玛特销售额达到8亿多美元，而沃尔玛只有900万美元。

企业和个人以及国家一样，都有其发展的路径依赖性。沃尔顿没有足够的资金，想成为一家大公司子公司（说服巴特勒兄弟公司支持他开设廉价商店）的想法也未如愿。一定程度上是不得不选择从罗杰斯这样的小镇上开始。如果说，最初是沃尔顿的妻子海伦不愿意住在人口1万人以上的大城市，使沃尔顿在小城镇开始了自己的开店创业历程，而创建沃尔玛商店之后，凯玛特等大公司对小城镇的忽视，又给沃尔玛在小城镇发展和壮大提供了大好机会。1970年代，凯玛特不会到人口5万以下的小城镇开店，而另一家强有力的廉价商店竞争者吉布森百货的开店标准也是在1万到1.2万以上人口的城镇。沃尔玛则是对人口在5000以下的小城镇都照开不误。在这种“农村包围城市”

的思想指导下，沃尔玛在开始向大城市发展时，也采取了一种先在大城市周围一定距离内开设分店，然后静候城市向外发展的战略。这种战略使沃尔玛在整个 1970 年代获得了飞速的发展，商店数量从 1970 年的 32 家发展到 1980 年的 276 家，商店数量增加带来营业额增加，也带来公司利润从 1970 年的 120 万美元提高到 1980 年的 4100 万美元。

（4）重组32家商店，创立沃尔玛公司

1969 年，沃尔顿已经有 18 家沃尔玛百货商店和 14 家杂货店，总计 32 家商店，78 名合伙人和投资人。在这 32 家中的每一家，沃尔顿和其家人都绝对控股，为此，沃尔顿个人背负了大约200万美元的债务。不堪重负的财务负担，迫使沃尔顿打算让沃尔玛上市。

沃尔顿的长子罗布（Robson Walton）从哥伦比亚大学法学院毕业之后，在一家法律事务所工作，被聘为沃尔玛公司的法律顾问。他的首要任务就是审查沃尔玛各店的合作协议，研究将独立的 32 家商店统一为一家公司的重组上市方案。最后决定将各店合伙人的权益全部转换为沃尔玛公司的股份，然后对外发行 20% 的股份，将公司上市。

经过重组，沃尔顿家人（夫妻及 3 个孩子）持有 75%

股份，沃尔顿的弟弟巴德持有 15%，余下 10% 为一些亲戚和高管所持有。关于最难办的各店股份的价值问题，并没有对每家店一一进行价值评估，而是采用了简单的账面价值办法。但是每位合伙人和股东都爽快地在协议上签了字，并在后来也都很高兴当时的明智决定。1969 年 10 月 31 日，沃尔玛百货有限公司（Wal-Mart Stores Inc）正式成立。

1970 年 10 月 1 日，沃尔玛公司股票首次公开发行，场外市场交易（1972 年转为纽约股票交易所交易）。首次公开发行 30 万股，每股面值 15 美元，以 16.5 美元的价格溢价发行。总计有包括机构投资者和熟人在内的约 800 名投资者购买了沃尔玛公司的股票。不用说，这些沃尔玛首次公开发行的投资者和那些将商店合伙权益转换为沃尔玛公司股票的人，都发了大财。1970 年时以 1650 美元购买 100 股沃尔玛股票，经过 9 次配股之后，1990 年将变成 5.12 万股，市值 300 多万美元。

首次对外发行之后，沃尔顿家人持有的沃尔玛公司股份从 75% 下降到了 61%。但是，他们从此偿清了个人的所有银行贷款，并且再也不需要个人借钱来维持沃尔玛公司的运作了——公司能自我发展并解决自己的资金问题。

2. 历练成钢

多数古典企业大亨都可归为历练创业者，他们从学徒和打工开始，逐渐积累起自己创业的资本和能力。

1810 年，16 岁的范德比尔特凭借父母的 100 美元购置一艘帆驳船开始创业。洛克菲勒在经过了三年的打工历练之后，1858 年 18 岁时开始与人合伙创立自己的公司。卡内基历经过纺织厂童工和电报局职员之后，18 岁时进入了宾夕法尼亚铁路公司工作，随后逐渐从一位铁路公司经理人转身为投资人，最后成为缔造钢铁伟业的企业家。爱迪生照明公司机械师亨利 · 福特业余研制汽车，最终创立了福特汽车公司。铁路公司的火车站代理西尔斯则是从业余小贩起步发展出来了一个西尔斯商业帝国。

1904 年 11 月，还不满 10 岁的松下幸之助开始到大阪打工。1910 年 10 月，松下幸之助进入大阪电灯公司做见习工。他一直在研究新型灯泡插座，还曾经把自己做出来的新型插座拿给公司主管看，但是被否决了。不服气的松下幸之助很快提出辞职，要自己创业做插座。大阪电灯公司失去了一个重要的由内企业家驱动的公司成长机会，但由此诞生了一个新的企业——松下电器。1918 年 3 月 7 日，松下幸之助创立了“松下电气器具制作所”，生产灯泡插座。

1934 年 10 月，李秉喆 24 岁开始创业，经历了两次惨重失败之后，1938 年再出发，创立“三星商会”后，开始发展起来。

古奇欧·古奇不到 20 岁开始在一个高档饭店打工，他借此机会用心观察和琢磨那些上流社会的富人们的行头，发现大衣箱、手提箱以至帽盒等都是真皮制作的。后来，他在一家皮具公司工作，对皮革的挑选和加工有了更丰富的经验积累。1921 年创建了古奇欧·古奇皮箱店，后更名为古奇欧·古奇公司。

ZARA 创始人阿曼西奥 13 岁时终止了学业，从学徒身份开始工作。1963 年，在纺织和服装行业打拼了近 15 年之后，27 岁的阿曼西奥想要独立创业。他的基本想法就是省去中间商环节，自己采购原材料、生产服装后直接销售。阿曼西奥说服一家服装店老板同意，如果能够生产出来与其他供应商质量一样而价格更便宜的服装，就从他这里进货。

范德比尔特：从职业船长到航运大王

（1）扬帆起航

康内留斯·范德比尔特（Cornelius Vanderbilt，1794.5.27—1877.1.4）是荷兰后裔，他的祖先于1650年从荷兰移民到美国，但直到他的父辈，这个家族并无起色。范德比尔特的父亲是文盲，做了多年水手工作之后，积攒够一笔钱，购买了一艘自己的帆驳船。范德比尔特11岁时离开了学校，开始在他父亲的这艘船上工作。

1810年，16岁的范德比尔特向父母借了100美元，购买了自己的帆驳船，开始了摆渡业务。另一种说法是，这艘小船的一半属于他父亲，他可获得一半的利润。无论如何，他是开始自立门户了。在蒸汽船出现以前，由荷兰人引进的这种帆驳船是纽约港主要的运输工具，平底双桅杆的帆驳船最长可达18米，宽7米，有足够的空间来装载货物。由于吃水浅，它们几乎可以在纽约水域上自由航行。范德比尔特比别人工作时间更长，竞争意识也更加强烈。他不愿意和同行结盟，而是尽其所能地压低价格，以确保他的船每天能够满载而出。很快，他就成为了这一带水域上公认的最可靠的船长。

1813 年，19 岁的范德比尔特定做了一艘比原来那艘船大得多的带稳定杆的单桅帆船，命名敏捷号。为了驾驶这艘船，范德比尔特雇用了两个帮手。当时美国和英国战火纷繁，敢于冒险的范德比尔特用这艘船帮助美国政府运送物资和士兵而大赚了一笔。范德比尔特已经收入不错，但却过着非常简朴的生活，将其每一分钱都积攒下来以添置更多的新船，雇用更多的人帮他开船。到 1814 年，范德比尔特已经拥有三艘船了，1815 年则拥有了 5 艘。到 1817 年底，23 岁的范德比尔特已经大约积累了 9000 美元的现金，并拥有价值 7000 美元的帆船船队。

（2）职业船长

1817 年，作为帆船主的范德比尔特虽然小富，但还算不上什么。作为船长，在纽约湾这一带水域上漂泊了 7 年的范德比尔特，因其多次英勇无畏的救人救货行为，已经大名鼎鼎。

这时候，蒸汽船已经运营几年，呈现出取代帆船的趋势。1817年底，一位实力和势力都很可观的商人吉本斯（Thomas Gibbons）请范德比尔特做其一艘蒸汽船的船长。次年，范德比尔特卖掉了自己的帆船，加入了吉本斯的联合蒸汽船航运公司，在新泽西和纽约之间航行。范德比尔特从帆船主转身成为蒸汽船公司的职业经理人，月薪60美元外加其所驾驶船上酒吧净收益的一半分成。

吉本斯和他的联合蒸汽船航运公司，在蒸汽船航运领域里属于要打破垄断的挑战者。当时的行业垄断和领导者是蒸汽船设计者罗伯特·富尔顿（Robert Fulton）和他的投资者罗伯特·利文斯顿（Robert Livingston，纽约州议员，出身名门）。他们从纽约州获得了垄断经营的许可证——驾驶以蒸汽为动力的轮船在纽约州所属海洋和水域行驶。

在范德比尔特为吉本斯工作时，利文斯顿和富尔顿已经去世，但是垄断经营权在他们的继承人手上继续，并转授权奥格登（Aaron Ogden）经营纽约和新泽西之间的航线。吉本斯和奥格登是宿敌，他要通过商业竞争和法律诉讼，把奥格登干掉。船长范德比尔特通过降价，无视对手的垄断权利，时常擅自闯入纽约水域从市场上向垄断者挑战。吉本斯则通过艰苦的诉讼，最终迫使垄断集团瓦解。1824年，联邦最高法院判决纽约州禁止其他州蒸汽船进入纽约州水域为非法，开辟了蒸汽船跨州航运的时代，也使范德比尔特的第一个事业巅峰——航运大王成为了可能。

吉本斯 1926 年去世之后，范德比尔特继续为吉本斯的儿子工作到 1928 年。吉本斯所有的财产都传给了他唯一在世的儿子威廉·吉本斯。1828 年初，威廉·吉本斯没有和范德比尔特商议就自行把所持联合交通公司股份在公开市场出售，要价 40 万美元。此时，范德比尔特自己已经积累了约有 30 万美元，他也可以再轻松地融到资金，购买这些股份，但是他咽不下这口气。他一直卖力为吉本斯的公司工作，而没有接受竞争对手公司的挖脚，是期望有朝一日能够以折扣和合理的价格从吉本斯家族购买到公司股份。他没有参与投标竞购，同时放出风声，如果联合交通公司的老板换人，他就立刻考虑另寻出路。纽约的蒸汽船圈子知道范德比尔特在联合交通公司中的重要性，这使威廉·吉本斯的公开出售宣告失败，唯一的结果就是伤了范德比尔特这位船长—“职业经理人”的心。范德比尔特决定，不当奴才，要做主人。

（3）航运大王

在为吉本斯工作期间，范德比尔特掌握了蒸汽船业务以及大型和复杂企业的运营方式，也积累了创建自己的蒸汽船公司的资本。

1828 年底，范德比尔特离开了联合交通公司。联合交通公司因为缺乏能干而忠心的管理人员，陷入经营困境，到 1929 年 6 月只能以原来 40 万美元要价的零头将公司贱卖了。范德比尔特此时已经拥有了一艘自己定做的蒸汽船，又从联合交通公司买了两艘，以这三艘蒸汽船，范德比尔特组建了自己的速遣交通公司。这家公司规模虽小，但通过强硬价格竞争，让更大的竞争对手（已经换了老板之后的联合交通公司）同意付出一定的补偿款和授权费而退出竞争航线（费城—纽约客运业务）。

1834 年范德比尔特又组建了一家新公司——人民交通公司。该公司以与速遣交通公司几乎同样的经营手法迫使竞争对手哈德逊河蒸汽船协会付钱买断其经营权，只是价格更高——范德比尔德放弃在哈德逊河的 10 年经营权，获得一次性 10 万美元补偿款外加每年 5000 美元授权费。

1830 年代末，范德比尔特已经成为一位显要的商界人物了。他的年收入超过 3 万美元，拥有净资产约 120 万美元。除了投资蒸汽船公司之外，他还购置了房地产，并做了其他一些投资买卖。到 1840 年，范德比尔特已经是美国最大的船东了。

洛克菲勒：创建标准石油公司

（1）事业起步

洛克菲勒出生于1839年7月8日，父亲是个乡村游医。1855年8月，刚满16岁的洛克菲勒开始在克利夫兰四处求职。9月16日，终于有一家从事农产品经销的公司——休伊特－塔特尔公司雇佣他做助理簿记员，主要工作内容是起草商业信函、记账、支付账单和收房租。试用期3个月得到50美元报酬，老板确定了他的月薪为25美元，年薪300美元。一年之后的1857年1月，塔特尔退出公司之后，洛克菲勒被提拔为首席簿记员，担负起了塔特尔遗留的全部工作。1858年，休伊特把洛克菲勒的年薪涨到了600美元，两年翻了一倍，但是仍然没有留住洛克菲勒。

1858年4月1日，经过3年时间的打工磨炼之后，18岁的洛克菲勒与一位同行朋友、28岁的克拉克（供职于另外一家农产品经销公司）合伙开设了自己的从事农产品经销的公司——克拉克－洛克菲勒公司，总资本4000美元，两人各出一半。1859年4月1日，克拉克的一位前同事加德纳入伙，公司更名为加德纳－克拉克公司。因为加德纳出身名门，公司更名有利于吸引客户，洛克菲勒的合伙人地位并没有变。但是纨绔子弟加德纳和出生寒门、努力奋斗的洛克菲勒之间很难不产生矛盾。1862 年底，加德纳退出，公司名称又改为克拉克－洛克菲勒公司。1862 年，公司的年利润高达 1.7 万美元，洛克菲勒已经成为了一位成功的农产品贸易商人。

（2）进入石油业

对石油价值的现代认识始于 19 世纪 50 年代。一位名为比赛尔的商人突发奇想，认为宾夕法尼亚西部丰富的石油很有可能成为一种优质廉价的光源，把一批石油样品送给当时的著名化学家、耶鲁大学教授斯里曼进行分析。1855 年斯里曼发表了报告，确认从石油中不仅可以提炼出照明用油，还可以生产出许多有价值的副产品。

未来的石油大亨洛克菲勒进入石油业，在很大程度上与其农产品贸易公司合伙人克拉克有关。克拉克早先的一位上司是克利夫兰市较早前往产油区的商人之一。克拉克的一位英国同乡安德鲁斯是自学成材的化学家，在一家油脂提炼厂工作，1860 年提炼出了克利夫兰当地第一批以石油为原材料的照明用油。1862 年安德鲁斯决定自己创业，劝说克拉克和洛克菲勒投资。1863 年，洛克菲勒和克拉克决定投资 4000 美元，占一半股份，成立安德鲁斯 - 克拉克公司，建立炼油厂。不到一年时间，本来是副业的炼油厂生意就超过了主业农产品贸易。

安德鲁斯负责技术，洛克菲勒和克拉克负责财务和管理，安德鲁斯 - 克拉克公司很快成为了克利夫兰最大的炼油企业，但是洛克菲勒和克拉克之间却在公司管理和战略等方面产生矛盾。洛克菲勒比克拉克更为看好石油业的前景，愿意投入更多的资金发展，而克拉克相对保守、缺乏胆识。1865 年 2 月，洛克菲勒和克拉克决定散伙，双方竞拍炼油厂的所有权，出价高者得。从 500 美元的底价开始，一路上涨到 7.25 万美元时，克拉克放弃，洛克菲勒得到炼油厂。公司更名为洛克菲勒 - 安德鲁斯公司，安德鲁斯只负责技术，26 岁的洛克菲勒全权独立掌管企业，开始了他走向石油大亨的征程。

（3）创建标准石油公司

1865 年 2 月，洛克菲勒 - 安德鲁斯公司正式创立，12 月就建立了他们的第二个炼油厂——标准炼油厂，洛克菲勒的弟弟威廉·洛克菲勒也加入了公司。为了扩大生意规模，洛克菲勒需要融资。1867 年 3 月，公司增资重组为洛克菲勒－安德鲁斯－弗拉格勒公司。弗拉格勒比洛克菲勒年长 9 岁，也是农产品贸易商人出身，从克利夫兰数一数二的富豪哈克尼斯那里拉来了 10 万美元投资（占新公司三分之一股份）。弗拉格勒在与铁路公司谈判获得运费折扣待遇中，发挥了重要作用。运费折扣是使洛克菲勒迅速成为石油大亨的一个重要因素，也是洛克菲勒和标准石油公司在此后的很长时间里一直受到指责的一个原因。

由于原油本身的价格相对低廉，运输成本就成了决定石油产成品价格的关键因素。在管道运输之前，铁路主宰着石油运输。1868 年，洛克菲勒凭借其克利夫兰最大炼油厂的地位（产量相当于其后 3 家大炼油厂的产量总和）以及夏季可以通过水运等优势，作为大货主，从铁路公司获得了相对低廉的运费待遇。那个时代，铁路公司也需要大货主维持稳定的运输量，铁路和大企业的发展之间是相互促进的关系。但是到 1887 年，美国颁布了《州际商业法》，铁路运费折扣被确定为非法行为。

洛克菲勒不是单纯地着眼于自己企业的发展，而是把整个石油业作为一个相互关联的整体，来考虑如何建立战略同盟和制订长远规划。面对过度竞争的混乱局面，试过建立石油生产商同盟等传统方法不灵（总是会有人背叛）之后，洛克菲勒决定大笔投入资金，扩张公司，建立规模经济。这时面临的问题就是，如何能够在扩大资本的情况下又保持自己对企业的控制权？洛克菲勒的选择是企业合并，向自己挑选的行业外部投资者出售股份。

1870年1月10日，合伙制的洛克菲勒–安德鲁斯–弗拉格勒公司解散，取而代之的是标准石油公司，一家在俄亥俄州注册、资本总额为100万美元的股份制公司。洛克菲勒出任总经理，威廉·洛克菲勒出任副总经理，弗拉格勒出任公司秘书兼财务总监。取名“标准”，一是与公司的主要炼油厂名称一致，二是表示公司产品具有统一标准的品质。为了吸引投资者，刺激大家更努力工作，洛克菲勒决定，公司主要负责人不领取工资，其收入完全来自所持公司股票的增值和分红。公司股本总数为1万股，洛克菲勒持有2667股，弗拉格勒、安德鲁斯和威廉·洛克菲勒各自持有1333股，哈克尼斯持有1334股，前洛克菲勒–安德鲁斯–弗拉格勒公司的合伙人平分1000股，威廉·洛克菲勒的妻弟詹宁持有剩下的1000股。

创立标准石油公司，洛克菲勒雄心勃勃，但是并没有外部的大投资者前来投资。此前不久的1869年9月24日，华尔街恶魔天才古尔德制造了“黑色星期五”，金融恐慌尚未散去，石油业也并不被人们看好。但是标准石油公司在其创立的第一年，就给股东们带来了105%的红利。1872年1月，标准石油公司注册资本增加到350万美元，新加入的股东中有几位是克利夫兰银行界的重要人物。在扩大了资本规模的同时，标准石油公司董事会决定，收购克利夫兰以及其他地区的一些炼油厂，开始走上石油帝国之路。1872年2月17日到3月18日，标准石油公司一口气收购和兼并了克利夫兰26个炼油厂中的22个。洛克菲勒在接管许多炼油厂之后，不是将其继续经营下去，而是直接将其关闭，削减该行业过剩的生产能力。为了避免那些被收购的炼油厂主再回到炼油行业，洛克菲勒在收购时与他们都签订了禁止协定，有几位违约者因此被告上了法庭。

松下幸之助：少年历练与艰苦创业

（1）少年历练

松下幸之助（1894.11.27—1989.4.27）出生于日本和歌山海草郡和佐村的一个农户家庭。出生时家境还算殷实，父亲任过村镇里的公职，大哥能上省城中学，家里有保姆。但是到松下幸之助6岁时，父亲投身米市失败，祖传的土地和房子都赔进去了，全家搬到和歌山市里，靠小生意度日。可是祸不单行，很快父亲新开的木屐店就倒闭了，大哥、二哥和二姐也相继因流感病逝。在松下幸之助小学二年级的时候，父亲一个人去了大阪打工，在大阪盲哑学校照顾学生和做杂务。

1904年11月，还不满10岁的松下幸之助也开始到大阪打工，在其父亲熟识的一家火盆店做学徒，主要工作是看孩子，偶尔磨火盆或者干些杂活，每半个月能得到5文钱的学徒工资。3个月后火盆店关门了，松下幸之助又转到了火盆店老板的一位朋友开的自行车店做学徒，主要工作是擦洗打扫，学习修理自行车和打打下手。

1910年大阪要开始在全市通电车，有了电车，自行车的需求会立即减少，而电气行业却非常有前景。已经在自行车店做了6年学徒，17岁的松下幸之助决定要换个更有前途的行当。1910年10月，松下幸之助进入大阪电灯公司做见习工，最初的工作是给室内布线工程负责人做助手，推着装满材料的手推车跟在负责人后面跑，一天要去五六个地方干活。三个月后，松下幸之助就被破例提拔为工程负责人。

1918年春天，24岁的松下幸之助已经晋升为电灯公司的检查员，检查工程负责人的工作，这是所有工程人员出人头地的目标。但是松下幸之助已经不满足于这种轻松而又有权威的工作，因为他一直在研究新型灯泡插座。他曾经把自己做出来的新型插座拿给公司主管看，但是被否决了。不服气的松下幸之助很快提出辞职，要自己创业做插座。大阪电灯公司失去了一个重要的由内企业家驱动的公司成长机会，但由此诞生了一个新的企业——松下电器。

（2）艰苦创业

1918年3月7日，松下幸之助在大阪创立了“松下电气器具制作所”，准备自己生产灯泡插座。在自行车店和电灯公司合计近14年的工作经历，使松下幸之助积累下了足够丰富、有助于创业的职场经验，但却并没有积累下来什么钱财。全部的创业启动资金不过是东挪西借来的几百日元，厂房就设在自己所住的平房里，人员只有松下幸之助、他以前的一位同事和他的内弟井植岁男等三人。井植岁男1947年从松下离开后，创立了三洋电机。

经过半年多的研究，1917年10月，松下电器终于生产出了少量产品，到电器店推销却一再碰壁，公司陷入困境，只剩下松下幸之助和井植岁男二人，松下幸之助把自己和妻子的和服都送进了当铺。幸好，到年底，公司接到了一个 1000 只电扇底座的订单，获得了 80 元的毛利，这是公司第一次获利。靠电扇底座，公司缓慢发展起来，并在大阪市内租下了新的厂房。在新厂房中，公司继续研究和生产灯泡插座，一款双灯泡用的螺旋式插座大受市场欢迎。

成功的偶然表象背后都有其必然。让松下幸之助事业起飞的产品——1923 年推出的弹头型自行车车灯，正是他创业前在自行车店和电灯公司两段工作经历中所熟识的事物相结合的产物。当时人们使用的自行车车灯主要还是蜡烛或者煤油灯，虽然也有电池车灯，但是电池使用时间很短，只有两三个小时。经过半年多的研制，松下生产出了电池寿命可达 30 到 50 小时的弹头型自行车灯具。

1923 年推出的弹头型自行车灯使松下公司得到快速发展，1927 年进一步推出了可以自行车和家居两用的便携方型灯具，开始使用 National 商标，同时开始制造电熨斗。1929 年企业名称由松下电气器具制作所改为松下电器制作所。1931 年，推出了松下收音机，并又收购了一家干电池公司。

随产品线的扩展，1933 年 5 月，松下实行了事业部制，按产品成立一个个独立核算、自主经营的事业部门，这在日本，以至整个世界都是比较领先的。1935 年 12 月，松下幸之助将其个人名下的所有产业统一整合重组为“松下电器产业株式会社”（Matsushita Electric Industrial Co., Ltd.）。

李秉喆：屡经失败，终创三星

李秉喆（1910.2.12—1987.11.19），字湖岩，出生于韩国庆尚南道宜宁郡的一个地主家庭。1916 年开始在其祖父创建的学堂文山亭学习汉学，1922 年转入新型学校学习。1929 年在中东中学校四年肄业，开始游学日本。1930 年 4 月进入日本早稻田大学经济学专业学习，1931 年 9 月因病退学回国。

1934 年 10 月，24 岁已育有二子一女的李秉喆以从父亲手中分得的 300 石土地作为启动资本，开始创业。1936 年 3 月，李秉喆与人合伙在马山开设了一家碾米厂。由于受粮食行情变化的影响，碾米厂开业不到一年就亏本三分之二。总结经验之后，李秉喆转向了粮食加工兼营粮食贸易。随后，趁土地价格低，他通过抵押贷款购买了大量土地，结果遭遇 1937 年 9 月中日战争爆发后政府终止土地抵押贷款影响，又一次大亏。

为了决定新事业方向，1937 年 10 月开始，李秉喆到汉城、平壤、沈阳、北京和上海等地进行了为期两个月的旅行和考察。这趟旅行和考察带来了“三星”的诞生。1938 年 3 月 1 日，李秉喆以 30000 韩元在韩国大邱市成立了“三星商会”，将韩国的干鱼、蔬菜、水果等出口到中国的北京和东北。不久之后，三星又拥有了自己的面粉和制糖厂，自己进行生产及销售。

此后，李秉喆的三星事业基本顺风顺水地发展和扩张起来。1939 年并购了朝鲜酿酒厂，1948 年并购了朝鲜发酵厂。进入 1950 年代之后，李秉喆的事业版图开始加速扩张，陆续成立了三星物产（1951）、第一制糖（1953，现为一家独立的公司，不再隶属于三星集团）和第一毛织（1954）等公司，并都亲自出任社长。除自己创立之外，李秉喆还通过收购进入了更多的领域，如 1958 年收购安国火灾与海上保险（于 1993 年 10 月更名为三星火灾海上保险），1963 年收购东方生命保险（于 1989 年 7 月更名为三星生命保险）。从今天的结果来看，李秉喆所创建的这一系列公司中，最重要的当属 1969 年 1 月 13 日成立的三星电子工业株式会社（1984 年 2 月更名为三星电子）。

1970 年代，三星在重工业、化学以及石化工业进行了大规模投资，诞生了三星重工业和三星石油化学（1974 年）等。在大扩张的 1970 年代，三星旗下多家公司上市，包括第一制糖（1973 年 5 月 9 日）、第一毛织（1975 年 5 月 6 日）和三星电子（1975 年 6 月 25 日）。

1979 年 2 月 27 日，李秉喆的三儿子、三星第二代掌门人李健熙出任了三星集团的副会长，形式上开始了接班的过程。但是实际上直到 1987 年 11 月 19 日李秉喆去世，李健熙并没有实际介入决策，三星完全是创始人李秉喆一个人的帝国。

古奇欧·古奇：白手起家创建古奇公司

古奇欧·古奇（Guccio Gucci，1881–1953）不到 20 岁的时候，在佛罗伦萨经营草帽生意的父母破产。古奇欧出外打工，在伦敦一个高档饭店拿着微薄薪水、干着繁重劳动，但是却借此机会用心观察和琢磨那些上流社会的富人们的行头，并发现大衣箱、手提箱以至帽盒等等都是真皮制作的。在外游历数年、回到家乡佛罗伦萨之后，古奇欧先是在一家古董店打工，后应征入伍，退役后在一家名为 Franzi 的皮具公司工作，并升迁到其罗马分公司经理。

皮具公司的工作使古奇欧对皮革的挑选和加工有了很深的经验积累。同时，他娶了一位父亲是裁缝、自己也是裁缝的妻子。1921 年的一个星期天，夫妻俩在散步时看上了一个待租的小店。古奇欧用自己的积蓄加上借来的一笔钱创建了第一家古奇店：古奇欧·古奇皮箱店（Valigeria Guccio Gucci），后更名为古奇欧·古奇独资公司（Azienda Individuale Guccio Gucci）。虽然有过一些困境，但是整体上来说，古奇欧的生意蒸蒸日上。

1925 年，古奇欧 20 岁的长子艾度·古奇（Aldo Gucci）开始帮助父亲打里家族生意。在其保守父亲的表面反对和暗地支持下，艾度·古奇于 1938 年在罗马开设了古奇分店，并获得了巨大的成功。在艾度最初提出到罗马开设分店的想法时，古奇欧的回答是："你想到过这么做的风险吗？想想那需要多大一笔投资吧，我们去哪弄那么多钱？去找银行吧，看看他们会不会贷款给你。"但是背着艾度，古奇欧悄悄地找了几位银行家，希望他们能够支持艾度的计划。

除艾度之外，古奇欧的另外两个儿子也在家族企业里工作，但是大哥艾度承担着火车头的角色。艾度与古奇欧一样秉持质量至上的理念，他的座右铭是"价格会随着时间而被淡忘，但品质会永驻人心”。到了 1950 年代初期，古奇箱包已经成为高贵身份与幽雅品位的象征。艾度提出了到纽约开设古奇店的想法，古奇欧仍然是惧怕风险的控制者角色：“如果必须这样做的话，那你就去冒险吧！你可以去银行试试，看他们愿不愿意为你冒险。或许你是对的，毕竟我已经老了。也许我的想法已经过时了，我只相信自己种出来的果实才是最甜的。”1953 年 11 月，艾度以 6000 美元的资本，成立了古奇美国公司，新公司被授权在美国市场使用古奇商标。

在纽约古奇店开业 15 天之后，72 岁的古奇创始人古奇欧因心脏病突发去世。这位古奇帝国的创建者，同时也是古奇家族裂痕的始作俑者。他让三个儿子平分财产，而把自己的女儿、三个儿子的大姐排除在外，理由仅仅是因为她是一个女人。意大利并没有女人不能继承财产的法律规定，只是古奇欧认为，古奇的家族事业不能让女人插手。尽管这位 52 岁的女儿是古奇欧最大的孩子，一直在古奇店里忠心耿耿地工作，并且是她的丈夫在 1924 年古奇商店濒临破产时拿出自己的积蓄救助了古奇。

ZARA缔造者阿曼西奥

ZARA 是西班牙服装企业 Inditex 集团的核心品牌，占集团总销售额的一半以上。Inditex 集团前身名称为 GOA 公司，由创始人阿曼西奥·奥尔特加·高纳（Amancio Ortega Gaona）名字的首字母颠倒顺序而成。与阿曼西奥共同创立公司的哥哥安东尼奥（Antonio Ortega Gaona）名字首字母颠倒顺序后也是 GOA。安东尼奥于 1987 年因骨癌去世，阿曼西奥至今实际领导着 ZARA–Inditex 服装帝国。GOA 公司则是起源于一个家庭式的制衣作坊。

阿曼西奥的父亲、祖父和曾祖父三代都是铁路工人。铁路修到哪儿，家要搬到哪儿。1944 年，阿曼西奥的父母搬到了位于西班牙西北部的加利西亚地区。

阿曼西奥的哥哥安东尼奥最先踏入了纺织和服装行业，在一家衬衫缝纫店做了两年无薪学徒之后，进入了卡斯特罗·金塔斯家族的拉玛雅服装店工作。随后，阿曼西奥的姐姐帕皮塔也加入了拉玛雅公司。

阿曼西奥出生于1936年3月28日，13岁时终止了学业，从学徒身份开始工作。在一家缝纫店工作3年晋升无望之后，阿曼西奥于 1952 年前后也加入了哥哥和姐姐所在的拉玛雅服装店工作。1963 年，在纺织和服装行业打拼了近 15 年之后，27 岁的阿曼西奥想要独立创业。他的基本想法就是省去中间商环节，自己采购原材料、生产服装后直接销售。但是，最终做到这一点，并且由此形成“自产直销、快速投放”模式是 12 年以后的事情了。

这时的阿曼西奥虽有一份不错的薪水（月薪 8000 比塞塔），也深受老板赏识，但要说创业，所能凭借的只有“人力资本”——游说能力和市场判断。阿曼西奥说服拉玛雅服装店老板同意，如果能够生产出来与其他供应商质量一样而价格更便宜的服装，就从他这里进货。在得到这一承诺之后，阿曼西奥和他的哥哥安东尼奥、姐姐帕皮塔（后来一直负责公司的财务）以及拉玛雅公司的另外一位职员罗萨莉娅·梅拉（后来成为阿曼西奥的第一任妻子）四人一起从拉玛雅服装店出来，开始创业。加入他们创业队伍的第五人，也可说是有助他们初始成功的一个重要人物，安东尼奥的妻子雷内多，是一位专业裁缝。

成功的创业需要有人才、市场和资金三个要素。阿曼西奥创业起步时的人才基础就是他们 5 人。市场判断来自他们在拉玛雅服装商店的长年历练，销售渠道则有拉玛雅服装店。资金的解决是通过两个途径，一是凭借业内关系积累，说服一家布料供应商给了他们 3 个月的赊货期；二是从一家银行获得了 50 万比塞塔的贷款。此时，他们兄弟俩在这家银行所开设的联合账户上只有5000比塞塔的存款。50 万比塞塔相当于当时阿曼西奥年薪的 5 倍。

幸好，他们的第一批服装（一种棉布晨衣）销售很好，这使他们可以顺利还清债务，继续前进。最初他们的工作场所就是家里，设计、裁剪和制作就是由雷内多在饭桌上手工完成。随后他们租下一个能够放置几台缝纫机的约有 80 平方米的车库。三年之后，租下一个 500 平方米面积的厂房。

经过几年的发展和积累之后，1971 年三兄妹共同设立了GOA 公司，开始进入了工厂化的服装生产时代。到 1974 年，服装销售额达到了 20 亿比塞塔，并进入了法国、德国和比利时等国家市场。但到此时为止，还主要是销售给批发商和大型超市等，而不是自己直接零售。直接零售，省去中间环节，是阿曼西奥创业之初就有的想法。1972 年曾设立以 Sprint 为名的专卖店，但是没有取得成功（最终于 1979 年关闭）。其中一个重要原因是，由于该店是与其他人合伙投资，阿曼西奥的想法不能得到完全实施。总结了一系列的经验与教训之后，1975 年，在开始创业 12 年之后，第一家 ZARA 专卖店正式开张，“自产直销，快速投放”开始成型。

3. 谋划创业

谋划创业者的典型代表当属亚马逊创始人杰夫·贝佐斯。贝佐斯怀揣创业梦想而工作，从工作中积累经验，发现机会，经过理性分析有条不紊地走上亚马逊的创建之路，也许比盖茨和扎克伯格等人的创业历程缺少“天才”性质的故事和刺激性，但有更多的可学习之处和可复制性。

1986 年大学毕业后，本着为自己创业做准备，要“先学学如何做生意，学着了解一下这个世界是怎么运转的”的想法，杰夫·贝佐斯没有选择英特尔、贝尔实验室等大公司和著名机构，而是进入了一家名为 Fitel 的小公司。1990 年 12 月，26 岁的杰夫·贝佐斯以副总裁职务加入了 D.E.Shaw 公司，组建并领导了一支 24 人的团队，负责探索新市场机会。正是这一工作，让杰夫·贝佐斯发现了创建亚马逊的商业机会。

丰田佐吉和丰田喜一郎父子都是谋划发明而创业，分别缔造了丰田自动织机和丰田汽车。1885 年日本颁布了新专利法，丰田佐吉开始想搞点儿发明创造。1890 年丰田佐吉发明了一种能够提高布匹质量和生产能力的手动织机，并于 1891 年获得专利。丰田佐吉在去世前对丰田喜一郎交代："自动织机的研制是我毕生的事业。你也应该有自己的毕生事业。我相信汽车制造事业值得一试。汽车在未来将是不可或缺的。为什么不能把汽车研制变成你毕生的事业呢？"丰田佐吉把他从普拉特公司获得的 10 万英镑专利费交给了丰田喜一郎。丰田喜一郎 1920 年毕业于东京帝国大学，获机械工程学位。1930 年 3 月，他占用丰田自动织机公司的一角，开始研制汽车。

1900 年出生于广岛的吉田五郎，小学时候从哥哥那儿得到了一部照相机，十分迷恋，并将之拆开来再组装回去。吉田五郎试制照相机的想法得到了其在三一证券工作的妹夫内田三郎的支持。1933 年 11 月，吉田五郎和内田三郎共同创立了今日佳能公司的前身"精机光学研究所"。

鬼塚喜八郎（1917—2007）与山姆·沃尔顿类似，都属于二战复员后创业的一代。沃尔顿投身于他于战前已经略为熟悉的商业，鬼塚喜八郎则从分析战后日本的市场需要出发。二战之后，日本想通过体育来激发青少年的精神和斗志，但是当时的孩子们想要运动却得不到运动鞋。1948 年，鬼塚喜八郎决定在这一领域里创业。1949 年 9 月，30 万日元资本金、4 名员工的鬼塚公司（Onitsuka Co., Ltd.），开始专业生产运动鞋。

水野利八 12 岁时从小学退学到大阪打工。1903 年，19 岁的水野利八看了京都三高棒球俱乐部的比赛后，被棒球的魅力吸引，决定创办体育用品商店。1906 年 4 月 1 日，水野利八和弟弟水野利三在大阪北区创立了“水野兄弟商会”（就是商店），销售棒球以及其他一些西洋杂品，1910 年店铺迁移到大阪梅田新道，并正式更名为“美津浓商店”。

惠普公司也是个有计划创业的结果。两位创始人帕卡德和休利特，大学时就决定一起创业，1934 年从斯坦福大学毕业后，作为创业的准备，帕卡德去通用电气工作，休利特则去麻省理工学院攻读电子工程硕士学位。1937 年两人开始筹备创业，1939 年正式创立了惠普合伙企业，十年后的 1947 年改制为惠普公司。

杰夫·贝佐斯的谋划创业

（1）要创业，先工作

杰夫·贝佐斯1964年1月12日出生在美国新墨西哥州。杰夫本姓约根森，一岁半时父母离异，4岁时母亲再嫁，改随继父姓贝佐斯。继父麦克·贝佐斯少年时作为古巴难民进入美国，后成为埃克森美孚石油公司的一名工程师。

1982年，杰夫·贝佐斯进入了普林斯顿大学，先是物理专业，后转为计算机专业。1986年大学毕业后，本着为自己创业做准备，要“先学学如何做生意，学着了解一下这个世界是怎么运转的”的想法，杰夫·贝佐斯没有选择英特尔、贝尔实验室等大公司和著名机构，而是进入了一家名为Fitel的小公司。

Fitel公司由哥伦比亚大学的两位经济学教授创建，试图建立一个名为Equinet的网络，把投资公司、证券公司和银行等各类金融机构的各种计算机都连接起来，以进行股票交易。该公司雇用了15名年轻的计算机人才，杰夫·贝佐斯是第11位，负责编写通信协议。两年后的1988年4月，杰夫·贝佐斯离开了他已升至副总裁的 Fitel 公司，到了美国信孚银行，任副总裁助理。在信孚银行，杰夫·贝佐斯负责开发了 BTWorld 通信系统，通过该系统，信孚银行的客户可以远程追踪信孚代为投资和管理的退休基金以及利润分享计划等等。

1990 年 12 月，26 岁的杰夫·贝佐斯以副总裁职务加入了 D.E.Shaw 公司。D.E.Shaw 公司由戴维·肖创办于 1988 年，是一家新型的计算机自动交易系统公司。戴维·肖在斯坦福大学获得计算机科学博士学位，在哥伦比亚大学担任计算机科学教授。在为摩根士丹利成功开发了一套电子交易系统之后，他决定自己干。杰夫·贝佐斯在 D.E.Shaw 公司组建并领导了一支 24 人的团队，负责探索新市场机会。正是这一工作，让杰夫·贝佐斯发现了创建亚马逊的商业机会。

（2）网上书店：理性计算下的选择

1994 年春天，戴维·肖让杰夫·贝佐斯去了解一下当时的新生事物“互联网”，看看能有什么新机会。杰夫·贝佐斯首先发现的是互联网用户数的惊人增长速度：每年 2300%！互联网将会成为人们的聚集地，而只要是人们聚集的地方，就有机会出售东西。

可是首先从什么商品开始呢？杰夫·贝佐斯列出了一个“最大化机会”分析表，对20种可能适合网络销售的商品进行了一通比较分析。分析指标包括，顾客要熟悉这种产品，要是质量易于把握的标准化产品，要有巨大的市场规模，要易于获得产品存货，易于运输和配送，要有发展潜力等等。结论是，图书是最适合做互联网销售的。

杰夫·贝佐斯把他的研究结果报告给了公司老板戴维·肖，得到的是非常明确的否定。对于D.E.Shaw公司来说，从金融交易系统跳到图书销售是太不可思议了。但是，杰夫·贝佐斯不能放弃这个机会。他又做了一个“最小化遗憾”分析表。结论是：“我知道等我80岁的时候，我肯定不会遗憾我在1994年年中放弃了华尔街的奖金。或许那个时候我都记不起来了。但我知道如果我不参与这个叫做互联网的东西，我后悔的可能非常大，因为我对互联网充满了激情。同时我也知道，如果我试了又失败了的话，我不会遗憾的。”（《一键下单——杰夫·贝佐斯与亚马逊的崛起》第58页）。

1994年夏天，杰夫·贝佐斯向戴维·肖递交了辞职信，他决定成立一家新公司从事网上图书销售。

（3）创建亚马逊：一对夫妻和两个工程师

成立公司的第一步是发现优秀人才。杰夫·贝佐斯被禁止从 D.E.Shaw 公司挖人，但他可以让他的前同事们给介绍合适人选。这样，一位前同事的朋友的合伙人卡凡成为了杰夫·贝佐斯的第一位员工和创建亚马逊的关键伙伴。

卡凡从加州大学数学专业毕业后，已经在硅谷工作了20多年，是一名出色的程序员，一直在寻找能让他赚上一笔的新创建公司。他很喜欢杰夫·贝佐斯创建网上书店的想法，这与他以前工作过的那些试图将特别先进的高科技商业化的新创建公司相比，目标没那么高远，成功的可能性更大。

按照州常住人口少（网店税收原因），靠近主要图书经销商仓库（供应），机场航班多（配送）等三条标准，杰夫·贝佐斯选择了西雅图作为公司所在地。选择西雅图还有一个原因是，杰夫·贝佐斯两年前认识的家在西雅图的一位富商朋友哈诺尔知道他要自创公司后，表示有兴趣投资，并建议他到西雅图创建他的新公司。

1994年7月，刚刚从纽约搬到西雅图的杰夫·贝佐斯，创立了名为 Cadabra 的公司，但7个月后，他将公司名字正式改为了 Amazon，亚马逊。Amazon 的首字母是 A，在所有按字母顺序排名的列表中，都能排在前面。同时，作为世界上最长的河流，也能体现出创始人的长期视野。

杰夫 · 贝佐斯向亚马逊的最初股本投资是 1 万美元，购买了亚马逊公司的 1020 万股股票，折合每股不到 0.1 美分。到 1994 年底，他又给了公司总计 4.4 万美元的无息贷款。1995 年 2 月，杰夫 · 贝佐斯向他养父出售了 58.2528 万股亚马逊公司股票，筹集了 10 万美元，折合每股 17.17 美分。靠着自己积蓄和家人的"风险投资"，杰夫 · 贝佐斯启动并维持了亚马逊的早期运作。

1994 年 10 月，杰夫 · 贝佐斯通过华盛顿大学计算机科学与工程学院院长帮他群发邮件招聘到了公司的第二名员工戴维斯。戴维斯也是一位热衷于为新创建公司工作的著名软件高手。他与卡凡一样，也没有开发亚马逊所需要那种商业零售软件的经验。但是，这没有关系，创新性事业靠的是天赋而不是经验，杰夫 · 贝佐斯的哲学就是雇用那些最有天赋而不是最有经验的人。公司的第三位员工是杰夫 · 贝佐斯的太太麦肯齐，负责接电话、下订单、采购，以及秘书和会计工作。

1995 年 7 月 16 日，亚马逊网站开始正式上线运营。上线仅仅三天之后，雅虎创始人杨致远就发来邮件："我们觉得你的网站很酷，愿意我们把它放到"酷东西"页面吗？"第一行动者优势发挥作用，订单涌入亚马逊。等到 1997 年 3 月，美国最大实体书店巴诺推出自己的网上书店时，亚马逊已经马上要进行 IPO 了。

（4）怪才改变世界

杰夫 · 贝佐斯和乔布斯很相似，都是没有得到亲生父亲养育的怪才，都把"改变世界"作为行动目标。乔布斯以创新性的产品改变了电脑、电影、音乐、手机和移动终端等产业，杰夫 · 贝佐斯则以商业模式上的创新改变了商业零售和图书出版产业，并正在给太空探索领域注入新生力量。

山姆 · 沃尔顿在人类几千年中均以小店主为主导的零售世界里打造出了世界第一大公司沃尔玛，向世人展示了公司这种组织的能力。杰夫 · 贝佐斯则是利用公司制度和互联网技术再一次改变了零售业的形态。亚马逊在以网络销售改变了图书零售产业之后，又以电子书和电子书阅读设备 KINDLE 的推广，正在改变着整个图书出版产业的格局。

杰夫 · 贝佐斯也许没有乔布斯的影响大，但是他远比乔布斯幸运，并且乔布斯的影响力已经是过去时，杰夫·贝佐斯的影响力还是正在进行时。杰夫·贝佐斯没有像乔布斯那样一度被投资者赶出自己创建的公司，至今还凭借实实在在的股权牢牢控制着自己的公司。

除成功创建和一直领导亚马逊公司之外，杰夫·贝佐斯还在2000年时个人投资创建了太空研究公司蓝色起源（小时候深受其是火箭专家的外祖父影响），2013年又个人出资2.5亿美元现金收购了华盛顿邮报（认为以后印刷版报纸会成为奢侈品）。杰夫·贝佐斯还是1998年谷歌公司成立时的7位原始股东之一，也是推特公司的早期投资者。

发明家与创二代：丰田父子

丰田家族四代人，先后在纺织和汽车两个产业里创立伟业，实现了家族事业的成功转型和持续辉煌。丰田佐吉位列日本十大发明家之一，是入选日本小学教材的发明大王，发明自动织机，缔造丰田纺织帝国，助推日本纺织业超越英国。丰田佐吉之子丰田喜一郎，创建丰田自动织机公司汽车部，缔造丰田汽车公司，随后三代丰田家族人引领日本汽车产业比肩美国，称雄世界。

（1）发明大王丰田佐吉

丰田佐吉1867年出生于静冈县的一个乡村木匠家庭，从小随父做些木匠活儿，并进一步跟丰桥的一位著名木匠学艺。1885年日本颁布了新专利法，不安分的丰田佐吉开始一心搞点儿发明创造。1890年参观了东京国际工业展览会后，丰田佐吉更坚定了自己的决心。静冈县盛产棉花，每家农户都有手摇纺织机。从东京回家后不久，丰田佐吉发明了自己的第一个产品：一种能够提高布匹质量和生产能力的手动织机，并于1891年获得专利。他在东京开设了一家纺织公司，试图出售其织机。但是小型纺织企业买不起丰田佐吉这种比传统手摇织机昂贵的新型织机，大型纺织公司又多选择更为昂贵的进口电动织机。

1893年，26岁的丰田佐吉决定要搞出自己的电动织机，于是他关闭了东京的纺织公司，回到家乡静冈县并成了家。1894年，儿子丰田喜一郎出生。同时，丰田佐吉发明出了可以利用外部动力驱动的自动回线织布机。随后，他遭遇了婚变，搬到当时日本工业中心之一的名古屋附近居住。1895年，丰田佐吉在名古屋设立丰田公司，销售自己发明的织机。1897年进一步设计制造出了“丰田式木制动力织布机”后，丰田佐吉与爱知县的一位纺织企业家石川藤八共同投资设立了“乙川棉布合资公司”。

1899年三井公司看上了丰田佐吉的发明，买断了这种织机的10年专营权，并在名古屋设立了专门生产这种丰田式织机的公司，聘丰田佐吉为总工程师。但是因为随后日本纺织业的萎缩影响织机的生意，公司砍掉了研究经费。1902年，丰田佐吉失望地辞职了，回去继续打理自己的丰田公司。1907年，在三井公司的要求之下，丰田佐吉解散了自己的丰田公司，加入三井公司主导投资总资本为100万日元的“丰田织机公司”。但是，又因经济萧条，丰田佐吉希望保留大量研究经费而与其他投资者发生冲突，于1910年辞去了公司职务。

对外来资本失望的丰田佐吉，到欧洲和美国游历考察了一番之后，大大增强了对自己发明的织机的信心，回到名古屋后用自有资金创建了“丰田自动纺织公司”。丰田佐吉与三井公司的合作不欢而散，但却与三井公司驻名古屋办事处的经理儿玉成为朋友，儿玉协助建立了丰田自动纺织公司的纺纱厂。为了加强与儿玉的关系，丰田佐吉将女儿爱子嫁给了儿玉的弟弟利三郎，并随后将利三郎招为“养子”，改姓丰田。养子丰田利三郎年长丰田喜一郎10岁，成为长子和继承人。这一安排，也许是使丰田喜一郎要孤注一掷搞汽车的原因之一。

丰田利三郎是个老于事故的生意人，在他的协助下，及借助第一次世界大战带来的日本纺织业繁荣机遇，丰田自动纺织公司的业务发展很快，于 1918 年更名为“丰田棉纱纺织公司”，公司资本达到 500 万日元。丰田佐吉任总裁，丰田利三郎为经营主管，丰田喜一郎为公司技术人员。丰田喜一郎也有极高的发明天赋，和丰田佐吉一起持续改进丰田织机，他们于 1925 年完善了自己的全自动织机，并能实现批量生产。1926 年，丰田佐吉又以 100 万日元成立了“丰田自动织机公司”。1927 年，丰田自动织机公司推出的丰田 G 型自动织机，一名工人可以同时操作 25 台这种全自动织机。

1929 年，丰田佐吉与当时已经占据世界纺织机械霸主地位 70 年之久的英国普拉特兄弟公司签订了一项授权协议，以 10 万英镑的费用许可普拉特兄弟公司在日本、中国和美国之外的市场上生产和销售丰田 G 型自动织机。这时，丰田佐吉已经由其织机的发明，创建起一个丰田“企业集团”：丰田棉纱纺织公司、丰田自动织机公司和上海丰田棉纱纺织公司，以及在棉纱纺织和自动织机两大公司周围的几个棉纱、织布和印染工厂。1930 年，按资产规模排名，丰田棉纱纺织公司居日本第 103 位大企业位置，丰田自动织机公司居第 191 位。

1930 年 10 月 30 日，63 岁的丰田佐吉死于肺炎。1937 年，丰田佐吉以“发明大王”身份进入日本小学课本。1985 年，日本新专利法颁布 100 年之际，日本专利局确认，丰田佐吉是日本历史上最重要的十大发明家之一。丰田佐吉的自动织机帮助日本实现了其历史上第一次经济奇迹的一个重要部分——在纺织领域战胜了此前的霸主英国。1930 年代末，日本占世界棉纺织品出口市场总额的 39%，英国则从其 1910 年代的 70% 下降到了 27%。

（2）丰田汽车创始人丰田喜一郎

丰田佐吉在去世前对他的亲生儿子丰田喜一郎交代：“自动织机的研制是我毕生的事业。开头我一无所有，只有几个想法和一双手。你也应该有自己的毕生事业。我相信汽车制造事业值得一试。汽车在未来将是不可或缺的。为什么不能把汽车研制变成你毕生的事业呢？”（《现代资本主义——三次工业革命的成功者》第 452 页）丰田佐吉的纺织和织机企业由丰田利三郎继承和管理，但他把普拉特公司付给的 10 万英镑（当时值 100 万日元）专利费交给了丰田喜一郎，这笔种子资金为丰田汽车奠下了第一块基石。

丰田喜一郎 1920 年毕业于东京帝国大学，获机械工程学位。1930 年 3 月，他占用丰田自动织机公司的一角，开始研制汽车。到 1933 年，丰田佐吉给的 100 万日元用尽。丰田喜一郎认为制造汽车的时机已经成熟，向丰田利三郎提出资金要求。最初遭到丰田利三郎的拒绝，但最后还是达成了一致。1933 年底，丰田自动织机公司成立了汽车部。随后 1934 年和 1935 年，丰田自动织机公司的股东两次投票决定扩大公司股本，先是从 100 万日元扩大到 300 万日元，又从 300 万日元扩大到 600 万日元，新资金主要用于汽车部。

1935 年 5 月，丰田自动织机公司的汽车部制造出了其 A1 型轿车的原型车。但是当时日本市场（主要是军方）需要的是卡车，于是丰田喜一郎决定以其 A1 型轿车发动机为基础，试制 G1 型卡车。1936 年 11 月 14 日，丰田自动织机公司被日本通产省批准为正式注册的汽车制造商。1937 年 8 月 28 日，丰田自动织机公司把汽车部独立出来，组建成立了丰田汽车公司。公司总资本 1200 万日元，有 26 位股东，包括家族成员、公司管理层人员以及三井公司。丰田利三郎出任丰田汽车公司首任总裁，丰田喜一郎以执行副总裁身份实际负责丰田汽车公司的管理工作。到1941年，创始人和实际负责人丰田喜一郎正式出任公司总裁。

由于日本侵华战争，政府采购使丰田汽车公司一开始就盈利颇丰，并因此吸引来一些大型金融机构和贸易公司的资金投入。第二次世界大战期间，日本纺织业衰落，政府强制纺织公司合并。丰田纺织公司与其他公司合并后生产飞机配件，并于1943年被丰田汽车公司吞并。“丰田集团”由纺织和织机主导转变为汽车主导。二战结束之后，丰田汽车公司已经具有相当规模，拥有6个生产厂，并拥有丰田自动织机、丰田钢铁（1934年丰田自动织机成立的钢铁部，1940年独立成公司）、丰田机械（1941年由1937年时公司内部设立的机械工具厂独立成公司）和东海航空器材公司（1943年与川崎航空器材公司合资成立）以及丰田物理化学研究所等一批关联和附属公司。丰田很幸运，没有遭遇日本财阀企业被解散的命运。占领军当局只是迫使丰田家族出售了家族成员持有的大量丰田股份，没有禁止家族人员担任丰田汽车公司的高管职务，丰田喜一郎继续领导丰田汽车公司。

1945年到1950年的日本战后经济萧条，终使丰田汽车公司于1949年底陷入困境。1950年初，日本银行名古屋分行出面组织银团贷款拯救丰田汽车公司，条件是要求公司裁员，并将销售部门变为独立的销售公司。由于自感愧对被要求“自愿退休”、占员工总数 26% 的 2146 名员工，丰田喜一郎“引咎”辞职。丰田喜一郎请当时任丰田自动织机公司总裁的石田退三出任了丰田汽车公司总裁，三井银行则调派了中川文夫任专务，协助石田退三工作。这个时候，“好运”再次降临丰田，朝鲜战争爆发，美军从丰田订购大量卡车，使丰田迅速扭亏为盈。

1950 年，丰田汽车公司创始人丰田喜一郎辞职，请石田退三出任总裁有两方面原因，一是对公司裁员负责，二是为了增强银行的信心，当时实际有默契，就是等局势好转之后，仍由丰田喜一郎担任丰田汽车公司总裁。1952 年 3 月 27 日，正准备重新上任丰田汽车公司总裁、年仅 57 岁的丰田喜一郎却因脑溢血突然去世。两个多月后的 6 月 3 日，68 岁的丰田利三郎也去世了。这时候的丰田汽车公司，还只是生产卡车，丰田轿车梦要等后人来实现了。

吉田五郎和御手洗毅：缔造佳能

关于佳能（CANON）名字的含义有两种说法，一是观音（KWANON），二是大炮（CANNON）。作为一个公司名称，CANON就是CANON，到底是什么含义也许并不重要。但是，人们赋予这一词语的两个含义，却正好象征了佳能的两种文化形象：作为“观音”，佳能倡导“共生”理念，并将之切实贯彻到了企业行为的各个层面；作为“大炮”，佳能出色地完成了其创业时所设立的“打倒徕卡”的梦想。

（1）德国人能造照相机，日本人为什么不能？

1900年出生于广岛的吉田五郎，小学时候从哥哥那里得到了一部照相机，十分迷恋，并将之拆开来再组装回去。成年后，吉田五郎进入了电影界，修理和制造电影放映机。为了采购电影放映机所用的原材料，吉田五郎经常到上海出差。在上海，吉田五郎受到一位美国商人的嘲笑：“你们日本人不是能够制造大军舰吗？怎么连这样一个小小机器都不能制造？为什么还要买我们的？”受到刺激的吉田五郎想：“放映机和比放映机还小的照相机，德国徕卡能够制造，我们日本人为什么就不能制造？”

吉田五郎试制照相机的想法得到了其妹夫内田三郎的支持。内田三郎从东京大学法学部毕业之后，进入了三一证券工作。内田三郎是在受到对其有知遇之恩的日本产业联合会统帅鲇川义介“在资源匮乏的日本，头脑里要经常想高科技的事业”的告诫之后，下定决心与吉田五郎一起搞照相机试制工作的。

1933年11月，吉田五郎和内田三郎在东京麻布区六本木竹皮层大厦的三层共同创立了今日佳能公司的前身“精机光学研究所”。这个所谓大厦，实际就是一个三层木结构的公寓楼。精机光学研究所租用了其三层的三个房间，其中两个房间为工匠宿舍，一个大一点的房间为办公室兼装配工厂。内田三郎出任法人代表。1934年初，内田三郎任三一证券大阪分公司经理时的部下前田武南进入研究所，作为吉田五郎的助手，主持事务性的工作。1934年中，精机光学研究所制造出了日本第一代高级的35mm布帘式快门照相机。吉田五郎信奉观音菩萨，就把这个照相机命名为“KWANON”。内田三郎反对具有“观音”含义的“KWANON”这一名称，认为这“有损于集近代精密机械技术之大成的高级照相机的形象”。研究所再次研究了公司产品的商标问题，认为这一发音很响亮，并且有“判断标准”和“经典”的意思，最后于1935年正式以CANON为注册商标。

（2）为了筹资，日本精机光学研究所公司化

1936年，已经成为日本最大光学仪器厂的精机光学研究所从东京六本木迁址到东京目黑，并改名为“日本精机光学研究所”。但是由于资金困难，为了筹集资金，1937年8月10日，日本精机光学研究所改制为精机光学工业株式会社（股份公司），资本金100万日元。公司没有设总裁（社长），而是由内田三郎出任代表常务董事，为最高经营责任者。日本的股份公司需要设监事，出任监事的就是后来实际缔造佳能帝国的御手洗毅。

御手洗毅出生于1901年，1925年毕业于北海道大学医学部，1929年到东京，进入日本红十字医院妇产科工作。御手洗毅与内田三郎的哥哥三井再男（后来也成为佳能的董事，并出任了佳能中央研究院第一任院长）是把兄弟，并经常给内田三郎的夫人看病，因此与内田三郎很熟悉。从精机光学研究所时期开始，医生御手洗毅就给予了资金支持。御手洗毅被选为精机光学工业株式会社的监事，一方面是因为其自己是投资者之一，另一方面是因为交际面广、筹资能力强。御手洗毅将其医生朋友（时任大石医院副院长的厚木学）、哥哥（御手洗信夫）及朋友（今井修三）等人都拉来成为了公司的股东。

尽管精机光学工业株式会社以 100 万日元的资本金注册成立，但是初期的实际到位资金只有 40%，并且其中占有相当大比例的是过去研究所时代使用过的设备过高折价而来的实物投资。因此，这时的精机光学工业株式会社在财务上还是很困难。就是在这样的一个基础上开始创业的精机光学工业株式会社，1938 年下半年创立仅仅半年多之后，就开始每年按投资 5% 的比例给股东分红。1947 年，公司成立十周年，精机光学工业株式会社改名为佳能照相机株式会社，1969 年改为佳能株式会社，沿用至今。

像佳能这样，创立时期根据业务领域取一个比较通用的名字，成功推出一个产品并打出品牌之后，采用商标名作为公司名，是很多日本公司的做法。索尼是由东京通信工业公司改用其商标名而来，夏普是由早川电机公司改用其商标名而来，奥林帕斯是由高千穗制作所改用其产品商标名而来。

（3）御手洗毅医生：兼职总裁缔造佳能帝国

作为佳能公司重要发起人之一的御手洗毅没有作为董事从一开始就参与公司的经营，是因为他的医生职业也正发展得风生水起。1935 年 10 月，御手洗毅成为国际圣母医院的妇产科主任，1937 年 5 月，又获得了医学博士学位，有作为医生独立开业的打算。他只是出任精机光学工业株式会社的监事，每个月来开一次会就可以了。

由于内田三郎的一再邀请，从 1939 年 7 月开始，本职工作还是妇产科医生的御手洗毅出任了精机光学工业公司的董事。作为股东和董事，御手洗毅“兼职”性质地为公司做一些业务，但其事业重心还是行医。1940 年御手洗毅在目白市开设了医院。但是，1942 年 2 月 15 日，日本占领新加坡之后，军方命令内田三郎到新加坡任占领区行政官，内田三郎把公司的事务交给了御手洗毅掌管。1942 年 8 月 14 日的公司董事会提出御手洗毅担任总裁（社长），9 月 10 日的临时股东大会做出了正式决定，御手洗毅成为佳能公司历史上第一位正式的总裁（社长）。这样，御手洗毅开始了身兼两种不同职业的生活，每天早上 5 点起床，先到公司开会，然后于 11 点赶到医院。由于战时的民用照相机市场萎缩，御手洗毅领导公司开发了医用 X 射线照相机和双筒望远镜等军需用品。

1943 年，内田三郎完成军方任务从新加坡回到日本，虽然仍然具有经营公司的积极性，但是看到公司在御手洗毅领导下已经确立起了一套有效的运转体制，只好继续让御手洗毅作为社长（总裁）掌管经营职责，自己出任不掌管经营的会长（董事长）。1947 年，公司改名为日文片假名的“佳能照相机”之后，内田三郎看到公司的巨大变革，辞去了董事职务。

鬼塚喜八郎：从鬼塚公司到ASICS公司

（1）鬼塚喜八郎和鬼塚公司

鬼塚喜八郎（1917—2007）与山姆·沃尔顿类似，都属于二战复员后进行创业的一代。沃尔顿投身于他战前已经略为熟悉的商业，鬼塚喜八郎则从分析战后日本的市场需要出发。二战之后，日本想通过体育来激发青少年的精神和斗志，但是当时的孩子们想要运动却得不到运动鞋。1948 年鬼塚喜八郎决定在这一领域里创业，先用一年多的时间考察学习了神户和长田地区的制鞋厂。1949 年 3 月，鬼塚喜八郎在神户市创建了鬼塚商会，9 月 1 日鬼塚商会重组为 30 万日元资本金、4 名员工的鬼塚公司（Onitsuka Co., Ltd.）开始专业生产运动鞋。

鬼塚喜八郎虽然并没有什么制鞋经验，但他潜心研究运动生理学，从公司起步就着力于创新。公司的第一双排球鞋诞生于 1951 年，率先采用了硫化橡胶鞋底。鬼塚喜八郎也从生活中汲取灵感，受章鱼吸盘的启发设计篮球鞋的鞋底，生产出了日本第一双专业篮球鞋，鞋底上印有虎头，并由此形成了公司的商标。

1953 年鬼塚喜八郎在神户设立了虎牌橡胶工厂，1955 年 8 月设立了东京鬼塚公司，负责日本关东及东北地区的销售。1957 年虎牌橡胶厂并入鬼塚公司。1958 年，神户鬼塚公司与其销售分支东京鬼塚公司合并为新的鬼塚公司(Onitsuka Co., Ltd.)，原东京鬼塚公司的总部成为新公司的东京分部。1969 年，作为运动鞋工厂的鸟取鬼塚公司建立，后更名为 ASICS 山阴工业公司。

1964 年 2 月，鬼塚公司股票在神户证券交易所上市，4 月在大阪证券交易所二部上市。1972 年和 1973 年，鬼塚公司又分别在东京证券交易所二部和名古屋证券交易所二部上市。1974 年 6 月，鬼塚公司股票在东京、大阪和名古屋三个证券交易所同时由二部转入一部，成为主板公司。

（2）三个公司合并，组建ASICS公司

鬼塚公司专注在运动鞋领域里所取得的成就和其虎牌商标的成名，吸引了日本另外两个体育和运动用品公司的合作与加盟，成为鬼塚公司之外，ASICS 公司组成的另外

两个来源。一家是渔具及体育用品公司 GTO，该公司的前身为寺西源三商店，由寺西治三郎创办于 1895 年，寺西家族后人、寺西源三商店振兴者寺西光治，将其改名 GTO 并在 1975 年领导公司在大阪证券交易所二部上市。另一家是运动服饰公司 JELENK，由舀井一马在 1962 年创建，创建时资本金 400 万日元，员工 137 人。

1977 年 1 月 12 日，三公司宣布平等合并，1978 年 7 月 21 日合并完成，ASICS 公司正式创立，共有 7 家缝纫厂。鬼塚喜八郎出任了合并后新公司 ASICS 的社长（总裁），寺西光治和舀井一马均任副社长。

ASICS 名称是由拉丁谚语“好头脑寓于好身体”（Anima Sana in Corpore Sano）五个单词首字母构成的。取名 ASICS 反映了鬼塚喜八郎和其鬼塚公司的价值观：通过运动培养健康的青少年。鬼塚喜八郎是在与时任兵库县教育委员会保健体育科长的一位战友的交谈中得到启发，而想到这个名字的。Anima Sana in Corpore Sano，源自罗马帝国时代一位诗人、讽刺作家 Juvenal 的一首诗。

1981 年，ASICS 公司股票在卢森堡证券交易所上市，随后又于 1982 年到 1988 年之间，先后在新加坡、法兰克福、维也纳和巴黎证券交易所上市。

3

章

发明、创新与并购创业

1. 发明家们

2. 慧眼识珠，创新者胜

3. 并购创业

发明者自己发明或研制出一种好产品，有了创建企业的机会，但是能否成功，则还要看其是否能转型为一个优秀的企业管理者，以及其他一些条件。创新者发现可以利用的新技术或新机会、新模式而成功创建企业，一些优秀经理人由此而成为创业者。并购者则是通过收购技术或资产、进行重组等而成功创建企业，通常是一些投资家由此而转型为企业家。

1. 发明家们

伟大的发明家爱迪生是通用电气公司的创始人之一，但在通用电气公司成立不久之后就离开了通用电气公司。

弗林特通过并购创建了后来改名为IBM的C-T-R公司，其中的T，奠定IBM核心业务领域——信息处理基础的前身公司制表仪器公司，是由发明了用于1890年美国人口普查的自动制表机的统计学家霍列里斯于1896年创建的。

作为斯坦福大学计算机科学系的项目负责人，计算机科学博士莱恩·博萨克为了让斯坦福大学的各个局域网相互连接起来，采用多协议路由器作为解决方案，由此发展出了思科的互联网操作系统（IOS）。

米其林公司源起于一个生产橡胶弹球的家族小厂，但真正发展开始于安德烈·米其林的一项发明——一种由织布和橡胶制成的马车和自行车刹车块，申请了专利并在1889 年的万国博览会上获得了铜奖。1891 年米其林发明了可拆卸轮胎，由此从一个生产刹车块和橡胶弹球的乡村小厂，成长为世界轮胎巨头。

可口可乐发明人彭伯顿最后穷困潦倒，药店商人坎德勒取得了可口可乐专利之后，缔造出了可口可乐公司。与可口可乐发明者彭伯顿同样是药剂师出身的育儿奶粉发明者亨利·雀巢，公司运作能力强一些。1836 年，24 岁的亨利·雀巢结束了四年的药剂师学徒生涯，1839 年获得了药剂师执业许可，1867 年创立雀巢公司的主要前身育儿奶粉公司。

凭借一种发明而创建一个企业，并能让企业按自己意愿传承和发展下去的成功创业者典范，当属欧莱雅创始人欧仁·舒莱尔。1907 年，28 岁的欧仁·舒莱尔应巴黎一家理发店的邀请，开始研究染发，在自己家的厨房里研制出了第一代合成染发剂。1908 年 3 月 24 日，舒莱尔申请了专利。他晚上研制产品，白天一家一家理发店地跑销售。1909 年7 月 30 日，欧仁·舒莱尔正式创立了欧莱雅的前身——法国无害染发剂公司，并正式以“欧莱雅”为注册商标。

爱迪生与通用电气的创立

爱迪生是伟大的发明家，也是公司创始人。1878年，摩根公司支持爱迪生成立了爱迪生电灯公司。摩根的合伙人法布里出任爱迪生电灯公司的董事和五人执行委员会的委员兼公司财务主管。爱迪生电灯公司共计30万美元的股份，爱迪生占50%，另外50%由投资者认购，投资者中包括法布里及摩根的另外两个合伙人德雷克塞尔和赖特。保守的摩根父亲不同意摩根支持爱迪生，但是摩根却认为此事没有多大风险，“如果取得成功，收获不可估量”，继续支持为爱迪生项目提供资金的计划。1880年底，摩根公司提供100万美元帮助组建了爱迪生照明公司。1889年5月，设在新泽西州、注册资本1200万美元的爱迪生通用电气公司成立。选择设在新泽西州是因为当时新泽西州刚刚修改了公司法，允许公司持有其他州公司的控股权。

1892年，爱迪生通用电气公司与汤姆森－休斯敦公司合并成为通用电气公司，合并后资产为5000万美元。虽然爱迪生的名气很大，但是爱迪生通用电气公司的效益没有汤姆森－休斯敦公司的效益好，两个公司股东的股份分别以一比一和三比五的比例换成新公司的股份，并且是汤姆森－休斯敦公司的总裁科芬成为了新公司——通用电气公司的总裁，摩根进入董事会。爱迪生不满公司名称中没有了自己的名字，并且股权也被稀释，不再是最大股东，在仅仅出席了一次董事会会议之后就离开了通用电气公司，继续自己的发明事业。

在爱迪生发明灯泡 14 年之后，以摩根为代表的投资者们发现，由合适的专门人才来管理已有产业，对于取得长远的成功是至关重要的。爱迪生并不是能将电气工业带入 20 世纪的人，而科芬正是这样的人才。

霍列里斯、弗林特、沃森与IBM

（1）弗林特：创建C–T–R

IBM（International Business Machines Corporation），国际商业机器公司，1924 年由一家原名为 C–T–R（Computing–Tabulating–Recording Company——计算－制表－记录）的公司改名而来。C–T–R 公司正式的历史始于 1911 年，创建者是查尔斯·弗林特（Charles R. Flint）。

弗林特出身于一个造船商家庭，起家于船运和国际贸易，涉足包括军火投机等很多行业。弗林特一共组建过 20 多家托拉斯企业，其中包括美国橡胶公司、全美淀粉公司等等。后来成为 IBM 的 C–T–R 公司是他组建最晚同时也是效益最差的一个托拉斯企业。

1911 年 6 月 15 日正式成立于美国纽约州恩迪科特的 C–T–R 公司，是由弗林特自己创建及收购来的三家公司组成的，公司的名称也由此而来。C 是全美计量器公司（Computing Scale Company of America），T 是制表仪器公司（Tabulating Machine Company），R 是国际时间记录公司（International Time Recording Company）。这三家公司中，国际时间记录公司由弗林特于 1900 年创建，全美计量器公司是弗林特收购多家计量器公司后合并而成的。制表仪器公司，奠定 IBM 核心业务领域——信息处理的公司，是由美国统计学家霍列里斯（H.Hollerith）于 1896 年创建的。霍列里斯发明了被应用于 1890 年美国人口普查的自动制表机，能够对矩形卡片上打孔记录的信息进行累计和分类处理，可以说是最早的“商业计算机器”，是现代计算机的前身。

弗林特很像通用汽车公司的创建者杜兰特，通过收购而创建了企业，却没能很好地整合和有效经营。组成 C–T–R 的三家企业原领导人相互不合作，公司很快陷入困境。但是弗林特年事已高，并且要比杜兰特更有自知之明，他积极主动寻找职业经理人帮他管理企业。1914 年，弗林特聘老沃森为 C-R-T 公司的总经理，并全力支持由老沃森启动的“IBM 创业历程”。

（2）老沃森：职业经理人缔造IBM

老沃森，托马斯·约翰·沃森（Thomas J. Watson，1874.2.17—1956.6.19）生于美国纽约州北部的一个贫困农民家庭。老沃森说：“一切始于销售，若没有销售就没有美国的商业。”这也正是老沃森自己的人生经历：17 岁走入社会，第一份工作是替一家五金店老板走街串巷推销缝纫机。一次酒吧里的沉迷使老沃森丢失了他的马车和马车上的缝纫机。这次经历使老沃森终身滴酒不沾，并使 IBM 公司形成了事实上的禁酒规则。

1896 年，22 岁的老沃森加入了推销员待遇比较高的全美现金出纳机公司（NCR），该公司老板帕特森是“美国商业销售之父”。老沃森在帕特森手下的这份从推销员干到二把手的工作，既是老沃森职业经理人事业的成功起点，也是老沃森诸多管理思想和做法的源泉。

1903 到 1907 年之间，老沃森通过暗中代理 NCR 公司经营二手收银机而获得了自己第一次的事业成功。这家名为沃森二手收银机公司背后的实际老板是帕特森，主要目的就是进入二手收银机行业然后从内部将其捣毁。因为那些独立的二手收银机经营者影响了 NCR 公司新型收银机的市场。这段历史后来被以违反《反垄断法》起诉，形成了老沃森背负一生的绝不能违犯法律的强烈意识，以致其掌舵 IBM 时期因为担心触犯反垄断法律而错过了收购施乐复印机技术的历史机遇。

1908 年，老沃森被提升为 NCR 公司的助理销售经理，并于 1910 年进一步升为销售经理，负责管理 NCR 公司 200 多个办事处里的 900 多名推销员，他已经成为公司中仅次于帕特森的第二号人物。但是好景不长，1913 年 12 月，专横粗暴，并且疑心甚重的帕特森以 5 万美元的补偿解雇了老沃森。在 NCR 干了 18 年，已经 40 岁的老沃森，在离开 NCR 那天对随他一起被解雇的朋友说，“这里的全部大楼都是我协助筹建的。现在我要去另外创一个企业，一定要比帕特森的还要大！”

1914 年 5 月，C-T-R 公司董事会聘请老沃森出任总经理。老沃森实际担负的是总裁职责，但是因为他身上还背负着一项反垄断法方面的未决罪名（NCR 公司打击二手收银机经营者、垄断收银机市场案，一审判决有罪，正在上诉），根据双方协议，只有当法院免除老沃森的罪名后才给其总裁名义（一年以后上诉法院驳回了初审法院的裁定，该案以和解告终，老沃森也被董事会正式任命为公司总裁）。

老沃森就任C–T–R公司经理得到的待遇是年薪2.5万美元，价值3.6万美元的1200股C–T–R公司股票（占公司股份比例不足1%），和公司完税及分红后利润的5%。当时C–T–R公司的状况是：公司成立时发行的1000万美元股票只有300万美元的市场价值，只有400万美元年销售额，却背负着600万美元的长期负债。这种经营困境下，股东和董事会没把老沃森要求的5%利润分红当作什么大事，而十分看好公司产品，并认为良好的推销会使公司起死回生的老沃森却对此十分看重。就是这个5%的分红比例使老沃森随着IBM公司的成功而在20年后的1930年代成为了美国收入最高、“日进1000美元”的明星经理人。

1917年，在整合C–T–R公司在加拿大的三家子公司成为一家公司时，老沃森就采用了国际商用机器公司这个名称，并决定以后所有海外公司都采用这个名称。1924年2月14日，在自己正好50岁的时候，老沃森决定将C–T–R公司本身也更名为国际商用机器公司，简称IBM。从此，老沃森领导下的 IBM 一路高歌猛进，沃森与 IBM 甚至成为了“同义词”。到 1930 年代末，IBM 公司的销售额增长到 3950 万美元，利润达到 910 万美元，超过其他 4 家同类型大公司的总和，成为全美最大的商用机器公司。

莱恩·博萨克和桑迪·勒纳：创建思科

计算机科学博士莱恩·博萨克（Len Bosack）和统计学研究生毕业的桑迪·勒纳（Sandy Lerner）都在斯坦福大学就职，分别负责管理斯坦福计算机科学系和斯坦福商学院的计算机设施，经朋友介绍相识。当时各种局域网在斯坦福各自为政，没有形成统一的校园网。莱恩和桑迪这对都是计算机发烧友的恋人所共同烦恼的一件事情是，他们各自所在系的计算机网络之间不能相互通信，他们无法相互发送电子邮件。

在到斯坦福工作之前，莱恩曾在 DEC 公司就职，对 DEC-20 计算机情有独钟。1980 年代中期，在 DEC 决定从 DEC-20 转向 VAX 计算机时，莱恩离开了 DEC 公司，来到斯坦福大学。莱恩曾努力寻找风险投资支持，制造 DEC-20 的仿制产品，但以失败告终。随后莱恩成为了计算机科学系的项目负责人，负责为 DEC-20 计算机建立一个以太网界面。这个时候，毕业于斯坦福大学物理系、时为电子工程系系统程序员的柯克·拉菲德加入到了莱恩的 DEC-20 以太网界面开发工作中。为了能让斯坦福大学的各个局域网相互连接起来，他们决定采用多协议路由器作为解决方案。当时斯坦福大学的研究员比尔·耶格尔（Bill Yeager）已经发明了一种多协议路由器。莱恩和柯克得到了耶格尔的源代码，柯克对之进行了一些易于使用者操作的改良，并加上了 IP 协议，这个软件就变成了思科的互联网操作系统（IOS）。

桑迪和莱恩已经结婚，桑迪非常有激情和动力要将这种路由器商业化。但是他们要创建自己公司的想法，遭到了斯坦福大学的反对。斯坦福大学允许学术人员为了商业目的而对自己的研究成果进行开发，但是不允许其他员工这么做。莱恩和桑迪决定不顾斯坦福大学的反对（在斯坦福大学看来思科的路由器是靠它的资金研发出来的），冒着可能会被起诉的风险继续前行。1984 年下半年，莱恩和桑迪夫妇带着 5 美元到旧金山政府秘书处注册了思科系统公司。采用“思科（Cisco）”这个名字是桑迪的主意，取自英文旧金山（San Francisco）的后五个字母，她还仿照旧金山金门大桥的形象设计了思科公司的标志。莱恩和桑迪夫妇自家的客厅是思科公司的第一个总部兼制造车间。

莱恩和桑迪迫切需要风险投资，但是他们总计找了 75 家风险投资企业，都没有成功。没有人愿意向一个在客厅里制造路由器，并还很可能会遭到知名大学起诉的小企业投资。思科的起步资金主要来自一些私人借款、信用卡透支以及莱恩卖掉自己所持 DEC 公司股票的所得。为了让刚刚起步的思科公司维持运转，桑迪还继续为别的公司工作了几个月。最早的 5 名员工——桑迪、莱恩、柯克、格雷格·萨茨（工程师）和理查德·特罗亚诺（负责销售），在没有一分钱工资的情况下为思科工作了三年。最终与柯克结婚的女士是早期被招聘进来协助制造第一台路由器的员工。1986 年 3 月，思科卖出了第一台路由器产品。7 月，莱恩和柯克辞掉了斯坦福大学的工作。

到了 1986 年 11 月，思科公司的收入达到了每个月 25 万美元。他们凑钱买下了思科公司的第一个正规办公地点，搬出了莱恩和桑迪夫妇的客厅。1987 年初，思科的创业者们意识到他们需要具有专业水准的企业管理者。1 月，桑迪选择了比尔·格雷夫斯（Bill Graves）担任思科的第一位首席执行官。格雷夫斯是位物理学家，在思科 CEO 的职位上坚持了 16 个月。3 月，思科公司任命了第一位 CFO 劳埃

德 · 恩布里（Lloyd Embry），他为思科工作了两年多的时间。4 月，格雷夫斯与斯坦福大学达成了和解协议：思科要将其总收入的 3%（但不超过 15 万美元）交给斯坦福大学，作为使用其路由器软件的许可费用。与斯坦福大学之间知识产权争议的解决，扫除了影响思科发展的一个最大阴影。这笔当时对思科来说似乎是“天价”的费用，现在看来连九牛一毛都算不上，以至有人认为这是“世纪之偷”。

安德烈 · 米其林与米其林公司

米其林公司源起于米其林两位创业先祖安德烈 · 米其林（Andre Michelin, 1853—1931）和爱德华 · 米其林（Edouard Michelin, 1859—1940）母亲阿代勒（Adèle Michelin, 1829—1898）娘家的家族工厂；他们的父亲于勒 · 米其林（Jules Michelin, 1817—1870）是个海关职员和画家。这个家族工厂的历史最早可追溯到 1831 年，1886 年陷入危机之后，阿代勒请其工程师出身的大儿子安德烈 · 米其林帮助拯救公司，安德烈则又拉来了已经从事绘画职业的弟弟爱德华加盟。

1889 年 5 月 28 日，爱德华和安德烈将这个家族企业重组更名为米其林合伙公司（Michelin et Cie）。公司的主要业务是生产橡胶弹球和一种由织布与橡胶制成的马车和自行车刹车块。橡胶弹球是家族小厂的传统产品，刹车块则是安德烈·米其林的一项发明，申请了专利并在1889年的万国博览会上获得了铜奖。相比当时市场上的铁质刹车块，这种刹车块没有令人难以忍受的噪音，并因此而取名为“无声刹车块”。

苏格兰人汤姆森（Robert William Thomson）于1845年最早提出充气轮胎的想法，并获得了专利，但太早于时代而仅仅是有个专利，很快被世人遗忘。1888年12月7日，另一位苏格兰人邓禄普（John Boyd Dunlop, 1840—1921）申请了“世界上第一个充满空气的橡胶管”的专利。邓禄普虽然建立了自己的公司，但也没有从他的发明中获利（经营不善，卖掉了事），只是在史上留了名——邓禄普公司至今仍是一家巨型轮胎企业。1891年，米其林发明了可拆卸轮胎，由此开始，米其林公司从一个生产刹车块和橡胶弹球的乡村小厂，成长为世界轮胎巨头。

米其林可拆卸轮胎的最大优点是修复方便，把爆胎修复时间从几个小时缩短到了十几分钟。为了推广这种可拆卸轮胎，米其林兄弟在申请了专利的同时，积极参加甚至组织自行车比赛。在自行车轮胎取得成功之后，米其林兄弟于 1894 年在当时全法国不过几百辆汽车的时候，就开始着手开发汽车充气轮胎。1896 年 2 月，米其林汽车轮胎开始投放市场。1897 年 1 月的一次汽车比赛中，米其林的充气橡胶轮胎相比当时的铁皮轮胎或扎满绷带的橡胶轮胎，显示出了无可置疑的优越性。

从可拆卸的自行车轮胎开始，米其林的产品创新持续不断。奠定米其林轮胎霸主地位的创新是 X 轮胎的发明。1946 年 6 月 4 日，米其林为其 X 轮胎——辐射状骨架轮胎申请了专利，这项技术比其竞争对手至少领先 10 年。X 轮胎于 1949 年投放市场，使当时只有固特异十分之一大的米其林开始迅速成长为轮胎巨头。

亨利·雀巢与雀巢公司

亨利·雀巢（Heinrich Nestle，后改为 Henri Nestlé，1814.8.10—1890.7.7）出生于法兰克福，是 14 个孩子中的第 11 个。雀巢的父亲继承了家族生意——玻璃匠，这项家族生意已经传递了五代。1833 年雀巢全家移民瑞士，定居沃韦（Vevey）——日内瓦湖畔的一个小镇，那里至今仍是全球食品巨头雀巢集团的总部所在地。

1836 年亨利 · 雀巢结束了四年的药剂师学徒生涯之后，于 1839 年获得了官方许可，进行药剂实验，可以开药方和出售药品。为了便于沃韦地区的法语人士识别，他把名字从 Heinrich Nestle 改为 Henri Nestlé 。在开发出起家产品婴儿麦乳粉、创建雀巢公司之前，亨利 · 雀巢涉猎过很多行当，包括油菜籽产品、照明用坚果油、利口酒、朗姆酒、苦艾酒和醋，以及苏打水、矿泉水和柠檬水等。

已经无法准确知道，亨利 · 雀巢是因为什么而开始研制婴儿食品的。应该是以下几个因素刺激了他的兴趣。家族中的婴儿死亡率很高，14 个孩子中一半在成年之前死亡；药剂师出身；妻子是一位慈善医生的女儿，熟知婴儿的高死亡率情况。1860 年代中期，亨利 · 雀巢用牛奶、面粉和糖混合制作出了婴儿牛奶麦片粥，作为母乳的替代品，给那些缺乏母乳喂养的孩子食用。他还和一位营养学家朋友合作，去除了面粉中不易被婴儿消化的酸和淀粉。

1867 年，亨利 · 雀巢创立了育儿奶粉公司，以他的名字 Nestle 为其产品的品牌名称，并以鸟巢图案为商标图形。他用这种产品喂活了一个母亲严重病患没有母乳的男婴，这使他声名鹊起。“亨利 · 雀巢的牛奶麦片”被人们迅速接受，很快畅销欧洲。1868 年，亨利·雀巢育儿奶粉公司在巴黎、法兰克福和伦敦设立了销售办事处，并在随后的五年内就扩展到了南美和澳大利亚。1874 年，亨利·雀巢以 100 万法郎售价将公司转让给了他的商业伙伴，过上了退休生活。1890 年，亨利·雀巢因心脏病去世。

亨利·雀巢在创立公司短短七年之后就转手卖掉了，但一直被雀巢公司尊为创始人。亨利·雀巢为公司提供了名称、标识和第一种婴儿食品，还有态度和价值观：实用主义、灵活性、乐于学习、头脑开放。亨利·雀巢家族因政治迫害以及社会不安定而从德国逃亡到了瑞士，这也奠定了雀巢公司如同瑞士这个国家一样的“性格”：安定，专心，政治中立，小产品大世界。在亨利创建雀巢公司的时代，沃韦这个小镇是个国际性的富人度假胜地，“法国人的生活方式、瑞士人的秩序理念和国际化的思想”交融在一起。今天的雀巢公司，则是以其产品推动着一种全球趋同的饮食和生活方式。

欧仁·舒莱尔：缔造欧莱雅

1881 年 3 月 20 日，欧仁·舒莱尔出生在他父母开的面包店的后院，巴黎第6区寻南街124号。欧仁·舒莱尔的父母生活很艰苦，共有过5个孩子，但是只有欧仁·舒莱尔一个存活了下来。成长在面包店的家庭里，欧仁·舒莱尔小时候“又是学徒又是小学生，后来是工人兼大学生”。中学毕业后，由于家庭经济困难，舒莱尔曾做过卖布头的流动商贩，但是几年后他又继续求学，并于1904年从巴黎化学专科学校（现为巴黎国立高等化工学院）毕业。毕业后，欧仁·舒莱尔先在索邦大学为奥热教授做助手，后又转到法国中央制药公司，奥热教授是该公司实验室主任的顾问。

1907年，28岁的欧仁·舒莱尔应巴黎一家理发店的邀请，开始研究染发。他在自己家的厨房里研制出了第一代合成染发剂。1908年3月24日，舒莱尔申请了专利。他开始晚上研制产品，白天一家一家理发店地跑销售。1909年7月30日，欧仁·舒莱尔创立了欧莱雅的前身——法国无害染发剂公司，并正式以“欧莱雅”为注册商标。舒莱尔通过他的一位表兄说服了一个小有积蓄的会计安德烈·斯佩里，让他成为拥有20%股份的合伙人（直到斯佩里1936年去世）。从此，舒莱尔有了个大一点的办公地点，并且开始雇用销售代理人。此后，欧莱雅一直在欧仁·舒莱尔的领导之下，逐步发展壮大为一个企业帝国。

欧仁·舒莱尔是个“6000 小时连轴转先生”，用他自己的话说，“就是一个能够每天工作 16 小时，每年工作 365 天的人，没有星期六，没有星期天，没有节假日”。这位精力旺盛的企业家，至少有 6 本书和 10 多本小册子出版，包括《第二份工资》《经济革命》《工资与产量》《走向合理经济》和《能量税》等等。在 1941 年出版的《经济革命》一书中，舒莱尔写道：“一个真正的老板，首先而且特别要有个性……是一个平和的竞争者，这个人永远闲不下来，永远对他的现状不满意，永远为明天着想……他被内心无法抗拒的动力推动着，这动力好似一个内心深处的魔鬼……，对他来说，最理想的莫过于：行动……一个真正的老板要有战士的灵魂，只有在战场上他才完全感觉得心应手。”这些，可以说就是他自己的写照。

2. 慧眼识珠，创新者胜

沃兹尼亚克是个发明家，但是推动苹果公司创建的主要力量是乔布斯的创新精神和马库拉的慧眼识珠。乔布斯在硅谷“家酿计算机俱乐部”聚会上看到沃兹尼亚克的设计图，提议合伙生产印刷电路板，卖给电脑发烧友自行组装，由此诞生了1976年4月1日正式成立的苹果电脑合伙企业。马库拉在乔布斯家的车库里看上了乔布斯、沃兹尼亚克和他们正在做的事情，由此诞生了1977年1月3日正式创建的苹果电脑股份公司。

自身没有什么高超发明，但是在工作中发现新的商业模式和业务机会，从而成功创建起自己企业的典型代表是麦当劳公司创始人克洛克和星巴克公司创始人舒尔茨。克洛克在推销纸杯过程中发现并进入了能够带来更多纸杯销售的多头奶昔搅拌机，在推销多头奶昔搅拌机过程中发现了麦当劳兄弟的餐厅，开创了能够带来更多奶昔搅拌机销售的连锁快餐经营，创建了麦当劳公司。舒尔茨通过经销咖啡研磨机发现并加盟了星巴克咖啡店，在改造星巴克咖啡店遇阻后离职创建了天天咖啡公司，然后收购星巴克咖啡店，缔造了星巴克公司。

克洛克和舒尔茨都是苦孩子出身，都是从打工开始职业生涯，都是先做了经理人，在工作中发现机会后再自立门户开始创业的。麦当劳和星巴克的品牌都是收购来的，都是原所有者无心或无力做大情况下，在新公司创始人的精心设计和有力执行之下，成长为巨型公司和国际品牌。克洛克展示出了一幅实干家“路越走越宽”的连续创业图景。舒尔茨的星巴克传奇，则是一个现代公司治理体系下企业创立过程的典范故事——伟大的点子和投资者支持。

铃木敏文作为伊藤洋华堂经理人，在带领公司员工到美国研修，学习美国发达的流通业技术和经验时，偶然发现了美国的 7–11 商店，惊讶于“美国还有这么小的超市”。当时伊藤洋华堂在日本各地的店铺（大型超市）扩展，正遭遇各地小店主的激烈阻挠。铃木敏文想到，把这种连锁便利店的模式导入日本，一定可以创造小型商店和大型超市共存共荣的典范。他由此创建了日本7–11公司。

贩卖和定制西装，是柳井家族的传统生意。柳井正从早稻田大学毕业，不仅没有把父亲的服装店放在眼里，甚至就没有看上商业零售业。但是，在他自己折腾了几个月也没有找到满意工作之后，不得不接受了父亲的帮助：到JUSCO公司工作。在JUSCO的工作让柳井正体会到了大公司的运营模式，更是看到了自助销售这种与其家族西装店完全不同的销售方式，孕育了柳井正接手家族西装店之后的创新意识，从而开拓出了优衣库事业。柳井正以西装小店为基础，通过创新（从定制到自助销售）和转型（从正装到休闲装），缔造出了一个世界级的服装企业帝国。

乔布斯与马库拉：创建苹果公司

（1）乔布斯负债经营，吓走合伙人韦恩

苹果电脑股份公司的前身是苹果合伙企业，存续了不到一年的时间。1976年4月1日，乔布斯和还在惠普公司工作的沃兹尼亚克（Stephen Gary Wozniak）达成了一份10页纸长的合伙协议，约定二人各自占有合伙企业45%的

权利，余下 10% 的权利给予第三位合伙人韦恩（Ronald Gerald Wayne）。

韦恩这位参与创建苹果合伙企业的第三位合伙人，作为苹果合伙人的时间不到 2 周，因此被很多关于苹果历史的书籍所忽略。不过他受邀加入苹果和自觉退出苹果合伙人身份，都有很值得中国企业借鉴的“公司治理”实践意义。

乔布斯和沃兹尼亚克决定合伙做生意之后，为了避免以后两人在重大问题上达不成一致意见会陷入僵局的情况，决定找个第三人。乔布斯通过给 10% 权利的方式拉来了他在雅达利（Atari）公司的同事和朋友（1974 年，年仅 18 岁的乔布斯从里德学院退学后在雅达利公司找到了他的第一份正式工作）、雅达利公司的视频游戏首席设计师韦恩。这位白天在雅达利公司上班，晚上为苹果工作的韦恩设计了苹果只使用了一年的第一个徽标——牛顿在苹果树下学习。

乔布斯卖了他的汽车，沃兹尼亚克卖了他的可编程计算器，各自筹得了 500 美元，而这点钱对于他们要做的苹果计算机来说是杯水车薪。但是，由于沃兹尼亚克天才的设计和乔布斯天才的推销与谈判能力，他们从比特商店（Byte Shop）得到了一个 50 台苹果计算机的订单。这一总值 25000 美元的订单，奠定了苹果电脑的良好开局，但因此而可能背负的债务却吓跑了合伙人韦恩。

比特商店开业于 1975 年年底，是有据可考的美国第一家计算机零售连锁店。在看过苹果电脑样品后，店主特雷尔（Paul Jay Terrell）以每台 500 美元的价格向乔布斯订购了 50 台装配好的计算机。苹果的三位合伙人原先是计划生产器件成本为 25 美元的裸电路板，然后以 50 美元的价格卖给计算机爱好者，由计算机爱好者自己再添加器件组装成计算机。他们三人没有钱购买组装 50 台计算机所需要的零部件。1976 年 4 月 6 日，苹果合伙企业成立不到一周时，乔布斯凭借比特商店的订单获得了为期三个月的 5000 美元借款，并说服零部件供应商以延迟支付货款 30 天的条件提供了价值 15000 美元的计算机部件。

年轻胆大的乔布斯毫不担心这种负债经营，但是老练谨慎并且 4 年前经历过一次个人企业倒闭痛苦的韦恩却不愿意自己因此再次陷入财务困境。这样，在 1976 年 4 月 12 日，苹果合伙企业成立不到两周的时候，因为害怕乔布斯的负债经营会使自己债务缠身，韦恩以 800 美元的价格一次性让出了自己 10% 的合伙人权益。一年后，风险资本家进入、苹果电脑股份公司正式成立时，为了彻底了断其与苹果合伙企业之间的权利义务关系，韦恩又“意外”地收到了1000多美元，这使他非常激动。

据估算，韦恩如果没有退出苹果公司，他的股票价值在1982年的苹果股价最低点也值1830万美元，在2000年的苹果股价高点时则值5亿多美元。不过韦恩并没有对此感到后悔，因为在当时那种合伙人互相承担无限连带责任，乔布斯和沃兹尼亚克又都没有什么钱的情况下，苹果合伙企业所欠下的任何债务都会被债主追讨到他的身上。（此段史料根据《苹果传奇》梳理）

（2）风险投资家和职业经理人的加入

为比特商店提供50台苹果电脑，大概赚了8000美元，这使乔布斯非常兴奋，更加雄心勃勃，开始四处寻找投资者。乔布斯以前的上司、雅达利公司的老板布什内尔（Nolan Bushnell）推荐他去找曾向雅达利公司投资，并是雅达利公司董事的风险投资家瓦伦丁（Don Valentine），瓦伦丁自己不感兴趣，但推荐乔布斯去找马库拉（Armas Markkula Jr.）。马库拉曾是瓦伦丁在仙童公司（Fairchild，非常多硅谷电子公司的创始人出自该公司）的下属，后到英特尔公司任营销副总裁，并从英特尔公司股票上发了大财。马库拉很看好乔布斯和沃兹尼亚克，1976年11月退休后便过来帮助他们制订商业计划。

1977 年 1 月 3 日，马库拉、乔布斯和沃兹尼亚克三人签署了文件，正式创建了苹果电脑股份公司。马库拉自己为苹果公司提供了 9.2 万美元，并以个人名义从美国银行获得了 25 万美元的信贷额度。马库拉、乔布斯和沃兹尼亚克各占 30% 的公司股份，另外 10% 为霍尔特所有，霍尔特是个优秀的电力工程师，被乔布斯拉来解决电源问题（《缔造苹果传奇》）。为了避免日后可能产生的任何法律纠纷，苹果电脑股份公司以 5308.96 美元购买了原苹果合伙人的权利，并将这笔钱的三分之一给了韦恩，以确认他不会对苹果股份公司有要求获得利益的任何权利。

马库拉、乔布斯和沃兹尼亚克三人正式成立苹果电脑股份公司之后，马库拉出任苹果首任董事长。马库拉请来美国国家半导体公司的行政主管斯科特（Michael Scott）出任苹果公司的第一任总裁，同年 5 月兼任苹果公司首任首席执行官。关于斯科特的薪水有两种说法：一是 2.6 万美元，是他在国家半导体公司收入的三分之一；二是 2 万零 1 美元，比马、乔、沃等三位合伙人多 1 美元。

苹果公司于 1980 年 12 月 12 日上市，460 万美元公开发行的股份在 1 小时内被抢购一空，这是历史上公司新股发行最成功的一次，也是自 1950 年代中期福特汽车公司公开发行超额认购以来，超额认购数量最大的一次。

克洛克：缔造麦当劳

麦当劳帝国的缔造者，不是麦当劳兄弟本人，而是从推销一次性纸杯开始其职业生涯的雷 · 克洛克（Ray Kroc, 1902—1984）。

（1）纸杯推销员克洛克

克洛克出生于芝加哥西郊的一个普通家庭里。1917 年高中毕业后，15 岁的克洛克虚报年龄，应征作为红十字会的救护车驾驶员准备参战，但是在其培训结束之前，一战就结束了。克洛克自觉不是块读书的料，从白天推销各种小产品、晚上到夜总会做钢琴演奏员开始了自己的职业生涯。

1922 年克洛克开始为一家纸杯经销公司——消毒纸杯供应与服务公司（Sanitary Cup and Service Corporation）工作，推销丽莉 · 图利普纸杯公司生产的丽莉牌一次性纸杯。经过了仍旧兼职弹钢琴，甚至利用纸杯销售淡季去佛罗里达州做了一段房地产销售等等的不顺畅时期之后，克洛克开始把纸杯推销作为唯一工作，全力以赴。1930年，克洛克签了一个大单，为一家食品连锁店供应纸杯，这不仅仅提高了他的销售业绩，更让他看到了一种提高产品销量的新方式——食品连锁店每开一家新店，克洛克的纸杯生意也就随之扩大。正是这一逻辑驱动了25年后作为多头奶昔搅拌机经销商的克洛克开始着手麦当劳餐馆的连锁经营。

1937年前后，对于克洛克缔造麦当劳来说，第二个重要的客户出现了，这就是工程师普林斯和他的朋友在伊利诺伊州（芝加哥所在的州）很多小镇上开设的连锁冰淇淋店——“普林斯冰淇淋店”。在克洛克的建议下，他们开发出了一种名为“百万挑一”的奶昔产品。这种奶昔的畅销激励普林斯相继研制出了单头和多头的奶昔搅拌机。这种搅拌机通过漏斗和纸杯结合的方法制作出一杯一杯的奶昔，可以大大增加克洛克的纸杯销量。

（2）推销员创业：从奶昔搅拌机到麦当劳

为了推动公司的纸杯销售，克洛克提议其所任职的消毒纸杯供应与服务公司与普林斯签订了独家代理销售制作奶昔用的多头搅拌机（Multimixer）协议。公司老板却没太把这桩生意当回事，于是克洛克想要辞职，自己单干。双方达成了一个合作协议：消毒纸杯供应与服务公司和克洛克按 60% 和 40% 的比例共同出资 1 万美元组建一家新公司，独家代理销售普林斯的多头奶昔搅拌机。1938 年，已经 36 岁、做了将近 20 年推销员的克洛克开始了单枪匹马的创业历程。

消毒纸杯供应与服务公司作为大股东，给克洛克定的薪水跟其原来一样，这使克洛克非常不满。两年后的 1940 年，克洛克决定买回消毒纸杯供应与服务公司所占 60% 的股份。这时，该 60% 股份实际已经被克洛克所在原公司的老板（其本人可能对这个生意根本没在意）转让给了他的顶头上司约翰 · 克拉克个人。约翰 · 克拉克狮子大开口，对这原始投入 6000 元的 60% 股份提出了 6.8 万美元的天价。这样的要价虽然很不合理，但是并不违法，克洛克除了愤怒也别无他法。最后，克洛克通过提高自己的房屋贷款额度等办法，分 5 年付款，赎回了这 60% 的股份。

1954 年，克洛克不断从客户电话中听到“要订购麦当劳兄弟餐厅里的那种多头搅拌机”，销售记录显示他们购买了 8 台多头奶昔搅拌机。克洛克被这家餐厅吸引住了——8 台 5 头的奶昔搅拌机意味着该店可以同时做出 40 杯奶昔。这家餐厅就是麦当劳的前身——由麦当劳兄弟俩（Dick 和

Mac McDonald，作为姓氏通译为麦克唐纳）开设在加州圣伯纳迪诺、以其姓氏命名的汽车外卖餐厅。

克洛克特意从芝加哥飞到了加州，去考察麦当劳兄弟的餐厅。一个不足 200 平方英尺的八角形建筑，甚至没有用餐座位，但是顾客盈门。克洛克向在餐厅外停车场用餐的一位顾客问道：麦当劳兄弟的小店为什么吸引了那么多人？得到的回答是："你看，你在这儿只花十五美分就可以买到你从未吃过的最好的汉堡包，而且不用像在其他地方那样等很长时间、接受差劲的服务，还要给小费。"

麦当劳兄弟两人分别于 1926 年和 1927 年从新英格兰来到加州。兄弟俩先是经营了几年电影院，1937 年以 5000 美元的贷款开设了一家汽车外卖餐厅（美国的汽车外卖餐厅兴起于大萧条开始之后的 1930 年代初期）。1939 年，兄弟俩在圣伯纳迪诺找到了一个更好的地点，开设一家面积大一些的烧烤餐厅。1948 年，兄弟俩彻底改造了餐厅，开始以只提供非常有限的几种食品和服务的方式重新开业，并大获成功——麦当劳以至整个世界快餐业基本模式的雏形由此奠定。

克洛克惊奇于这家餐厅的运营效率，他们只提供有限的几样食物——汉堡包、炸薯条和软饮料，因而可以高度关注每一个环节的质量。克洛克试图说服麦当劳兄弟把他们的这种餐厅开设到全美国，那将会给他带来巨大的奶昔搅拌机销量。但是麦当劳兄弟很满足现状，不想自己劳顿。于是，克洛克提出了让麦当劳兄弟授权他来开设麦当劳连锁餐厅的建议——世界餐饮巨无霸由此诞生。

（3）打造麦当劳的根基

麦当劳兄弟授权克洛克复制麦当劳餐厅的模式，开展连锁经营，并统一使用“麦当劳”这一名称。协议规定，克洛克发展加盟者，可以收取每个加盟餐厅营业额 1.9% 的特许经营费，以及一次性的 950 美元费用。按加盟餐厅营业额 1.9% 收取的特许经营费中，0.5% 归麦当劳兄弟，克洛克得 1.4%。

回到芝加哥后，克洛克首先要筹资建造自己的第一家麦当劳餐厅，作为样板，以让加盟者仿效。克洛克和他的一位朋友以各占 50% 的出资比例，在距离他家不远的地方建造了第一家自己的麦当劳餐厅，1955 年 4 月 15 日正式开张。这个餐厅的建造和经营过程中，克洛克发现并逐一克服了从因气候差异带来的房屋结构改变到餐品制作中的一些连麦当劳兄弟自己也没有意识到的技术细节问题。如用于炸薯条的土豆的风干，在麦当劳兄弟那里，因地处干燥的沙漠边缘地区，他们是无意识地做到的，而到了潮湿的伊利诺伊就需要用风扇强力风干，否则怎么也炸不出同样质量的薯条。这一问题是在克洛克请教了马铃薯与洋葱协会的专家之后才得以解决的。

在经过 3 个多月的努力，解决了法式炸薯条的问题并且餐厅运营良好之后，克洛克信心大增，开始寻找加盟者。但是这时一个未曾预料的问题出现了：麦当劳兄弟欺瞒了他。双方协议约定的是克洛克有权在加州和亚利桑那州（麦当劳兄弟已经在那里发出了 10 家特许经营餐厅许可）之外的美国其他地方发放特许经营权，但是麦当劳兄弟没有告诉克洛克，他们已经以 5000 美元的价格将克洛克所在的伊利诺伊州库克县的特许经营权卖给了一家名为佛里来克的冰淇淋公司。克洛克不得不以 2.5 万美元的高昂代价从佛里来克公司手中买回了这一权利，否则，他的第一家麦当劳餐厅就已经构成了对佛里来克公司权利的侵犯。这件事又使克洛克陷入极大的困境，也让他“永远不能原谅麦当劳兄弟”。无论如何，靠着普林斯搅拌机销售公司和因此建立起来的良好信誉，以及“像奴隶一样工作”，克洛克挺过了这一关。

协助克洛克缔造麦当劳帝国的两个最重要助手是琼·马

丁诺和哈里·桑那本。琼·马丁诺是 1948 年经销普林斯搅拌机时招聘来的办公室秘书，因忠实和正直而深得克洛克的信任。哈里·桑那本于 1955 年中期从当时美国两大连锁公司之一 Tastee Freeze 副总裁的位置辞职，加盟了克洛克初创的麦当劳公司。按市场价，克洛克当时根本雇用不起桑那本，但是哈里·桑那本非常看好麦当劳的前景，自己愿意以仅够养家糊口的周薪 100 美元加入。很快，琼·马丁诺和哈里·桑那本的忠心与投入都得到了足够丰厚的回报。1956 年，当克洛克确信麦当劳会发展成为全美国的大公司的时候，他分别给了琼·马丁诺和哈里·桑那本 10% 和 20% 的麦当劳公司股权。

（4）麦当劳的起飞

有了好的商业模式和专业人才之后，麦当劳的发展也并非一帆风顺，现在主要的问题出在财务方面。

大概在 1957 到 1958 年间，麦当劳遭遇了第二次财务危机（第一次是前文中的库克县特许经营权问题），并且这次依旧属于“受骗”性质。1956 年时，一位名为克莱姆·鲍哈尔的商人与麦当劳公司签约，为麦当劳寻找合适的地块，建造好餐厅后租给麦当劳公司使用。但最后的实际结果是克莱姆·鲍哈尔并没有得到这些土地和房产的明确产权，土地业主告上法庭，要求对其租给麦当劳的共约 8 家餐厅实施财产保全。解决这一问题总计需要约 40 万美元，克洛克主要是靠从这时已经与麦当劳形成了共荣关系的供应商那儿借款，才渡过了可能使其破产的严重危机。这一事件倒也有一个潜在好处，就是更为强化了麦当劳和其供应商之间同甘共苦的关系。

1959 年，只有约 9 万美元净资产的麦当劳公司想要扩张，需要融资。在向银行申请贷款无果之后，麦当劳公司以让出 22.5% 公司股份的代价，从三家保险公司获得了总额 150 万美元的贷款。克洛克、哈里·桑那本和琼·马丁诺三位股东各自让出自己股份的 22.5%，这样克洛克本人持有的麦当劳股份下降到了 54.25%。这 150 万美元，构成了麦当劳火箭起飞的推动器。从 1960 年开始，麦当劳公司除了吸收加盟者之外，也开始有了自己通过收购或者投资兴建而完全拥有的麦当劳餐厅。

这时，限制麦当劳公司大步发展的另外一个问题开始变得日益严重，需要彻底解决。这就是麦当劳兄弟持有麦当劳品牌、麦当劳公司本身处于被授权地位的问题。麦当劳兄弟坐拿整个麦当劳餐厅体系营业额 0.5% 的收入，却对麦当劳公司的发展漠不关心，过大门而不入，甚至连电话也不打一个，这让克洛克非常恼火。随着麦当劳餐厅在各地的扩展，需要根据当地气候及其他各种条件对建筑设计和餐品等做一些必需的修改，而协议规定麦当劳餐厅做出任何改变均需得到麦当劳兄弟两人的书面同意，这给麦当劳的扩张带来很大制约，但是麦当劳兄弟却拒绝对当初的协议做出任何修改。

1960 年，克洛克让麦当劳兄弟开价，由麦当劳公司收购他们的麦当劳餐厅品牌的特许经营权利。麦当劳兄弟按照自己退休养老所需，开出了 270 万美元的价格。哈里·桑那本找到约翰·布里斯托——普林斯顿大学、哈佛大学及福特基金会等 12 家教育和慈善基金的财务顾问，由这 12 家基金共同提供 270 万美元的贷款。麦当劳公司除还本付息外，每年支付麦当劳餐厅营业额的 0.5%。麦当劳公司用了 6 年时间还清了本金，而到 1972 年则连本带息全部还清，总计支付将近 1400 万美元。但是相比要一直支付给麦当劳兄弟 0.5% 来说，麦当劳公司负债 270 万美元购回麦当劳品牌权利这笔交易是太划算了。1976 年，麦当劳餐厅营业额超过 30 亿美元，一年的 0.5% 就是 1500 万美元。麦当劳兄弟在这项交易签约的最后一刻以不同意就取消整个交易为威胁，将原本包括在内的他们自己位于圣伯纳迪诺的麦当劳餐厅拿出去了，改名为“大 M”，交由其员工帮助经营，但是后来还是被开在其对面的麦当劳餐厅所击败。

克洛克从纸杯销售开始，进入能够带来更多纸杯销售的多头奶昔搅拌机销售，再进入能够带来更多奶昔搅拌机销售的连锁快餐经营，充分展示出了一幅实干家“路越走越宽”的连续创业图景。与此同时，克洛克所缔造的麦当劳系统——“一个由小商人组成的强大联盟”，可能比世界上其他任何一家公司都创造出了更多的百万富翁。

舒尔茨的星巴克传奇

霍华德·舒尔茨通过经销咖啡研磨机发现并加盟了星巴克，在改造星巴克遇阻后离职创建了天天咖啡公司，然后收购和重组了星巴克。

今天的星巴克公司，从品牌名称来说，是 1971 年开始的，但是从公司法律主体角度来说，是 1985 年创建的天天咖啡公司。霍华德·舒尔茨不是星巴克这一品牌的创始人，但完完全全是星巴克公司的创始人。新的星巴克公司的正式诞生日是 1987 年 8 月 18 日。

（1）发现星巴克

霍华德·舒尔茨出身贫寒，在纽约的穷人区长大。父亲高中没毕业，一辈子蓝领差事，从来没有一年赚上过2万美元。舒尔茨中学进入校橄榄球队时，家里一时拿不出钱来买队服。舒尔茨从朋友那里借钱买了队服以便按时入队，但他一直把衣服藏着，直到父母付得出钱后，才让他们看到。1971年，星巴克咖啡店创立的同一年，舒尔茨凭借橄榄球奖学金进入了北密歇根大学，专业是传播学。

1975年大学毕业后，舒尔茨先在密歇根工作了一年，然后回到纽约，应聘进入了施乐公司的营销部门。1979年开始，舒尔茨转到一家名为柏士德的瑞典公司工作了三年，并升任其一家下属公司——汉默普拉特的副总裁和总经理，年薪7.5万美元，管理大约20个独立销售代表。

舒尔茨发现星巴克和克洛克发现麦当劳如出一辙。1981年，在汉默普拉特的工作中，舒尔茨发现位于西雅图的一家小零售商订购了大量咖啡研磨机，其数量甚至超过了梅西百货公司。这个商家就是当时只有4个店铺的星巴克咖啡、茶和香料专卖店（今日星巴克的前身）。和克洛克发现小小的麦当劳餐馆竟然订购了8台奶昔搅拌机后的情形一样，强烈的好奇心促使舒尔茨实地考察，一探究竟。

当时的星巴克并非今日这样的餐饮店铺，其主要业务是出售烘焙好的咖啡豆和研磨好的咖啡粉。三位创始人是1960年代在旧金山大学读书时的室友——杰瑞·鲍德温、戈登·鲍克和杰夫·西格。鲍德温的专业是文学，当过英语教师，担任公司总裁。鲍克是位作家。西格在1980年卖出了公司股份。他们没有一个人想把公司做大，他们创办星巴克的唯一理由是，他们喜欢咖啡，想让西雅图有最好的咖啡。1971年，星巴克咖啡、茶和香料公司成立，同年4月，位于西雅图派克市场中的第一家星巴克店铺开业。三位创始人各投入1500美元，向银行贷款5000美元。开设第一家店时，只有西格是全职店员，鲍德温和鲍克只是业余从事。1972年末，他们在靠近华盛顿大学校区的地方开设了第二家店。

舒尔茨被星巴克的咖啡迷住了，他决心要加入这家公司。为此，舒尔茨做了一年多的说服工作。1982年9月7日，舒尔茨放弃了在汉默普拉特待遇优厚的工作，从纽约来到西雅图，以大幅降低的薪水和预期能够得到的小额股份，加入了此时也还只有5家店铺的星巴克。

（2）改造星巴克遇阻，创建天天咖啡馆

1983 年春，舒尔茨出差到意大利，被意大利的咖啡吧文化所震撼。回到西雅图后，舒尔茨又花了一年时间说服老板鲍德温，让星巴克店不再只是出售烘焙好的咖啡豆，而是同时供应煮好的咖啡。1984 年 4 月，星巴克在西雅图市中心位置开设第 6 家店时，在 1500 平方英尺的总营业面积中，辟出了 300 平方英尺的面积用于咖啡吧，供应煮好的咖啡饮品（意式浓缩咖啡）。尽管舒尔茨的试验很成功，顾客满门，但鲍德温还是不同意星巴克从一个纯粹的咖啡烘焙商转型为兼营咖啡成品的餐饮企业。

郁闷和挫折中的舒尔茨，在一个运动俱乐部中认识了考特·格林伯格，一位从事公司融资业务的律师，与比尔·盖茨的律师父亲是老搭档。从与格林伯格的交流中，舒尔茨开始下定决心要自己创建一家企业，开几家供应成杯咖啡和咖啡饮品的店面。星巴克的老板鲍德温和鲍克不愿意星巴克自身转型供应咖啡饮品，但是对舒尔茨个人出去创业、开设咖啡吧的想法很支持，保留舒尔茨的工作，直到 1985 年下半年其新公司的办公室完备之后才离开。在舒尔茨拿到自己新公司的执照，开始募集资金时，鲍德温拿出了 15

万美元，作为星巴克对其新咖啡馆的投资，并表示：“这不是我们自己想要做的公司，但我们会支持你。”并且，鲍德温同意担任新公司的顾问，鲍克也愿意提供 6 个月的兼职指导，并帮舒尔茨为其新公司取了名字——天天（Il Giornale）咖啡。星巴克的投资大概有两个目的，一是想避免舒尔茨的新公司成为星巴克的竞争对手，二是想其能够成为星巴克的客户，使用星巴克的咖啡豆。

1985 年 12 月，舒尔茨正式离开星巴克，满怀希望地去意大利找浓缩咖啡机生产商筹资，结果失望而归。意大利人认为美国人永远也不可能接受意大利人享用浓缩咖啡的方式。第一笔外部资金是完全意外和偶然地从一位内科医生——罗恩·马格利斯那里筹集到的。舒尔茨妻子雪莉认识马格利斯的妻子卡罗尔，在公园散步偶遇马格利斯夫妻时，雪莉谈到了舒尔茨想要开设一家新公司的事情，马格利斯当即表示有兴趣。在马格利斯家里见面后，未等舒尔茨展示完自己的商业计划书，马格利斯就开出了 10 万美元的支票——他表示不懂那些财务计划，他是向自己信得过的人投资。这笔钱在最初的四年里毫无回报（公司是亏损的），但是到了 1997 年时，其价值已经超过 1000 万美元。

除了星巴克的 15 万美元和马格利斯的 10 万美元之外，

舒尔茨从一位名为阿尼亚·普林蒂斯的银行家和其客户手中筹集到了总额40万美元种子资金中的余下部分。普林蒂斯是金融服务公司的联合董事长，是第一个认准舒尔茨的商业计划能够成功的人。他为舒尔茨组织了两次筹资餐会，向其客户推荐并以个人信誉做了担保。普林蒂斯后来长期担任被舒尔茨收购和重组后的星巴克公司的董事。但是，舒尔茨要继续筹集资金才能真正实现自己的“天天咖啡”计划。经过上百次的会面和计划演示之后，到1985年8月份，舒尔茨最终筹集到了其计划中的全部资本165万美元（包括40万美元种子资本在内）。

1985年底，先前在大学区开过一家名为“咖啡快节奏”店、在西雅图咖啡业内很有名气的戴夫·奥尔森（Dave Olsen）加盟了舒尔茨的天天咖啡公司。

资金和人才具备之后，天天咖啡公司开始快速成长。1986年4月8日，第一家天天咖啡馆开业，6个月后第二家店开业，这两家都在西雅图。1987年4月，在加拿大温哥华开了第三家店。

（3）收购星巴克

舒尔茨原先所在的星巴克公司于1984年收购了由美国

浓缩咖啡始祖毕特所创建的“毕特咖啡与茶”公司。该公司创始人毕特于 1979 年卖掉公司之后，新老板于 1983 年又想卖掉公司。星巴克的三位创始人当年正是由于痴迷毕特的咖啡而萌生在西雅图创建星巴克的想法，并且是从毕特那里得到了咖啡烘焙知识真传的。在买下毕特咖啡与茶公司几年之后，鲍德温和鲍克觉得两个品牌并存管理困难，决定卖掉星巴克店而专心经营毕特咖啡与茶店。

收购星巴克的大好机会出现之后，天天咖啡公司的一个大股东想要甩开舒尔茨，自己做这单生意，这对其他投资者是不公平的。舒尔茨通过向天天咖啡公司的其他投资者披露实情——每位股东都有机会对购买星巴克进行投资，获得支持，成功保住了自己的控制权，实现了天天咖啡公司对星巴克的收购。1987 年 8 月 18 日，成功收购了星巴克之后，天天咖啡公司更名为星巴克公司。

铃木敏文：内企业家缔造7-11

股权高度分散之下，优秀的经理人成就伟业需要有效资本市场和良好公司治理系统的约束与支持；股权不够分散，还有大股东、控股家族甚至创始人存在的情况下，优秀的经理人能否成就伟业则要取决于“老板”的眼光与胸怀。

（1）意外转行，进入伊藤洋华堂

铃木敏文 1932 年出生于日本长野的一个主业为农业和桑蚕业的地主家庭，1946 年入蚕业职业中学，6 年后（1952 年）考入中央大学经济系。1956 年 4 月进入一家出版社（东京出版贩卖公司，现为东贩集团公司），先是在出版科学研究所做了三年的调查工作，然后转入媒体公关部，负责《新刊新闻》的编辑工作。

铃木敏文大学毕业时曾到洋华堂（伊藤洋华堂前身）参加过面试而没有被录用。1963 年，已经在东贩工作了七年半之后，他为了给自己想要做的一个电视节目拉赞助，又想起了洋华堂，结果被招募成为正式员工。当时的伊藤洋华堂刚开始连锁超市经营两年多，只有 6 家店铺、500 名从业人员。此时已经 30 岁的铃木敏文，对综合超市和整个商品流通行业并无了解，但正是这种“门外汉”的状态，使他在日本的超市和商品流通行业掀起了重大变革，并一手缔造出了商业企业巨人 7&I 集团。

伊藤洋华堂起源于公司创始人伊藤雅俊的叔叔 1920 年创建的家族企业。1958 年伊藤雅俊接手家族事业，创立了洋华堂株式会社。1965 年，公司正式更名为伊藤洋华堂（在日本开设店铺用名为该公司名的日文片假名，在中国开设店铺用名为华堂商场）。

铃木敏文从 1965 年开始兼任公司人事科长，负责招募员工，1968 年成为人事部门和促销部门的经理。快速发展中的公司所需要的就是能够适应各个部门的人，铃木敏文正是这样的人。由于缺少销售和进货经验，反而没有被所谓行业常识，或说是陈规旧历所束缚，进而能够更大胆推动业务变革。1970 年公司店铺发展到 20 家，从业人员超过 2000 人。

铃木敏文在离开东贩时，担任东贩公司的工会负责人，到了伊藤洋华堂成为人事经理，并且是日本代表企业方请求降低工会经费的第一人。伊藤洋华堂创始人、社长伊藤雅俊从来没有做过工薪族，难以理解企业设立工会的必要。在认同了铃木敏文“工会是一面可以反映经营者状态的镜子”这一观念之后，同意设立了工会。在铃木敏文的力劝和努力之下，伊藤洋华堂于 1972 年在东证二部上市，第二年转到东证一部。

（2）外行胆大，创建日本7-11

1971 年，39 岁的铃木敏文晋升为公司董事。作为负责人，他每年带领公司员工到美国研修，学习美国发达的流通业技术和经验。在去加州的路上，铃木敏文偶然发现了美国的 7-11 商店，惊讶于“美国还有这么小的超市”。这是由美国南方公司（Southland Ice Company）经营的便利店，当时在全美有 4000 多家。当时伊藤洋华堂的大型超市在日本扩展，正遭遇各地小店主的激烈阻挠。铃木敏文认为，如果把这种连锁便利店的模式导入日本，一定可以创造小型商店和大型超市共存共荣的典范。

克洛克在发现麦当劳餐厅之后，没有直接复制其模式，而是获取麦当劳兄弟的授权许可。铃木敏文也是一样，没有直接在日本复制 7-11 的商业模式，而是努力取得其所有者美国南方公司的授权许可。

从 1972 年 5 月开始，伊藤洋华堂努力与美国南方公司接触，但是对方无意扩展日本市场，对其不理不睬。直到 1973 年 4 月，在伊藤忠商事的一位朋友的帮助下，伊藤洋华堂才得到了直接与美国南方公司高层接触的机会。1973 年 11 月 30 日，伊藤洋华堂与美国南方公司正式签订了“地区经营服务和特许经营合约”，伊藤洋华堂以销售额 0.6% 的费用获得美国南方公司授予的特许经营许可，使用 7-11 的商号、商标和服务标志，在日本开设便利店。

由于伊藤洋华堂内部很多人反对，没有人愿意负责7–11项目，伊藤雅俊社长对铃木敏文表示：“既然你坚持这项事业，那么就由你来负责吧。”作为伊藤洋华堂的下属独立子公司，日本7–11公司注册资本只有1亿日元。伊藤社长还表示：“既然是成立新公司，自己负责运营，还是自己出资比较好。”这样，铃木敏文和几位重要下属个人也出了一部分资本金。1973年公司成立时名为Yorku 7，1978年改成“7–11日本”。1974年5月15日，日本7–11的1号店正式开业。到1976年5月，总店铺数已经达到了100家。

日本7–11从美国南方公司拿来了厚厚的27本经营手册，但是除了会计系统，其他的部分在日本都没有什么用。美国7–11店主没有采购权，公司集中大批量采购后分配给各店铺，同样方法在面对更为挑剔的日本顾客后，导致大量库存积压。日本7–11进行了模式改革，赋予店主采购权，通过加强单品管理和小批量采购，有效降低库存，提高了商店效率。美国7–11是大范围开店，日本7–11则是在选择好的区域内贯彻高密度多店铺战略，这既有利于提高店铺在区域内的知名度，创造地域品牌，也有利于实现小批量进货。

为了实现小批量进货，日本7–11促进了日本的物流体制改革，实现共同配送。此前，日本是以工厂为主导的物流配送体系，生产厂家各送各的，以致日本 7–11 每家店每天的送货车多达 70 辆。在 7–11 连锁店的推动之下，1980 年日本物流史上第一次实现了牛奶的共同配送。随后，7–11 公司又进一步发展了共同配送体制，按区域设立了根据商品特性分四个温度段进行集约型共同配送的配送中心，每家店铺一天的送货车大幅度减少到了 9 辆。

1978 年，日本 7–11 委托日本电气公司研发 POS 系统，并最终于 1983 年率日本零售业之先，在全部店铺里启用了 POS 系统。1979 年 10 月，日本 7–11 公司成立 6 年后，在东证二部上市，又创下了日本历史上从公司成立到上市时间最短的纪录。

柳井正：企二代的创新与转型

（1）以父为师：从叛逆到遵从

1949 年 3 月，柳井正出生后的第二个月，其父亲柳井等正在日本山口县宇部市创办了一个绅士服装店（贩卖和定制西装的小店）。1963 年 5 月 1 日，柳井等正在其绅士服装店基础上创立了资本为600万日元的小郡商事公司，这就是今日掌控优衣库帝国的日本迅销作为一家公司的正式创立日。

贩卖和定制西装，是柳井家族的传统生意。柳井等正就是在其伯父的西装店工作多年，积累够了经验和资本之后，开始自立门户创办自己的西装店的。但是柳井等正小有成就之后，不满足于服装店这种“小生意”，开始从事建筑业，后又投资于茶楼和电影院等。他的儿子柳井正则以西装小店为基础，通过创新（从定制到自助销售）和转型（从正装到休闲装），缔造出一个世界级的服装企业帝国。

1971年3月，柳井正从早稻田大学政治经济学专业毕业，不仅没有把父亲的服装店放在眼里，甚至就没有看上商业零售业，认为自己不适合在这一行里发展。但是，在他自己折腾了几个月也没有找到满意工作之后，不得不接受了父亲的帮助：到JUSCO公司工作。JUSCO为日本第一大商业企业永旺集团的核心企业，在JUSCO的工作让柳井正体会到了大公司的运营模式，更是看到了自助销售这种与其家族西装店完全不同的销售方式。也许正是这一经历，孕育了柳井正接手家族西装店之后的创新意识，从而开拓出了优衣库事业。

（2）子承父业：创新与转型

1972 年 2 月，在 JUSCO 还没干到一年，年少轻狂的柳井正就辞职了。又无所事事了半年之后，1972 年 8 月，柳井正被父亲召回家，继承家族服装店小郡商事。也许是因为西装店在父亲眼里已经只是个小生意，让柳井正接手后，父亲就基本不管了。满脑子新观念的柳井正，看到如此不景气的小店，把仅有的 6 名员工召集到一起开会，要集思广益谋求发展，没想到其中 5 名员工被柳井正所袒露的公司实情吓跑了。在店长也辞职了之后，父亲索性将公司账目和印章等等悉数交给了柳井正，任其“自作主张”地发展。

柳井正于 1972 年 9 月就任小郡商事董事，在继续做其家族传统的男士西装生意的同时，逐步发展出了女装和休闲装生意。但是最终缔造出优衣库事业的革命性变化发生在 1984 年。6 月 2 日，设在日本广岛的第一家优衣库服装商店正式开业，立即取得了巨大的成功。同年 9 月，柳井等正患脑溢血，正式将小郡商事社长（代表董事兼社长，相当于中国公司的法人代表兼总裁）职位交给了柳井正。

小郡商事在柳井正接手之后，从男士西装店发展到了优衣库这种面向各种群体的休闲服装店，实现了服装店经营业态上从定制销售、营业员劝导销售到顾客自助销售的创新。顾客自助挑选，当时在日本服装业界是全新的销售方式，柳井正是从书店和音像店的经营方式中得到启发的。在这一表面上看起来很简单、没有什么了不起的变化背后，蕴涵着服装店关键成功要素的不同。定制销售情况下是服装店技师的手艺决定成败，营业员劝导销售情况下是营业员察言观色和推销能力决定成败，顾客自助销售情况下是商品品类、款式、质地、价格和摆放等等决定成败。而这，又为优衣库发展出其自有品牌服装产品和进一步整合其服装产业供应链提供了激励和创新空间。

（3）小郡商事上市，公司更名迅销

小郡商事在家族第二代柳井正的领导下，大力发展顾客自助销售的休闲服装店优衣库，同时逐步形成了主要销售自有品牌产品的连锁服装超市企业模式。在自有品牌为主、以合理价格提供质量可靠的产品和连锁店销售模式这些特点上，优衣库和法国的大型体育用品专业超市迪卡侬很相似。

1994 年 7 月，小郡商事股份公司在日本广岛证券交易所上市。9 月，柳井正就任社长十周年之际，小郡商事更名为迅销股份公司，从名称上体现出了作为一家服装企业所需具备的一个重要特性：商品要迅速销售出去，过季则要大减价。

公司上市之后，开始以更快的速度开店和发展。1997 年 4 月，迅销公司在东京证券交易所二部上市。1999 年 2 月 1 日，迅销公司股票从东京证券交易所二部转到一部，成为主板公司，已经不再是创业型和中小型公司了。柳井正的父亲，公司的创始人，在 5 天之后去世。

3. 并购创业

并购创业者与发现者类似，都是发现新技术、新模式或新机会而创业的，但有一点不同的是，并购创业者通常是直接收购成型企业，甚至是成熟企业，通过重组和创新而缔造出新企业的。

通用汽车公司创建者杜兰特是个典型的并购创业者。杜兰特的事业起步是 1886 年以 2000 美元银行借款购买一个马车铺开始的。1905 年，马车商杜兰特入主了别克汽车公司，1908 年以别克汽车公司、奥尔兹莫比尔汽车公司为基础创建了通用汽车公司，随后又把凯迪拉克汽车公司纳入通用汽车公司。被迫离开通用汽车后，1911 年杜兰特创建了雪佛兰汽车，1915 年又通过雪佛兰汽车收购通用汽车公司股票而重新入主通用汽车公司。

匡特家族起步于 1883 年埃米尔 · 匡特买下其岳父遗留下来的一个纺织厂。家族第二代京特 · 匡特于 1923 通过收购入主 AFA（蓄电池厂股份公司），家族第三代赫伯特 · 匡特于 1969 年取得了宝马公司的绝对控股地位。收购企业股份，获取控制权后进入企业，领导企业发展并长期持有股份传给后代，这几乎成为了匡特这个德国最成功企业家族的一种商业模式。

贝尔纳 · 阿尔诺从 1974 年开始掌管家族房地产企业 10 年后，1984 年底倾全力收购了濒于破产的布萨克（Boussac）集团，获得了迪奥（Dior）品牌。1988 年通过收购股票入主 LVMH 后，贝尔纳 · 阿尔诺的奢侈品品牌收购步伐开始大大加快。除 LV、轩尼诗和迪奥外，LVMH 集团旗下宝格丽、芬迪等 60 多个大大小小的奢侈品品牌中，超过一半是通过并购而来。

作为一个成功的咨询师，海耶克用自己的资产投入来实际检验自己的研究结论和给客户企业提出的建议，通过公开登广告的方式得到了大投资者的支持，从咨询顾问变身投资者和企业家，缔造出了世界钟表巨人斯沃琪集团。

杜兰特：通用汽车公司的创建

1908年，福特推出T型车，杜兰特创建通用汽车公司。他们分别代表了相互竞争的两种企业哲学和战略。与一直远离银行和股票市场的亨利·福特不同，作为通用汽车公司的创始人，威廉·杜兰特从一开始就借助银行和股票市场，但也很快并两度因银行与股票市场而失去了通用汽车公司。

（1）从借款购买一个马车铺开始

1886年9月，杜兰特在其家乡密歇根州弗林特市偶然驾乘了一辆带有弹簧座位的马车，被其舒适所打动，第二天便坐火车去了生产这种马车的由施梅德林和奥布赖恩掌管的合伙店铺。当入伙要求被拒绝之后，杜兰特让两位合伙人开价，多少钱可以买下这家店铺及其车座的专利。对方开价1500美元，杜兰特要求给予5天的筹资期限，双方当即到律师事务所签署了店铺出让合同和车座专利转让书。

杜兰特从弗林特国民银行开出了一张2000美元、为期90天的期票，然后又找到他的好朋友、铁匠铺老板多尔特，以1000美元价格转让了一半股权。1886年9月28日，杜兰特和多尔特两人合伙的马车生产企业正式成立，把从施梅德林和奥布赖恩的合伙店铺购买的所有物品和一辆成品马车全部运回到了弗林特一间租来的小屋中。

工厂开工后，多尔特负责生产管理，杜兰特主管销售，公司最初定名为弗林特公路车辆公司，后来改为杜兰特－多尔特马车公司。1892 年和 1894 年，杜兰特－多尔特马车公司陆续设立了两个车辆子公司。1898 年跨出弗林特市，购买了 80 英里外密歇根州杰克逊市的帝国车轮公司。经过 14 年的苦心经营之后，1900 年，杜兰特－多尔特马车公司成为全美最大的马车制造公司。

杜兰特的一位得力干将哈迪于 1900 年巴黎工业博览会上看见了汽车，1901 年回到弗林特后，对杜兰特和多尔特说："赶快放弃马车这一行，汽车会灭了你们。"这时的杜兰特似乎很满足于自己马车公司的业绩，对汽车还没有什么感觉，没有立即接受哈迪的建议。哈迪自己创建了一家汽车公司，以证明自己想法的正确。

（2）入主和改组别克汽车公司

生于 1854 年、比杜兰特年长 7 岁的戴维·别克，曾是一个成功的卫生洁具商人。由于别克醉心研究汽油发动机，惹恼了他卫生洁具生意的合伙人，1899 年他们卖掉了卫生洁具生意，别克得到这笔款项的一半——5 万美元，用这笔钱投资成立了别克汽车和动力公司。但是几年之后，公司就陷入困境，欠下做金属板材生意的布里斯科兄弟二人 3500 美元。

1903 年 5 月，布里斯科兄弟出资重组了别克的汽车公司，布里斯科兄弟占股 99%，别克只占 1%。别克同意仅仅 1% 的股份，是因为他最大的愿望就是能让带有自己名字的汽车面市而不是胎死腹中。布里斯科兄弟根本支撑不起一家汽车公司，于是将别克汽车公司转让给了弗林特市的一个名叫惠廷的马车制造商人。但是惠廷同样支撑不起别克汽车公司，他把目光转向了当时全美最成功的马车公司老板——杜兰特。

1901 至 1904 年间，在马车公司取得成功之后，杜兰特热心股市，并在纽约股票交易所买下了一个席位。1904 年 8 月底，杜兰特回到家乡弗林特市，开始与惠廷、别克等人协商发展汽车业务。他们聘请了贝格尔（前密歇根州长的儿子，弗林特最大的木材厂老板）出任公司总裁，杜兰特的主要职责则是筹资。

1905 年 9 月 11 日，弗林特的 4 家银行、4 家骨干车辆及马车公司和数百个机构及个人共同出资，使别克汽车公司的资本金总额达到了 150 万美元。1906 年，别克汽车公司成为全美规模最大、设备最先进的汽车制造商。1907 年，别克汽车产量 4600 台，接近全美头两年注册汽车总量的一半。

别克本人于 1906 年从别克汽车公司辞职。杜兰特当初分配给别克的股份约 10 万美元，但是由于红利不足以偿还别克欠布里斯科兄弟的债务，就把股份转给他们抵债了。10 年后，这笔股份价值 1000 万美元。别克的投资屡屡失败，最后于 1929 年默默去世。今天看来，与那些后来从别克汽车上发了大财的人相比，别克先生似乎很不幸；但与当时众多与别克同样自己研制汽车，但既没发财也没留下名字的人相比，别克也算是还有几分幸运。

（3）组建通用汽车公司

1907 年，美国暴发金融危机。消费者无钱购买汽车，很多汽车企业停产减产，极度乐观主义者杜兰特却让别克继续生产，库房里积压了大量汽车。由于政府的果断措施（发行了 1.5 亿美元国债）以及摩根的积极行动，危机很快结束。1908 年汽车需求膨胀，其他汽车公司无货供应，需要顾客等待，而别克有大量现车出售。

杜兰特看到了汽车大发展的机会，萌生了创建一家总投资达1500万美元的“联合汽车公司”的想法，并计划由J.P.摩根公司提供三分之一的资金。杜兰特想把福特汽车公司也拉进来，甚至让他的伙伴们“首先搞定脑筋迟钝而又好感情用事的福特，再发挥其明星效应”。1908年初，别克汽车的杜兰特、福特汽车的福特、里奥汽车的奥尔兹（此人是当时非常畅销的奥尔兹小型汽车的发明人，因与合伙人矛盾离开生产奥尔兹汽车的奥尔兹莫比尔公司，自己另建里奥汽车公司）和马克斯韦尔－布里斯科公司的布里斯科四人开始谈判合并事宜。但是因为各自公司的定价及聘请哪家律师事务所等问题，福特和奥尔兹先后退出了合并谈判。撮合杜兰特找皮尔庞特·摩根公司投资的人是摩根的女婿萨特利，曾在杜兰特的手下做过两年中层干部。但是摩根只与杜兰特谈了几分钟，就认定杜兰特是个“极不安分的幻想家”。事实上，金融大亨摩根在这个问题上确实是短视了，他压根没看到汽车的前景，认为汽车只是个富人的玩具。

在联合福特和里奥汽车公司及获取摩根支持的计划搁浅之后，奥尔兹莫比尔汽车公司的老板主动找到杜兰特，希望与别克合并。这样，根据萨特利的建议，因为密歇根州法律对企业合并的限制太多，他们选择了公司合并法律环境非常宽松的新泽西州。因为新泽西州已经有了一家“联合汽车公司”，于是选用了“通用汽车公司”这一名称。1908 年 9 月 16 日，新泽西通用汽车公司正式成立。10 月 1 日和 11 月 12 日，别克汽车公司和奥尔兹莫比尔汽车公司分别以 375 万美元和 300 万美元股份加 1.7 万美元现金的价格纳入通用汽车公司。随后杜兰特又以 450 万美元的价格把凯迪拉克汽车公司纳入通用旗下，并挽留利兰父子继续管理他们创建的凯迪拉克汽车公司。这些公司都保留着独立的法人地位，通用是他们的控股公司。通用收购凯迪拉克是底特律股票交易市场有史以来最大的一笔交易。当时，包括别克在内的很多汽车公司的股票，虽然没有在纽约股票交易所上市，但都在底特律的柜台市场上交易。

以 1908 年的汽车产量来看，别克 8820 台，福特 6181 台，凯迪拉克 2380 台。合并了别克和凯迪拉克并还有其他品牌的通用汽车公司，稳坐美国汽车业头把交椅。但是没过多久，福特成功推出 T 型车，把通用远远地甩在了后头。1912 年，福特生产了 17 万辆 T 型车，而通用旗下的别克、奥尔兹莫比尔、凯迪拉克和奥克兰等汽车的总产量只有 5 万台。

匡特家族：并购创业

与贝塔斯曼、保时捷等在一个行业里从创业到发展成为世界级公司这类常见企业家族不同，堪称德国最成功企业家族的匡特家族，从纺织逐步发展到蓄电池、药品、化工和汽车等多种不同领域，从来不用自己的名字作为产品商标或企业名称。家族控股、职业管理，各公司完全独立，匡特家族始终在幕后工作。

（1）起点

埃米尔·匡特1849年出生于一户贫苦人家，1865年16岁时开始在德雷格纺织厂做学徒。1880年埃米尔与德雷格的女儿成婚，此时德雷格已经去世，工厂属于德雷格的妻子和其5个孩子。1883年，埃米尔和他的一位妻弟合伙买下了工厂。几年后这位妻弟生病退出，埃米尔成为了独立的工厂主。

匡特家族第二代的领军人物——匡特企业帝国创建者京特·匡特出生于1881年。埃米尔·匡特把儿子作为自己事业的接班人精心培养，在京特·匡特还不满20岁的时候，老匡特花120万马克买下了一家新织布厂，交由他管理。匡特自家织布生意兴隆，同时加上联姻因素（京特·匡特于1906年娶了一位机械制造厂老板的女儿，他的妹妹于1910年与一位织布厂老板的独生子结婚），京特·匡特在纺织行业的影响日渐增长。

通过签订合作协议、组建原料采购共同体等方式，京特·匡特成为了纺织行业的一位重要领导者。在第一次世界大战期间，京特·匡特组织德国纺织业为军队提供物资。在这一过程中，京特·匡特扩大了自己的结交范围，同时也把目光投向了更广泛的行业领域。1920年代德国大通胀时期，京特·匡特成为一个成功的股票投机商。当时德国利用货币贬值机会大肆进行股票投机的顶尖人物施廷内斯，在其高峰时持有4554家公司的股份，基本手法就是利用银行贷款收购公司股票，然后用贬值的货币支付债务和利息。京特·匡特的高明之处是没有满足于投机获利，而是获取控制权后进入企业，领导企业发展。这几乎成为匡特这个德国最成功企业家族的一种商业模式。

（2）入主AFA

通过收购股票进入企业，担当支持和领导角色并长期持有股份传给后代，这一匡特家族企业模式的第一个范例是由京特·匡特在蓄电池厂股份公司（AFA，Accumulatoren Fabrik Aktiengesellschaft）身上完成的。

AFA 由商人穆勒在 1887 年创立，利用当时出现的一种新发明生产蓄电池。20 世纪初，AFA 成为具有世界级影响力的蓄电池生产厂商。1922 年，京特·匡特开始悄悄收购 AFA 的股票，1923 年 6 月出任 AFA 的监督董事会主席，匡特企业家族开始走出纺织领域，进入了第二个发展阶段。

京特·匡特作为大股东和监督董事会主席进入 AFA 时，已经 70 多岁的公司创始人穆勒还健在，并每天到公司上班。穆勒没有孩子，把京特·匡特看作合适的事业继承人，两人相处融洽。京特·匡特对 AFA 的介入越来越深，AFA 的业务日益兴旺，取代织布厂成为匡特家族的核心资产。1938 年，京特·匡特甚至从监督董事会主席改任管理董事会主席，直接担负行政领导职务。AFA 在二战之中是德国潜艇所用蓄电池的主要供应商，与此同时，京特于 1928 年出任监督董事会主席的柏林－卡尔斯鲁厄工厂原为德意志武器和弹药厂，是德国最大的军工企业。京特·匡特成为第三帝国时期最积极和最活跃的企业家，发了不少战争财。

二战结束之后德国一分为二，严重的通货膨胀迫使西德于 1948 年实施货币改革，负债持有大量公司股票（戴姆勒－奔驰汽车的重要股东之一）和不动产的京特·匡特再次受益，为家族下一代经济上的进一步成功奠定了良好基础。1954 年 12 月 30 日，京特·匡特去世，享年 73 岁。

为了避免兄弟反目、家族纷争，京特·匡特在遗嘱中规定，家族财产作为整体平均留给两个儿子：赫伯特·匡特和哈拉尔德·匡特，两兄弟根据各自才能和兴趣，分管不同领域里的企业。赫伯特出任 AFA 的管理董事会主席，哈拉尔德出任监督董事会主席；在卡尔斯鲁厄工厂的分工则是正好相反。京特·匡特还为两个儿子各自安排了一位重要经理人作为助手，这四人共同组成最高领导委员会，共同商议决定有关整个“家族企业集团”的重大事项。

（3）驾驭宝马

今日匡特家族所控企业中最耀眼的明星当属宝马汽车，这一战果是匡特家族第三代领军人物，京特·匡特之子赫伯特·匡特所取得的。

京特·匡特留下来 3.85% 的戴姆勒—奔驰公司股份。匡特兄弟看好汽车产业，1955 年时增持戴姆勒—奔驰公司股份到 9%。但是匡特兄弟没有另一位大亨——弗里德里希·弗利克（Friedrich Flick，1883—1972）的可支配资金多，没能赢得这场奔驰争夺战。弗里德里希·弗利克把其被迫出售煤炭和钢铁资产所得资金投入到了戴姆勒—奔驰公司，持股达到 25%，与此前的第一大股东德意志银行所持戴姆勒—奔驰公司股份一样多。匡特家族作为第三大股东，不能实际控制戴姆勒—奔驰公司。尽管持股收益丰厚，但这不符合匡特家族的企业运作模式。恰巧在这个时候，收购宝马公司的机会出现了。

宝马（BMW）全称巴伐利亚汽车制造厂，1916 年 3 月成立。与管理良好、盈利丰厚的戴姆勒—奔驰不同，宝马管理不善，尤其是车型决策连连失误，1956 年亏损 600 万马克。赫伯特·匡特开始悄悄收购宝马公司的股票和可转换债券。

1959 年 12 月 9 日，宝马公司股东大会，讨论由公司大股东、实际控制者德意志银行提出的重组方案：由戴姆勒—奔驰公司收购宝马公司。但是，这个从大股东到监督董事会和管理董事会一致同意的方案，却遭遇了宝马公司中小股东们的激烈反对。尽管公司陷入困境，但是中小股东们不希望宝马公司被戴姆勒—奔驰公司收购从而失去独立性。本来以近四分之三股份投票权而信心在握的大股东没有想到，中小股东方的代理律师利用德国股份公司法中的一项有利中小股东的规定成功阻击了这次股东大会。根据公司法规定，如果公司公布的上年度财务报表中有差错，则 10% 的少数表决权就可以决定股东大会延期。律师指出，宝马上年度财务报表中列入了一种新车型（BMW700）的全部研制费用，而没有按照规则分年摊销。股东大会中断，致使由戴姆勒—奔驰公司收购宝马公司的方案不能在戴姆勒—奔驰公司大股东弗利克（此时已经持有 40% 股份）规定的最后期限之前如期通过。这就等于拒绝了戴姆勒—奔驰公司的收购建议。

既是戴姆勒—奔驰公司股东也是宝马公司股东的赫伯特·匡特全程目睹了这次宝马公司股东大会的政变过程，下定决心自己要出手接管这家困境中的公司。对于想要像企业家一样发挥作用又非常喜欢汽车工业的赫伯特·匡特，宝马公司是个非常合适的选择。赫伯特·匡特先让戴姆勒—奔驰公司总裁那林格尔试驾宝马 BMW700 型样车，得到了“这种车可以生产”的评价，又找到巴伐利亚政府负责人表示要接手宝马公司，也获得了支持。但是，一方面是要避免同时在两家竞争性公司的监督董事会任职（赫伯特·匡特是戴姆勒—奔驰公司监督董事会成员），另一方面也是比较喜欢在后台发挥作用，赫伯特·匡特没有直接任职宝马公司监督董事会，而是作为大股东提名了他非常信任的两个人——律师威尔克和注册会计师塞姆勒，任职宝马公司监督董事会。

1960 年 12 月的宝马股东大会通过了新的公司整顿方案，决定发行新股。一直以来作为宝马公司后盾的德意志银行这回不愿意担负宝马新股发行的承销协调人了。赫伯特·匡特找到两家相对弱小的银行——特林克奥斯银行和法兰克福银行协助承销，自己担任协调人承担吃进全部剩余股份的责任，这在德国经济史上是史无前例的。所幸赫伯特·匡特的决心给了中小股东们充分的信心，535 万马克的新股只有 10 万没有被认购。

此后，赫伯特·匡特用出售父亲留下的其他一些企业的股份所得的钱，又陆续增持了宝马公司股份，到 1969 年初达到绝对控股地位。1969 年 9 月，赫伯特·匡特决定起用 36 岁时开始为匡特家族企业工作、当时 41 岁的金海姆出任宝马公司管理董事会主席。金海姆这位当时德国汽车公司里最年轻的管理董事长，领导宝马一路高歌，1992 年宝马公司销售额首次超过了梅塞德斯－奔驰公司。

贝尔纳·阿尔诺：入主LVMH

贝尔纳·阿尔诺通过资本市场将一家一家的家族企业纳入自己麾下，却把 LVMH 保持在自己家族的控制之下。

（1）各怀鬼胎：路易·威登和酩悦·轩尼诗的合并

路威酩轩集团旗下公司和品牌中，很多都有百年以上历史。酩悦香槟（Moët & Chandon）起源于 1743 年，轩尼诗（Hennessy）起源于 1765 年，路易·威登（Louis Vuitton）创建于 1854 年。1971 年，酩悦与轩尼诗两大酒厂合并，组成了酩悦·轩尼诗（Moët Hennessy）酒业集团。1987 年路易·威登与酩悦·轩尼诗合并，组成了路易·威登–酩悦·轩尼诗集团。

在组建路威酩轩集团的时候，路易·威登和酩悦·轩尼诗两家百年家族企业均已实现了职业化管理，是两家企业的职业经理人主导，将企业合并在了一起。但是，这两位职业经理人都没有想到，他们努力的成果，已经成为了别人要猎取的目标。

路易·威登历史悠久，声名远播，但是直到 1977 年实际还是个家族控制的中小企业，员工不到 100 人，销售额不过7000万法郎。这一年，已经65岁的拉卡米耶在其岳父过世之后，临危受命出任了路易·威登的总裁。主要因为“暴富”起来的日本人的追捧，此后十年中，路易·威登仅凭手袋这一种产品就实现了几十倍的收入增长。1984年，路易·威登股票上市，家族股份比例开始迅速下降。

酩悦·轩尼诗的总裁舍瓦利耶是个纯粹的职业经理人，1969年加入酩悦酒庄。1987年时，创始家族持股已经下降到了22%，投票权也下降到了33%，公司遭遇被并购的威胁。

在法国巴黎银行的撮合之下，惧怕公司被并购而失去控制权的舍瓦利耶和担忧公司产品单一风险的拉卡米耶（日本市场占销售额的三分之一，哪天日本人突然不喜欢LV手袋了怎么办），两位本不相识的人走到了一起。1987年6月3日，路易·威登和酩悦·轩尼诗合并，LVMH正式宣告成立。LVMH成为控股路易·威登和酩悦·轩尼诗的集团公司，舍瓦利耶出任集团公司总裁，拉卡米耶出任集团战略委员会主席，但是二人现在作为集团下属子公司的原公司位置不变。

路易·威登和酩悦·轩尼诗在实际运作中，各自相当独立，没有实现很好的业务整合和协同，有两位经理人的问题，也有两个创始家族的问题。酩悦·轩尼诗的创始家族属于贵族，路易·威登家族则是平民出身。两个家族之间心理和文化上的不相容，及两位经理人之间的矛盾和权力争斗，为贝尔纳·阿尔诺的入主提供了契机。

（2）入主路威酩轩：贝尔纳·阿尔诺的资本魔力

贝尔纳·阿尔诺（Bernard Arnault）1949 年出生于法国的一个中等家庭。父亲是个上门女婿，于 1950 年开始接手管理其岳父萨维内尔于 1926 年创建的家族企业费雷 – 萨维内尔公司，主要业务是帮人建造厂房。

贝尔纳·阿尔诺从巴黎综合理工大学毕业后，就以工程师的身份进入了家族企业。1974 年，在继承了外祖母的遗产之后，贝尔纳·阿尔诺成为公司的主要股东，开始掌管家族企业。

到 1980 年为止，贝尔纳·阿尔诺的主要生意集中在房地产业，包括工业建筑、住宅建设、房地产经销和休闲房地产业等等。此后，他的兴趣领域开始扩展到了报刊、连锁饭店等。

1984 年底，贝尔纳·阿尔诺倾其全力收购了濒于破产的布萨克（Boussac）集团。吸引这位房地产企业家的并不是布萨克集团的纺织主业，而是其旗下的一颗明珠——迪奥（Dior）。由此开始，贝尔纳燃起了追逐世界著名品牌的“激情”。

迪奥品牌是1947年由企业家马塞尔·布萨克支持设计师克里斯蒂安·迪奥所创建的，贝尔纳·阿尔诺也想如法炮制，投资于优秀设计师，创建新品牌，但是没有成功，于是收购成了他对品牌投资的选择。

1987年中，导致路易·威登和酩悦·轩尼诗匆匆合并的收购威胁，实际就来自贝尔纳·阿尔诺。两家公司合并后，两个公司创始家族合计持有新公司35%的股份和50%以上的投票权，似乎可以避免收购威胁和控制权旁落了。但是1987年10月的股灾和两家公司总裁之间的矛盾与摩擦，还是给了贝尔纳·阿尔诺收购和入主LVMH的机会。

1987年底，趁股价大跌之机，贝尔纳·阿尔诺开始吸纳LVMH的股票。与此同时，来自酩悦·轩尼诗的舍瓦利耶和来自路易·威登的拉卡米耶这两位经理人，开始各找同盟以图加强自己对LVMH的控制能力。将LV和MH合并到一起，组建了LVMH的舍瓦利耶和拉卡米耶二人不团结，内斗不断的最终结果是为他人做了嫁衣裳，二人一一出局，贝尔纳·阿尔诺入主LVMH。

1988 年 9 月 22 日，LV 和 MH 合并组成 LVMH 刚刚过去一年零三个月，贝尔纳 · 阿尔诺以 29.4% 的股权，把他父亲让 · 阿尔诺推上了 LVMH 集团监督董事会主席的宝座。尽管留任了集团管理董事会主席职务，但是舍瓦利耶这位法国当时著名的职业经理人内心已经十分明白，他现在面对着一个真正的股东，要求自己按照他的指令办事，还让自己作报告。他甚至对媒体表示："如果我回到 35 岁，绝不会选择与现在相同的职业道路。我会向所有的年轻人一样，尝试着自己创业。"

不甘心居于人下的舍瓦利耶，决定和同样想要重回自己独立王国的拉卡米耶联合起来，通过资本重组，将 LVMH 对 LV 和 MH 的持股从 98% 和 100% 下降到 50% 以下，重新获得各自的独立运营权力。方法是通过公开竞价，让威登家族买回路易 · 威登，酩悦 · 轩尼诗则由其长期的合作伙伴英国健力士收购，舍瓦利耶和拉卡米耶各自掌控自己的王国，把迪奥和变为路易 · 威登和酩悦 · 轩尼诗的少数权益股东的 LVMH 留给贝尔纳 · 阿尔诺。但是这一计划失败了。健力士公司董事由于担心个人的法律风险（此前与贝尔纳 · 阿尔诺的公司间有关于持股 LVMH 股份比例的合同约束，不得擅自单独增持）而决定停止收购。拉卡米耶则趁股价大涨，抛售了自己所持 LVMH 股票，大赚一笔而离场。1989 年 1 月 13 日，舍瓦利耶辞职，贝尔纳·阿尔诺出任 LVMH 管理董事会主席。

尼古拉斯·海耶克：缔造斯沃琪

尼古拉斯·海耶克用自己的资产投入来实际检验自己的研究结论和给客户企业提出的建议，从咨询顾问变身投资者和企业家，缔造出了世界钟表巨人斯沃琪集团。

（1）早期历练

尼古拉斯·乔治·海耶克（Nicolas George Hayek）1928 年出生于黎巴嫩的富裕家庭，父亲是位有美国学历和美国国籍的牙医。1949 年，21 岁的海耶克为了一位姑娘移民到了瑞士。这位名为玛丽安·梅茨格的姑娘从瑞士来到黎巴嫩，是通过帮做一些家务而寄宿在人家里来学习语言和体验文化的互惠生。尽管玛丽安·梅茨格的父亲是瑞士的一个小企业主，开有自己的机械制造厂，但在身居黎巴嫩上层社会的海耶克父母看来，是不够门当户对的。叛逆的海耶克为了爱情，只身到了瑞士，在一家保险公司的财务部做实习生。

1951 年，不顾父母反对，海耶克与玛丽安 · 梅茨格结了婚。不久，岳父爱德华 · 梅茨格突发脑溢血入院治疗，岳母和妻子请求海耶克替为管理梅茨格机械制造厂。尽管这间工厂只有二十几名员工，并且在爱德华 · 梅茨格病愈重掌职权后，海耶克很快就离开了，但是这几年的历练使海耶克进入了机械制造行业，并积累了该行业里的一些重要人脉关系，为其之后的创业历程打下了重要基础。

1957 年 8 月 1 日，海耶克通过贷款支付加盟费用，创办了美国人奈特创始的奈特-温德林咨询公司的瑞士分支，为机械制造行业提供咨询服务。经过六年时间的发展，积累起足够的资金和客户群后，1963 年，35 岁的海耶克创建了自己的公司——海耶克工程咨询公司。海耶克工程咨询公司的主要业务是为钢铁企业及机械制造企业提供企业架构和重组咨询服务。

海耶克工程咨询公司能够迅速发展起来，得益于公司聘请到的一位重要专家——瑞士联邦理工学院教授罗伯特 · 杜勒。杜勒研制出了一种新的工艺，将用工业方法制出的纯氧吹进转炉中进行钢铁冶炼，至今世界上还有很多钢铁厂在应用这项技术。杜勒教授在海耶克工程咨询公司负责每份合同的技术部分。1970 年代时，海耶克工程咨询公司曾接受过中国冶金部的委托，提供中国钢铁工业的重组方案。这家咨询公司的成功，使得海耶克有机会进入瑞士钟表业，从咨询公司变身为投资者和实业家。

（2）涉足钟表业

海耶克最初是以咨询顾问身份进入瑞士钟表业的。事情起因可以追溯到自1970年代开始的精工、西铁城等日本厂商在中低端钟表领域里发起的竞争，最终使日益退缩到狭小的高端领域里的瑞士钟表厂商在1980年代普遍陷入亏损状态。1981年中国政府停止了此前每年一度的瑞士表大采购（《斯沃琪手表的创意魔法》第55页），可说是瑞士表市场萎缩的一个重要标志。

钟表业是瑞士的传统产业，历史可以追溯到18世纪，但是直到1930年代，瑞士的钟表业都处在以家族企业和手工作坊为主的状态。为了避免大危机对钟表业的冲击，1931年瑞士联邦政府出资支持了瑞士钟表工业公司（ASUAG）的建立，该公司的核心业务是生产空白机芯及其他核心部件，提供给瑞士国内的其他成品表厂商使用。支撑瑞士钟表业的另一家大公司SSIH（瑞士钟表总公司）则以生产成品表为主，旗下有欧米茄和天梭两大支柱品牌。

1980 年代，ASUAG 和 SSIH 两大瑞士钟表企业旗下众多著名品牌中，除雷达略好之外，其他品牌如欧米茄、天梭和浪琴等等均业绩不佳，甚至严重亏损。ASUAG 和 SSIH 两大企业陷入破产边缘，处于以瑞士银行集团（SBG）为首的几家银行控制之下。1980 年 6 月，SSIH 进行了资本重组，六家银行的债权转化为股权，瑞士银行集团的彼得·格罗斯出任公司董事会主席。1981 年 3 月，银行主导下的 SSIH 公司聘请海耶克工程咨询公司提供企业诊断和咨询服务。1982 年初，几家银行又决定聘请海耶克工程咨询公司对 ASUAG 的问题进行诊断和分析。在海耶克工程咨询公司对 ASUAG 开始诊断的同时，银行也对 ASUAG 进行了资本重组，原股东持股比例均被削减 8%。

1983 年 5 月，根据海耶克工程咨询公司出具的咨询报告，银行集团决定将 SSIH 和 ASUAG 这两大瑞士钟表公司进行合并，组建成瑞士微电机与钟表制造工业公司（SMH）。SMH 就是今日全球最大的钟表企业——斯沃琪集团（Swatch Group Ltd.），是从 1998 年改用斯沃琪集团这一名称的。

在几乎无人相信 ASUAG 和 SSIH 这两家摇摇欲坠的企业能够被挽救的情况下，海耶克的咨询报告却给出了一线希望。海耶克认为存在的两个主要问题是缺乏一致贯彻的品牌策略和没有实行自动化生产，瑞士钟表业是“沉睡的巨人”。根据海耶克的建议，SMH 划分为成品表生产、零部件制造和新产品研发三个部门，业务发展开始渐有起色。

（3）入主SMH

在成功经营咨询公司的过程中，海耶克已经积累起了约有 2 亿瑞士法郎的个人资产。现在，他想拿出一部分资产来投资实业。1984 年夏，在一次与格罗斯的午餐闲聊中，海耶克问其银行客户中有哪家值得投资的企业正待出售。格罗斯愣了一会儿后，恍然大悟道：“我俩可真是笨蛋。这间新成立的钟表公司，它就符合你所有的设想啊！你对它是最了解不过的。你要是买的话，连 SWOT 分析都能省了。”（《斯沃琪手表的创意魔法》第 63 页）海耶克可以从银行手中买下大部分股份，银行也正想退出，完结这个麻烦的项目。思考了几天之后，海耶克觉得，这是一个实现自己成为实业家梦想的重要机会。海耶克在其咨询公司——海耶克工程咨询公司的董事会上提出了这一问题，但是遭遇了他妻子玛丽安·海耶克在内的所有董事会成员的反对。但是海耶克还是决定进行这项投资，董事会不同意就不用咨询公司的钱，而用自己个人的钱进行。

1984 年 10 月，海耶克告诉格罗斯，自己有兴趣投资 SMH。1985 年 1 月，海耶克与持有 SMH 股份的几家银行达成协议：在未来两年内，海耶克有权优先认购 SMH 公司最高限度为 51% 的股份。海耶克刊登广告征集合伙投资者，大富豪、大投资家史蒂芬·斯密德亨尼看到海耶克愿意拿出资产做风险投资，以证明自己对客户提供的建议方案是正确的，决定参与投资。于是，他们两人首次各购入了 7% 的 SMH 股份。这项交易使 SMH 公司的市值达到了 8 亿瑞士法郎。1985 年 8 月，海耶克又联合起了一个 12 人组成的投资团队，获得了 SMH 的多数股份（51%）。其中，他和斯密德亨尼以各出资 4700 万瑞士法郎的代价又共同获得了 17% 的股份。为了有位能够镇得住场面的人，海耶克力邀时任瑞士国内规模最大零售商米格洛集团主管的皮埃尔·阿诺德加入投资团队，出任 SMH 公司董事会主席。

集合众人之力入主 SMH，作为核心人物和主心骨的海耶克，要保持住自己的控制权，主要做了如下安排。通过“联合投资合约”控制住股份：某一成员在对外转让股权时，其他成员具有优先认购权；团队成员中无人有购买意向时，才可以向外转让给第三方；而且此第三方要获得投资团队的认可。在董事会中，海耶克享有对企业管理事项的一票否决权。与斯密德亨尼达成协议，斯密德亨尼将其所具有的有关公司事务的投票权全权委托给海耶克行使。在入主SMH的初期，海耶克和斯密德亨尼两人每周都会一起就一些重要的事务进行磋商决策。此外，海耶克还拥有一项重要的信息优势：海耶克工程咨询公司对组成SMH的两家公司（ASUAG和SSIH）都做过彻底的调查和诊断，获得了很多有价值的内部资料。

（4）斯沃琪表的诞生

海耶克在各方都很悲观、ASUAG和SSIH均陷于破产边缘的情况下，在其咨询报告中给出了唤醒“沉睡巨人”的希望，由此推动ASUAG和SSIH合并，诞生了SMH。海耶克还阻止了悲观的银行家们将欧米茄品牌这一SMH旗下明珠出售给日本人。海耶克对SMH的前景报以乐观态度，并将个人资产的四分之一左右投入了SMH，是对自己研究结论的自信，是看到了SMH集团中所潜藏着的金子和有待挖掘的潜力。

今天占瑞士出口手表数量一半多的斯沃琪手表就是这块金子。斯沃琪表的构想和研制要追溯到1978年，一位钟表业外人士——昂斯特·托姆克，进入原ASUAG旗下机芯公司 ETA 担任总裁。具有超越现有行业思维的托姆克认识到，瑞士钟表业要保住自己的高端市场，一定要夺回低端市场，因为机芯和零部件生产要有规模效益，就要有一定规模的成品表生产。失去低端市场会带来机芯和零部件生产的困境，放弃机芯和零部件生产则会丧失技术诀窍和技术支配权，从而造成整个瑞士钟表产业的衰落风险。

1979 年 10 月，托姆克召集公司相关人员会议，提出了以下的产品设计要求：手表的生产成本不能超过 10 瑞士法郎——当时生产一块机芯要花费 20 ~ 30 瑞士法郎；手表必须是完全的瑞士制造——不考虑到劳动力便宜的国外生产；必须具备防水功能，不设售后服务，实行全自动化设备生产。托姆克不是工程师，但他从消费者角度提出了产品要求，很像乔布斯要求工程师按他认为理想电脑所应具备的尺寸和厚度来设计。

1980 年 3 月，两位年轻的工程师交出了一份让托姆克很满意的设计，托姆克背着公司董事会，在自己的权限范围内分期分批地批准了项目启动资金，直到 1981 年初公司董事会才知晓此事。1981 年圣诞节前夕，样表做了出来，这就是随后被定名为“Swatch”（斯沃琪）的创新性产品。这里的 S 有“瑞士”和“第二个”双重含义。斯沃琪表通过一系列的创新性设计，将所用部件数量从传统手表的至少 91 个减少到了 51 个。这款表的研制和设计，让 ETA 公司申请到了 7 项专利。1982 年夏，统一售价为 50 瑞士法郎的斯沃琪表开始投放市场。到 1985 年，斯沃琪表的每月产量达到了 100 万只。

（5）钟表帝国

托姆克推动了斯沃琪表的诞生，但是基于斯沃琪表这块基石，进一步打造出了一个涵盖众多知名品牌的钟表帝国、世界第一大钟表企业——斯沃琪集团的人是海耶克。1986 年 6 月，海耶克正式出任 SMH 公司董事长兼首席执行官，托姆克出任总裁，负责机芯制造及所有的成品表品牌。

在斯沃琪这个低端市场品牌的成功之后，海耶克给托姆克下达了一个新的任务：将欧米茄重新打造为瑞士钟表的领航品牌。随后，又对浪琴品牌进行了重整。托姆克领导下的集团所有成品表品牌均业绩突出，他满心希望能够出任集团首席执行官。1991 年中，在出任集团首席执行官的希望落空之后，托姆克离开了 SMH 公司。导致托姆克离职的原因中，除托姆克的强人个性和海耶克的强人个性之间的“两强冲突”外，重要投资人斯密德亨尼也看不惯托姆克有些“粗野无理”的个性。但是，斯密德亨尼与海耶克之间的伙伴关系也没有持续多久。斯密德亨尼一直敦促海耶克确立公司接班人，海耶克却迟迟不表态。斯密德亨尼通过把自己持有的记名股票与海耶克交换成不记名股票后，悄悄地退出了公司，包括其董事会席位。海耶克成为了公司最大股东，并按自己的意志重新提名了公司的董事会成员（包括他的女儿）。全权掌控 SMH 集团之后，海耶克开始加速打造他的钟表帝国。

2010 年 6 月 28 日，海耶克在斯沃琪集团总部办公室工作时突然心脏衰竭猝死，享年 82 岁。据估计，2010 年时，海耶克的个人财富总计约为 39 亿美元，在世界富豪中排名第 232 位。

对于当年曾让其投资伙伴斯密德亨尼非常不满并因而退出的接班人问题，现在可以看得很清楚了，海耶克不相信职业经理人，他把他的企业帝国交给了子女。海耶克家族现持有 39% 的斯沃琪集团股份，他的女儿和儿子分别出任斯沃琪集团的董事长和首席执行官。

4 章

合作、集体与持续创业

1. 合作创业
2. 集体创业：卓越领导人的产生
3. 合力与持续创业

伟大公司的成长，第一是产品和营销体系，第二是法律支撑，第三是资本和金融，创造性地综合运用好这三种武器需要一组人才。个人创业者通过重金聘请和分享股份聚集人才，两人合作创业和多人集体创业是直接的人才聚集，而合力与持续创业则是随时间推移和事件发展完成人才聚集而终成大业。

1. 合作创业

成功的创业者，都有合作者。真正单打独斗而成功创业者很少。一些最后独自一人站在成功领奖台上的创业者，往往也都有过一位或数位重要的合作创业者。合作创业者没有与主要创业者一起走到最后，有各种各样的原因，而能否“好合好散”，则是成功创业的一个关键挑战。

微软和苹果，盖茨和乔布斯，两个改变世界的公司，都有一位共同创始人——艾伦和沃兹——早早离开公司，而坚持下来的另一位创始人——盖茨和乔布斯，成为了公司、行业甚至是整个商业世界的灵魂人物。

麦当劳缔造者克洛克的一个重要合作者是哈里·桑那本。哈里·桑那本非常看好麦当劳的前景，于 1955 年中期从当时美国两大连锁公司之一 Tastee Freeze 副总裁的位置辞职，加盟了初创的麦当劳公司，1956 年获得了 20% 的麦当劳公司股权，1959 年出任麦当劳公司总裁兼首席执行官。1967 年，因为与克洛克之间关于公司战略等方面的分歧以及自身健康问题两个方面的原因，哈里·桑那本从麦当劳公司退休。

合作创业的典型代表和成功典范是西尔斯－罗巴克，惠普、索尼和谷歌。西尔斯和罗巴克可以和平友善地分分合合，休利特和帕卡德是自始至终亲密合作，井深大和盛田昭夫，布林和佩奇，都是相互取长补短，齐心协力发展公司。

西尔斯和罗巴克的持续友善

（1）西尔斯：从业余小贩到公司创始人

理查德·西尔斯（Richard W. Sears ）出生于 1863 年 12 月 7 日，父亲是位铁匠，以制造马车为业，曾一度富有，但最终因一项畜牧场投资失利而损失了其 5 万美元的全部财富。因此，理查德·西尔斯从很年轻的时候就要开始工作以帮助维持家庭生计。学习了电报技术后，理查德·西尔斯开始在铁路工作，并最终成为明尼苏达州北雷德伍德的一名火车站代理。因为家庭负担较重，理查德·西尔斯要做些副业增加收入。

1886 年的一天，他发现当地一位珠宝商拒收了一箱收货付款的怀表。在得到发货钟表厂商的同意后，理查德·西尔斯收下了这箱怀表，并很快将其转卖给了他的火车站代理伙伴们，从而开始了他的钟表邮购业务。半年之后，理查德·西尔斯从铁路公司辞职，在明尼苏达州的明尼阿波利斯创建了西尔斯钟表公司（R.W. Sears Watch Company），这时他还不满 23 岁。

1887 年，理查德·西尔斯将公司搬到芝加哥后，雇用了看到广告来应聘的钟表匠罗巴克（Alvah C. Roebuck），负责维修。1888 年，为了满足从加拿大来的订单需求，理查德·西尔斯在多伦多开设了公司办事处。虽然公司业务发展不错，但是理查德·西尔斯于 1889 年以 7.2 万美元的价格卖掉了西尔斯钟表公司。

1891 年，发了一笔小财，刚刚过了一周退休生活的理查德·西尔斯，又找到罗巴克商讨重新合作。这样，两人于 1892 年合伙组建了罗巴克公司（A.C. Roebuck Inc），1893 年重组更名为西尔斯－罗巴克公司（Sears, Roebuck and Co.）。这一名字一直沿用到 2005 年，与凯玛特（Kmart）合并重组成西尔斯控股公司（Sears Holding Corporation）为止。

重新组建了西尔斯－罗巴克公司后，两位创始人雄心勃勃，邮购产品的范围从以前的钟表和珠宝等少数产品迅速扩展到缝纫机、自行车、运动商品和诸多其他商品。1894 年的公司邮购目录达 322 页厚，1895 年进一步达到 532 页厚，这本邮购产品目录“大书”直到 1993 年才停止印发。

1908 年，由于糟糕的健康状况，理查德·西尔斯退出了公司的日常管理活动，不再担任公司总裁，只任公司董事会主席。1914 年 9 月 28 日，理查德·西尔斯去世。

（2）罗巴克：从雇员到合伙人和公司形象大使

罗巴克被列为西尔斯－罗巴克公司的共同创始人，但实际是从前身公司西尔斯钟表公司的雇员做起，在公司重组为西尔斯－罗巴克公司后成为合伙人的。罗巴克 1864 年 1 月 9 日出生，只比西尔斯小 1 个月。他从小就对机械很感兴趣，16 岁时已经自学成为钟表匠，22 岁时在一家珠宝店得到了一份工作。第二年，为了更快发展和挣更多钱，罗巴克开始浏览报纸上的招聘广告。1887 年 4 月 1 日，他看到芝加哥日报上的一个招聘钟表匠的广告，两天后，理查德·西尔斯决定聘用他为钟表维修师。

1893年，作为理查德·西尔斯的合伙人，罗巴克成为了西尔斯-罗巴克公司的共同创始人。但是仅仅经过两年的快速发展之后，1895年，罗巴克就因为个人兴趣转变而要求理查德·西尔斯买下了他的股份，不再是西尔斯-罗巴克公司的股东，但将其姓氏留在了公司的名称之中，并一直与理查德·西尔斯和公司保持着良好的合作关系。

在理查德·西尔斯的要求之下，罗巴克作为雇员继续负责了几年公司的家庭娱乐部门，包括钟表、珠宝、眼镜以及后来增加的留声机、幻灯机和电影机等等。1899年，罗巴克从公司辞职后，创建了自己的电影放映机制造公司，西尔斯-罗巴克公司是其最好的客户之一。1909年到1924年间，罗巴克出任爱默生打字机公司的总裁，并发明了名为Woodstock的改进型打字机。在佛罗里达度过几年半退休生活之后，由于在1929年股票市场大危机中的财务损失，罗巴克被迫回到了芝加哥。1933年，罗巴克重新加入了西尔斯-罗巴克公司。次年9月，一位西尔斯商店经理请罗巴克出席他的商店开业庆典。此后几年中，罗巴克像个明星一样，在全国巡回出席各地的西尔斯商店开业庆典。罗巴克重新回到公司总部的办公室后，全力投入了公司早期史的撰写之中，直到1948年6月18日去世。

惠普之道：一山二虎，平等合作

惠普公司（Hewlett–Packard Company），以比尔·休利特（Bill Hewlett）和戴维·帕卡德（Dave Packard）两位公司创始人姓氏命名，1939年，在一个单车车库里以538美元资金起步。

（1）1930年：斯坦福大学的两位新生

1930年秋天，戴维·帕卡德和比尔·休利特同时成为了斯坦福大学新生。

帕卡德1912年出生于科罗拉多，父亲是律师，母亲是中学教师。帕卡德自小喜欢数学和自然科学，玩炸药、组装无线电。1929年随父母到加州旅行的帕卡德参观了斯坦福大学后，便决定申请斯坦福大学读电机工程。父亲可以帮助他支付一部分学费，不足部分由自己暑期打工挣。

休利特1913年出生于加州，父亲是医生，毕业于霍普金斯大学，后来是斯坦福医学院教授。休利特的数学非常好，但是患有阅读困难症。

帕卡德在斯坦福大学的业余爱好者无线电台认识了年轻教授特曼。1933 年春季，特曼邀请帕卡德去他的办公室，建议他大学最后一年学习他的无线电工程学毕业班课程。特曼的无线电工程学讲义后来成为了著名的教科书《无线电工程学》。

在特曼的课上，帕卡德、休利特和后来也成为惠普经理班子成员的波特（在惠普公司做了 30 年的生产经理）与奥利弗（后来担任惠普公司的研发主管，是惠普实验室的创始人）四人成为了好朋友。四人拟订了一个毕业后自己创业的计划。但是 1934 年毕业时，帕卡德得到通用电气公司的工作机会，大萧条时期的工作很难找，特曼教授也鼓励他去，告诉他在通用电气这样的公司工作一段时间可以学到很多对以后创业有用的东西，这样，他们的创业计划就推迟了。休利特继续攻读研究生，1936 年从麻省理工学院（MIT）获得了电子工程硕士学位。

（2）1939年：创立惠普合伙企业

1937 年 8 月 23 日，仍在通用电气公司工作的帕卡德和从 MIT 拿到工程硕士学位后回到加州的休利特举行了第一次正式的创业会议，形成了一份名为“创业计划的初步组织规划和初步工作纲要”的会议记录。讨论的产品设想包括高频收音机和医疗设备，还强调“我们要做出一切努力，赶上新出现的电视机技术”。新公司的名字确定为“工程服务公司”。

1938 年夏，特曼为帕卡德争取到了一个斯坦福的研究生名额，每年有 500 美元奖学金（当时帕卡德在通用电气的工资是每月不到90美元）。通用电气给了帕卡德无薪假期，但是一年以后的 1939 年 6 月，帕卡德从通用电气正式辞职。

这样，大学毕业四年后又重新走到一起的帕卡德和休利特，于 1938 年在加州帕洛阿尔托（Palo Alto）的爱迪生大街 367 号找到了一个两层楼房，已经结婚的帕卡德租用底层，单身汉休利特住在后面的一个小房间，一个能够容纳下一辆汽车的车库成了他们公司的车间，以 538 美元（休利特的一点现金和帕卡德的一个二手西尔斯－罗巴克钻床）开始了他们的创业历程。该年秋季，为了做好自己创业的知识准备，帕卡德在斯坦福参加了商业法律和管理会计两个培训班，这使他受益匪浅。

这时，帕卡德和休利特这两个想要一起创业的朋友，还没有决定自己究竟应该研制和生产什么产品，便主要从事一些他人委托的研究性项目，比如用休利特研制出的一种音频振荡器生产一种琴，研制一种用电脉冲活动肌肉的体育锻炼器材，还有为观象台设计一种变频发动机调节器，为保龄球馆设计一种计分装置等。这些活动为他们带来了早期的些许收入。他们以前的朋友、大学时期计划要共同创业的波特在从事空调设备推销工作，收入颇丰，没有加入他们的行列，但经常让帕卡德和休利特为他的空调设备设计一些控制装置。

经过约半年时间里一起做一些零散业务，他们对各自的才能有了更为具体和清楚的认识——休利特擅长产品设计，帕卡德长于生产制造。1939 年 1 月 1 日，两人正式签订了一项合伙协议，休利特出钱买了一些部件和工具，帕卡德投入了自己先前拥有的钻床设备。两人通过投掷硬币决定谁的名字排在前面作为合伙企业名称，休利特赢了，休利特 - 帕卡德——惠普合伙公司（Hewlett-Packard Partnership）正式诞生。

两位伙伴对于做什么只有一个大致但是一致同意的设想：他们都看不起通过简单模仿而赢利的商业行为，而要通过创新性的研究和技术应用来获得商业利润。惠普公司推出的第一个产品是音频振荡器，一种供声学工程师测试使用的电子测试装置，是以休利特在特曼教授的实验室所做研究成果的基础上研制出来的。当时通用无线电公司（General Radio，并非通用电气公司）生产的同类产品价格是 400 美元，而惠普公司的产品售价在 100 美元以内。

1939 年晚些时候，特曼安排时任 AT&T 公司研发副总裁的哈罗德·巴特纳参观了惠普的音频振荡器。巴特纳很看好他们的产品，并向他们提供了 500 美元，协助他们申请了专利。迪士尼公司是惠普音频振荡器的最早客户之一。

创业第一年的惠普公司，帕卡德和休利特两个人，取得了 5369 美元的销售额和 1563 美元的利润。

（3）1947年：合伙企业转为股份公司

1940 年，惠普承接了一个为 AT&T 生产一种用于飞机着陆系统仪器的固定频率振荡器项目。货物发出很久没有收到款项，到了公司马上就要发不出工资的时候，帕卡德给其老朋友 AT&T 高管哈罗德·巴特纳打电话，马上得到了货款。后来当巴特纳从 AT&T 退休后，帕卡德立即把他聘请为惠普公司的董事。巴特纳几乎认识全世界所有电子公司的人，他成了惠普公司最好的董事之一。

与 AT&T 的交易，使帕卡德认识到，公司需要资金来拓展业务。他们先找了当时加州最大的银行——美洲银行，申请500美元的贷款，对方审查公司后要求要有应收账款抵押才能给500美元的贷款。于是帕卡德又去找了当地的一家小银行——帕洛阿尔托国民银行，帕卡德在向该银行总裁做自我介绍时，对方还记得他是斯坦福的一位运动员。该银行总裁听完介绍后，询问了一些问题，然后马上就给了500美元的贷款。

1939年秋季，特曼介绍了当时惠普公司的竞争对手——通用无线电公司的创办人伊斯特汉来惠普公司访问，在帕卡德担心竞争会使双方关系不太融洽时，伊斯特汉却表示，两家竞争是好事，尤其是对于新技术产品来说，两家公司同时推出，会使顾客更加信任该产品。以后的时间里，通用无线电公司和惠普公司这两家竞争对手的创始人之间建立了很好的朋友关系。1940年，惠普公司有3名员工，实现了3.4万美元的销售收入。

1941年休利特应征入伍，直到1945年二战结束后重新回到惠普公司。由于惠普公司大部分产品的购买者是军事单位和防务承包商，公司在二战期间发展迅速，销售收入很快达到了100万美元。战争结束时，员工达到了200人。惠普公司从通用无线电公司学来了一种业绩奖励计划，如果生产超过定额，则给每位员工按其基本工资的比例发放奖金。通用无线电公司的计划是用在工程师身上，惠普将其扩展到了全体员工。战争时期，美国法律冻结了公司工资，但是惠普公司可以继续执行其以前制定的业绩奖金做法。

这一时期，惠普在休利特发明的音频振荡器之后，设计出了波分析器和一些畸变分析器，并研制出功率更大的音频信号发生器以及真空管电压表等产品。惠普的产品虽然各种各样，但都是围绕计量和检测音频频率电路的。这反映了惠普的战略：制造一系列互相补充的产品，而不是涉足互不相关的领域。

二战期间，为了让加州的电子公司争取到更多承包军务工程的机会，帕卡德组织了一个电子企业协会，这个协会于 1950 年代末发展为西部电子生产厂家协会，并于 1978 年更名为美国电子协会（AEA）。

1945 二战结束，公司业务急剧下降，惠普普通员工数量减少，但是尽力留住了得力骨干，并且积极聘请了一些战时参加过重要研究实验室工作的优秀工程师。这些人在战后关键时期帮助惠普公司研制了一些战后急需的新产品，后来都在公司担任了重要职务。

1947 年 8 月 18 日，经营了 8 年之后，帕卡德和休利特把他们的合伙企业变成了股份公司，帕卡德任总裁，休利特任副总裁，并已经建立起了自己的高级经理团队，生产、财务和营销各有专人负责。1947 年的惠普公司，有 111 名员工，39 种产品，85 万美元的销售收入。1948 年，惠普公司有 128 名员工，实现了 220 万美元的销售收入，为全体服务 5 年以上的员工建立了养老保险计划。1950 年，公司在员工数量上回复到了战时达到的最高水平：200 人。公司选择修建了多功能式建筑物作为厂房，原因是万一日后公司经营不下去，可以把它当作超级市场租出去。

1950 年代初期，朝鲜战争爆发，又给惠普公司带来了一次快速发展的机会。业务规模连年翻番，公司产品品种达到了 100 多种。1956 年，惠普公司发展到 901 名员工，2000 万美元销售收入。

惠普公司与特曼合作进行了一个研究生计划：斯坦福工程专业的研究生，一方面进行研究生工作，同时为惠普公司设计和制造产品。这一计划下的一位名为巴格利的研究生为惠普公司研制出了一种电子计数器，后来，以此为基础开发出来的计数式频率计及相关产品，成为惠普公司最为成功的一类产品，累计销售额达到数十亿美元。这一研究生计划后来称为优秀人员合作计划，惠普公司的合格人员可以带薪到斯坦福读硕士、博士学位，惠普公司还支付学费。这项计划使惠普公司可以从全美各大学中招揽优秀的工程专业毕业生。

1950 年代初期开始，在特曼的推动下，斯坦福把其靠近帕洛阿尔托的 579 英亩校园地皮划出来，用于创建斯坦福工业园。1956 年，惠普公司开始在斯坦福工业园租地修建厂房和办公设施，一年后就成为斯坦福工业园的最大租户。

（4）1957年：惠普公司公开发股与上市

成长于大萧条时代的帕卡德，在帮他的律师父亲整理文件的过程中，看到了很多企业因为抵押贷款而失去资产。惠普坚持自我融资和内部融资，利润再投资和职工股票购买计划成为惠普发展的主要资金来源。

1957 年 11 月 6 日，惠普公司进行了首次股票公开发售。帕卡德和休利特将他们所持 300 万股惠普公司股票的 10% 以每股 16 美元的价格对外出售。该年还增发 6 万股新股，作为红利分配给职工，同时提供 5 万股股票供职工自愿购买。所有工作 6 个月以上的员工自动获得公司的股票赠予，并有资格参加公司的股票期权计划。首次公开发售之后，惠普股票在场外市场交易。1959 年，惠普正式实施了员工股票购买计划。1961 年 3 月 17 日，惠普公司股票在纽约股票交易所正式挂牌交易，同时也在太平洋股票交易所挂牌交易。惠普股票在纽交所上市当天的早上，两位创始人因为乘坐地铁不熟悉路线，竟然迟到了几分钟时间。帕卡德选择公司上市的目的有两个：一是扩大公司的所有权，特别是职工的所有权，二是为了方便通过换股等方式收购其他企业。1957 年，惠普生产的产品品种达到 300 种以上，年销售额 2800 万美元。

1957 年，惠普公司召开了有 20 名经理人员参加、首次在公司办公场所之外（距离公司约 70 英里的一个旅馆）举行的会议，制定了著名的惠普“公司目标”。最初的目标有 6 个，后来经过修订，1966 年惠普公司正式对外了公布了含有以下 7 个指标的惠普“公司目标”：利润，顾客，业务领域，发展，员工，管理和公民义务。目前惠普仍在其网站的显著位置上放置着最新版本的惠普“公司目标”：客户忠诚度，利润，市场领袖，成长，对员工的承诺，领导能力和全球企业公民。措辞有所改变，但基本内容和精神实质是完全一致的。

在以信任、合作、发挥员工主动性为主要精神的惠普之道下，惠普从 1958 年开始正式实施一种高度分权的业务小组结构。每一产品小组成为一个从开发、制造到销售全面负责的自我持续组织。每当达到 1500 人之后，就会再分离出来新的业务小组。惠普公司的这一分部制的分权结构尝试首先是从研发部门开始的。从事产品开发的 90 名工程师被划分到 4 个产品开发小组，每个小组集中力量研制一组相关产品，各有一名高级工程师负责，向奥利弗汇报工作。奥利弗是斯坦福大学特曼无线电课程班上约定毕业后要创业的四人之一。1952 年，惠普公司从贝尔实验室把奥利弗挖过来，出任负责公司研究与开发工作的副总裁。这四个产品研发小组分别是：计数式频率计和相关仪器，微波设备，音频和视频产品，示波器研发。惠普长期以来最为成功的打印机部门就是在这样一种分权结构和高度自治的状态下成长起来的。惠普分权模式的管理结构一直持续到 1999 年，从公司外部引入首席执行官之后才发生改变。

（5）两位创始人相继退出，惠普转型职业管理

1947 年转为公司制企业之前，帕卡德和休利特之间基本是帕卡德以管理见长，休利特以技术见长的一种家庭式、商量着来的管理状态；二战期间则完全是由帕卡德作为合伙人在管理公司。1947 年转为股份公司之后，正式确定了帕卡德任总裁、休利特任副总裁（1957 年开始任执行副总

裁）。到1964年，惠普公司成立25周年的时候，帕卡德出任公司董事会主席兼首席执行官，休利特出任公司总裁。帕卡德于同年成立了由其夫妻名字命名的基金会。惠普公司的日常管理开始主要由休利特作为总裁来负责。1968年休利特也创建了由其夫妻名字命名的基金会。

1969年，帕卡德出任美国国防部副部长，从惠普离职。休利特出任惠普公司首席执行官兼总裁，独自打理公司。三年之后的1971年，帕卡德从国防部离职，重回惠普，担任公司董事会主席，休利特继续担任公司总裁兼首席执行官。1977年，休利特辞去总裁职务，任命1958年加入惠普、工程师出身的约翰·杨（John A. Young）担任公司总裁兼首席运营官。当时约翰·杨45岁，是公司董事和负责惠普仪器、公司系统和部件部门的执行副总裁。1978年，休利特又辞去了首席执行官职务，由约翰·杨继任惠普公司首席执行官。作为惠普内部成长起来的第一位职业经理人，约翰·杨领导惠普公司15年，把惠普公司发展成为计算机产业的领导者。

1978年，65岁的休利特从首席执行官的位置上退下之后，一直担任惠普公司执行委员会的主席，直到1983年就任惠普董事会副主席一职、公司执行委员会主席由约翰·杨担任为止。1987年，休利特辞去董事和董事会副主席职务，作为惠普公司名誉董事，直至 2001 年 1 月 12 日去世。

1992 年，约翰 · 杨 60 岁退休。时年 51 岁、同样是工程师出身的路易斯 · 普拉特（Lewis E. Platt）出任总裁、首席执行官和董事。普拉特 1966 年加入惠普，自 1987 年开始担任公司执行副总裁。1993 年，81 岁的帕卡德从公司董事会主席位置上退休，普拉特又当选为公司董事会主席。作为第二位惠普公司内部成长起来的职业经理人，普拉特领导惠普公司继续成长，并于 1999 年分拆了其测量和部件业务，成为独立的上市公司。

普拉特领导下的惠普公司虽然依旧在稳步前进，但是面对互联网企业迅速崛起的冲击，1999 年，惠普公司董事会意识到了危机，惠普需要变革。1999 年 7 月，为了进行应对 21 世纪的企业再造，惠普创立 60 年、经历了四位电子工程师出身的首席执行官之后，首次从公司外部引入了一位非工程师出身的首席执行官，卡莉 · 菲奥瑞纳（Carly Fiorina）。菲奥瑞纳于 1999 年 7 月出任惠普公司总裁兼首席执行官，并于 2000 年 9 月 22 日兼任惠普公司董事会主席。

菲奥瑞纳领导惠普进行了内外两方面的变革，对内改变了过去高度分权的业务分部结构，对外开始了一场基于单一概念 HPINVENT 的新品牌推广运动，强调公司发明和创新的历史。2001 年 9 月 4 日，惠普与康柏公司达成一项总值高达 250 亿美元的并购交易，并在两位惠普创始人家族人员作为股东（合计持股约 18%）均反对的情况下，争取机构投资者（美国机构投资者服务公司 ISS，及德意志银行等）和其他股东支持而获得了 IT 产业有史以来最大一次并购活动的成功。

2005 年 2 月，菲奥瑞纳从董事会主席和首席执行官位置离职，公司 CFO 维曼（Bob Wayman）出任代理首席执行官。5 月，同样是非工程师出身的 NCR 公司前首席执行官马克·赫德（Mark Hurd）出任惠普公司董事、总裁兼首席执行官，并于 2006 年 9 月被任命为公司董事会主席。

（6）惠普创业与公司治理转型成功的三个要素

综观惠普的成功创业与公司治理转型，主要是三个要素在起作用。

首要因素应该说是两位创始人之间的互相认可、互相支撑与平等合作。惠普公司的前四十年都是在两位创始人的共同和直接领导之下。他们之间的伙伴关系不是由物质利益和合同来锁定的，而是由相互之间的认可和志同道合来维系并持续深化的。在创业成功、共同管理惠普十几年之后，帕卡德和休利特还于 1952 年开始合伙经营几处牧场，以加深两人以及两个家庭之间的相互了解和友谊。每一个人都可以完全代表着两个人的“合伙精神”一直持续到他们离开惠普公司。

惠普创始人“一山二虎，平等合作”精神最为明显的表现就是两位合伙人都有过为国家服务而离开公司几年后，回来时另一位诚心接纳，坚持着一如既往的平等关系。投掷硬币让休利特的名字排在了前面，但是惠普创业的早期实际是帕卡德发挥着主导性的作用，因为休利特从 1941 年到 1946 年之间在军队服役。1940 年的惠普公司共有 3 个人，销售收入是 3.4 万美元，帕卡德独自领导公司经过战争时期的高速发展，达到了高峰时期的近 200 人和 100 万美元年销售额。但是，休利特退伍之后却可以“大摇大摆”地回到惠普公司（《惠普之道》），并且于休利特重回公司不久之后的 1947 年 8 月 18 日，两个人把他们经营了 8 年的合伙企业变成了股份公司，帕卡德任总裁，休利特任副总裁。22 年之后的 1969 年，帕卡德也因出任美国国防部副部长而离开了惠普公司，惠普公司在休利特单独领导之下也经历了几年的良好发展。但是，1971 年，帕卡德重回惠普公司后，仍然顺利自然地被选做董事会主席。

二是创始人对自身及家族成员作用的清醒认识及对公司做到一定规模、自身能力有限之后，交由经理人管理这一典型企业成长路径的正确认识并切实地付诸实践。两位创始人所坚持的“走动管理”“目标管理”“开门政策”和业务分部结构等等，使惠普工程师在公司内部就锻炼出了像一个独立企业家那样思考和行事的习惯与能力。同时，两位创始人对家族后代进入董事会的角色，也做出了明确的限定：“就是增加点色彩，不能过分介入”，这才使后来的惠普董事会能够独立做出外聘首席执行官并强力支持外来首席执行官改造惠普的行动。

上面两个要素是惠普公司内部的，第三个要素则是惠普外部的，来自资本市场和法律法规两个方面的美国分散股权公司治理系统的有效支撑。这种支撑的力度在菲奥瑞纳对抗创始人家族股东、取得惠普与康柏合并成功的过程中有着充分显示。是美国机构投资者服务公司基于自身独立研究所做出的股东投票建议（很多机构投资者是自动按此建议投票的），帮助菲奥瑞纳在关于合并案的惠普股东大会上取得了微弱胜利，同时也是富有经验的专门处理公司治理纠纷问题的特拉华州衡平法院只用 3 天时间迅速审理了休利特的儿子瓦尔特·休利特所提出的关于菲奥瑞纳

“收买”德意志银行投票的诉讼案，使事件能够迅速告一段落，不致影响合并过程的推进。

索尼：井深大与盛田昭夫

从井深大创立东京通信研究所来看，盛田昭夫是第7位追随者，所以作为索尼公司创始人，盛田昭夫始终排在井深大之后。但是从索尼公司的实际发展历程来看，盛田昭夫是其最主要的缔造者。

（1）东京通信：怀揣梦想的创业

井深大（1908—1997），索尼公司的创始人，中学时期就是一个无线电爱好者。他在1927年进入早稻田大学，1933年大学毕业前夕，参加东芝公司的招聘面试落选后，进入了一家名为PCL（图片化学研究所）的公司，因为该公司总裁植村泰二答应他可以做他想做的研究工作。井深大在大学时期已经是小有名气的发明家，“动态霓虹灯”获得了巴黎世界博览会优秀发明奖。几年后PCL公司开始制作电影，1937年，井深大的工作转到了植村泰二担任社长（总裁）、制作电影放映机的日本光音公司无线电部。

1940 年秋，无线电部从日本光音公司独立出来，成为日本测量仪器公司，人员构成为社长植村泰二、常务井深大和专务小林惠吾（井深大大学同学）。该公司最初的支柱产品是井深大发明的频率继电器，主要被用于海军潜艇上。在一次有关新兵器研制的战时军事研讨会上，井深大认识了索尼公司的另一位创始人，时任海军中尉的盛田昭夫。二战结束之后，井深大决定到东京发展。

1945 年 10 月，井深大和几名原公司同事在东京日本桥现为东急百货时名白木屋的三层一个狭小的配电室创立了索尼公司前身“东京通信研究所”。最初是井深大用自己的存款给大家发工资。为了公司生存，起步业务是做收音机的修理和改造（日本战时为了防止民众收听敌台，切除了民众收音机的短波），然后是研发电饭锅以及真空管电压表等。真空管电压表成功打入了政府市场。

1946 年，井深大决定将东京通信研究所改组为股份公司，请来已任东京工业大学教师的盛田昭夫加盟。盛田昭夫是经营酒业三百年的盛田家的长子，本应继承家族事业，但是得到了父亲盛田久作工门的许可，与井深大一起创业。1946 年 5 月 7 日，以电信设备和测量仪器研究制造为目的、资本金 19 万日元的东京通信工业株式会社（股份公司）正式成立。出任社长的是井深大的岳父前田多门，前田多门为此辞去了文部大臣职务。前田多门请其朋友、战时曾任金融统制会理事的田岛道治帮助筹集资金。田岛道治请来了当时的帝国银行（1942 年由三井和第一银行合并而成，现为樱花银行）会长（董事长）万代顺四郎予以支持。此时，井深大 38 岁，任董事，负责技术部门；盛田昭夫 25 岁，任专务，负责营业部门。

井深大是在战后日本一片废墟之上，怀揣“技术报国”的梦想而创立东京通信工业股份公司的。“要充分发挥勤勉认真的技术人员的技能，建立一个自由豁达、轻松愉快的理想工厂”，这是井深大在公司成立之初写在《成立宣言》中的一句话。关于业务宗旨，井深大在公司开业仪式上说，“如果我们做和大公司一样的事情，是无法与其匹敌的。但是，未被开发的技术比比皆是。我们要做大公司做不了的事情，以技术力量为祖国振兴添砖加瓦。”

（2）改名“索尼”：为了进军世界

1955 年 3 月，东京通信工业公司开发出第一代晶体管收音机之后，为了打开美国市场，决定起用“SONY”这一商标。盛田昭夫带着样品到美国推销。美国一家大公司（布劳巴钟表公司）提出可以订购10万台，但是要用这家美国公司的商标，因为美国没有人知道“SONY”。但是盛田昭夫坚持要使用SONY商标，放弃了这笔大生意。对方说：“有谁会知道SONY呀，我们是经历了五十年，才成为世界知名产品的。”盛田昭夫回答说：“那么五十年前，又有几人知道贵公司的大名呢？我们公司与五十年前的贵公司一样，现在刚刚迈出五十年的第一步。五十年后我们也会把SONY变得与贵公司一样有名，所以这宗买卖是谈不成了。”1956年，东京通信工业股份公司成立十周年，资本金从19万日元发展到1亿日元，员工人数扩大到483人。

起用“SONY”商标三年之后，1958年，东京通信工业股份公司正式改名为索尼股份公司（SONY株式会社）。当时东通工的磁带录音机已经占到日本市场91%的份额，对于日本人来讲，东通工是一个很通用的名字。但是一心要将公司发展成为“来自日本的世界企业”的盛田昭夫坚持改名，因为东通工翻译成英语发音和含义都很晦涩。对于各种反对者关于改名字的的疑问，盛田昭夫的回答就是“为了进军世界”。并且盛田昭夫坚持只用“索尼股份公司”这样一个名字，不同意加上如电子等行业限定词。从这一点来看，盛田昭夫明显比乔布斯更有“宏图大志”。乔布斯在 2007 年公司成立 31 年之后才将公司名称中电脑两字去掉，改苹果电脑股份公司为苹果股份公司。

佩奇和布林：谷歌的创建

1998 年，比尔·盖茨回答《被谷歌》一书作者肯·奥莱塔“你最害怕哪种挑战”的问题时回答说：“我害怕有人在车库里进行全新的发明。”这个时候，拉里·佩奇（Larry Page）和谢尔盖·布林（Sergey Brin）正在硅谷的一个地下车库里，做着这样的事情。

佩奇和布林都出生在 1973 年，都出自书香门第，都曾就读于以自由放任为特点的同一所小学。布林出生于苏联，6 岁时（1979 年）随父母移民到美国。佩奇出生于美国，1995 年进入斯坦福大学，在迎新会上认识了布林。1998 年，以他们攻读计算机科学博士学位所做出的研究成果——互联网搜索引擎，共同创建了谷歌公司。研究生宿舍成为谷歌的办公室，计算机和服务器也都放在这里。

与脸书可以限制开放注册学校的数量来控制流量和服务器压力，从而使其早期可以不需要太大的资金投入不同，谷歌的搜索引擎一开始就要处理巨大的数据流量，从而一开始正式运作就需要比较大的资金投入。

经斯坦福计算机科学教授乌尔曼介绍，佩奇和布林认识了通过网景公司发了财的天使投资人施拉姆（Kavitark Shriram）。施拉姆最初建议他们出售技术，他们接洽了几家公司，但是没有成功，其中包括创立于1995年、当时已经上市的雅虎公司。与改进搜索相比，当时雅虎更想成为一个门户网站。谷歌致力于快速提供给用户满意的搜索结果，使用户能最快地离开谷歌，而雅虎想要把用户更长时间地留在他的围墙花园之内，从而得到更多的广告收益。谁能发明后悔药，一定会成为世界首富。从老沃森到杨致远一定都会花巨资购买：前者当年拒绝了送上门的施乐，后者则没有收购谷歌。

1998年9月7日，首批融资后的谷歌公司正式成立，佩奇担任首席执行官和首席财务官，布林出任总裁和董事长。施拉姆提供了25万美元的天使资本，成为谷歌最早的三位董事之一。其他的原始投资人包括太阳微系统公司创始人，思科公司首席执行官，斯坦福计算机教授切瑞顿以及亚马逊创始人贝索斯，四人投入总计100万美元。谷歌公司以每月1700美元的价格，租下了两间地下车库和同样位于地下的两个房间。

2. 集体创业：卓越领导人的产生

个人创业者能够满足人们的英雄梦想，最受人瞩目；合作创业者，或是能够长时期保持合作关系，或是能够和平分手而不影响企业的后续发展，也容易引人关注。相比之下，那些集体创业者，则或是一开始就很容易被人忽略，或是后来该创业集体中的某一位成为卓越领导人而使其他人被忽略。

实际上，起步于集体创业并成就卓越的企业很多，包括 3M、金佰利、菲亚特和德意志银行等。相比个人创业者和合作创业者的企业，集体创业者的企业取得成功，更能彰显企业组织、公司制度和治理安排的重要性。

相比个人英雄企业和合作创业企业，集体创业企业一开始就股权相对分散，没有人能够完全凭借股权主导公司，只有靠能力实际领导公司创造价值，才能站得住。这类公司中，有效董事会从一开始就很重要。无论最终是创始股东之一还是职业经理人成为公司的主导者和关键领导人，都有一个试错过程，都需要有通过公司董事会进行的选择与裁决。

（1）从创始股东中产生卓越领导人

宜家、沃尔玛、亚马逊等个人英雄企业主导者从一开始就很清楚；微软、苹果和脸书那样的合作创业企业，很快产生了一位主导者，并演变为了个人英雄企业。惠普长时期里保持着两位合作创业者之间的平等合伙，在企业转型为职业经理人主导之后，两个创始家族还长期保持着相同的公司股份。相比之下，集体创业企业中主导者的产生则是一个更复杂的过程，也有着多种不同的路径。

相对简单的一种方式是如金佰利那样，是随着时间的演化，开始就相对地位高，并且又是最后还健在的创始人及其家族逐渐占据了公司的主导地位。

相对复杂一点的方式是如瓦伦博格集团那样，经过努力和争夺，从创始股东中产生一位主导者，此人往往是公司创始时的股东兼经理人。安德·瓦伦博格虽然只是

72位股东之一，但其5%的持股已经相对是大股东，并且出任首席执行官。

与瓦伦博格类似的是菲亚特。菲亚特创立时的出资人有8个，但是实际管理者是乔万尼·安杰利一世。在菲亚特股价大幅上涨之后，几位创始股东经不住财富暴涨的诱惑，抛售股票退出了公司，富有远见的乔万尼·安杰利一世则趁势买入，扩大了他的持股份额。

（2）从经理人中产生卓越领导人

金佰利、瓦伦博格和菲亚特是创始时的股东兼经理人成为公司主导者和关键领导人，德意志银行和3M公司则是经理人成为公司主导者和关键领导人。在一定意义上，IBM公司也是这种模式。

德意志银行的第一位总裁（管理董事会发言人）是格奥尔格·冯·西门子。从1870年开始，直到去世的前一年（1900年），他一直担任这一职务。格奥尔格·冯·西门子是西门子电气创始人的侄子，但出任德意志银行总裁完全是出于个人能力，属于职业经理人。

3M从一项判断错误的采矿决策开始，能够成功转型为一家卓越的高科技企业，有董事会制度的作用，有后续投资者的坚持等因素，但是最重要的是从公司助理簿记员做到公司总裁，在3M公司服务59年的麦克奈特的作用。麦克奈特不是3M公司的创始人，但他是3M公司的缔造者。

老沃森受聘C–R–T公司，缔造出IBM，与麦克奈特一样，是职业经理人成为卓越缔造者和关键领导人。不过，老沃森的起点要高一些。

金佰利的创始人们：从五位到四位

1872年，5名威斯康星商人集资3万美元，以合伙制形式注册成立了“金佰利－克拉克合伙企业（Kimberly, Clark and Co.）”，这就是今日世界纸质消费品行业领导者金佰利公司（Kimberly–Clark Corporation）的起源。

5位创始人都没有什么造纸业经验。约翰·A.金佰利（John A. Kimberly）出自当地望族，自己经营一家杂货店，并与父亲一起经营一家当地最大的面粉厂。查尔斯·B.克拉克（Charles B. Clark）是当地一个五金店的合伙人。第三位创始人巴布科克（Havilah Babcock）是金佰利家族杂货店和面粉厂的合伙人。第四和第五位，沙塔克（Frank C. Shattuck）和怀廷（George Whiting）都是推销员出身。他们决定进入造纸行业的动因来自当地于1864年成立的尼纳造纸厂的成功。

金佰利－克拉克合伙企业建造了一座用亚麻和碎棉布生产新闻纸的工厂，取名全球纸厂（Globe Mill），1872年10月22日正式投产。缺乏造纸经验的创始人们，在试图通过雇佣当过学徒的造纸工人来解决问题失败之后，聘请了尼纳造纸厂主管迈仑·海恩斯（Myron Haynes）来负责工厂管理，克拉克和金佰利则专注于财会、采购和销售。正是这位海恩斯在一次当地商人的聚会上，吹嘘造纸厂如何赚钱，激起了克拉克和金佰利等人进入造纸行业的兴趣。

1880年，为了避免商业风险带来太大的个人资产风险，金佰利－克拉克合伙企业改组为有限责任制的“金佰利与克拉克公司（Kimberly & Clark Company）”。公司股本40万美元，约翰·A.金佰利、克拉克、巴布科克和沙塔克各持有面值1000美元的100股股份。怀廷在金佰利－克拉克合伙企业成立后不久就退伙离开，与他人另外创立了一家造纸厂，成为当地的一个竞争者。因此在金佰利公司的官方网站上，已经没有了这位创始人的名字。

四位所有者兼管理者每人都亲身参与公司管理，分工不同但工资都是4000美元。金佰利出任公司总裁，巴布科克任副总裁，克拉克任公司秘书，沙塔克任会计。他们奉行相对保守的财务政策，常常用盈利投资工厂，而不是分红。1883年第一次分红，每人分得3000美元。1886年，在公司站稳脚跟并盈利后，董事会投票决议了10%的分红。他们决定完全控制公司，但是也愿意与其他管理者分享股权，这主要是在建立新的造纸厂时兑现的。

1906年，因为创始人离世引起所有权情况变化，重新组建了资本额为200万美元的“金佰利–克拉克公司（Kimberly-Clark Co.）”取代此前由几位合伙人共同投资创立，但是法律上各自独立的金佰利与克拉克公司、阿特拉斯纸业公司和特鲁拉纸业公司。此时，公司创始人只剩下了金佰利1人，另外3人已先后去世。原始股权由约翰·A. 金佰利和三位创始人的儿子掌握。三位创始者的儿子和3名经理人成为了公司董事，3位经理人也都拥有公司股份。

1907年开始，约翰·A. 金佰利虽然名义上还在担任公司总裁，实际上已经逐渐地不再参与日常管理，金佰利公司进入了第二代。

瓦伦博格集团的创始人与缔造者

瓦伦博格集团已经延续到了第五代，家族企业王朝创始人安德·瓦伦博格（André Oscar Wallenberg，1816–1886）是瑞典南部一位主教的儿子。在做过一段时间的商船船员和海军军官之后，他成为一位国会议员和新闻撰稿人，与时任瑞典财政部长关系密切，致力于把英格兰式银行理念引入瑞典。

1856年，安德·瓦伦博格联合72人作为股东，创立了斯德哥尔摩私人银行。这是斯德哥尔摩的第一家私人商业银行。尽管瓦伦博格本人只认购了银行5%的股份，但却被任命为管理董事（首席执行官），他的权力基础不是个人财富和资本，而是他的能力和关系网络。

尽管生逢其时，斯德哥尔摩私人银行的发展并非一帆风顺。当时正是瑞典的工业化时期，工商企业需要引进技术、资本和国际关系，这些正是瓦伦博格和他的银行所能提供的。但是，由于激烈的竞争和1878到1879年间的经济萧条与金融危机，斯德哥尔摩私人银行一度濒临破产。该银行是瑞典第一家打破原有银行业（瑞典银行）垄断的新兴银行，这刺激了其他一些银行的建立。其中一个重要竞争者是由在斯德哥尔摩私人银行中与瓦伦博格发生冲突的一批人退出后所建立的，这些人很不满瓦伦博格的家长式管理。

斯德哥尔摩私人银行通过吸纳近30个新股东和增资渡过了危机。这次危机使瓦伦博格吸取了两个教训，由此形成了以后瓦伦博格集团发展中的重要特征。一是对银行要有强有力的家族控制，二是要严格执行保守的财务政策。

实现强有力的家族控制包括股权和人员两个方面。因为5%的股权比例太低，致使自己的很多主张不能得到有力的支持，瓦伦博格将自己的股权比例提高到了20%。人员方面，瓦伦博格在其儿子昆特·瓦伦博格（1853—1938）年仅21岁时就将其吸收进了银行董事会和执行管理层。1886年安德·瓦伦博格去世后，昆特·瓦伦博格子承父业，接任了银行首席执行官职位。昆特·瓦伦博格也是一方面继续努力，将家族股份从20%提高到了40%，另一方面劝说他本想从事法官职业的弟弟老马库斯·瓦伦博格（1864—1943）放弃自己的职业理想，进入家族银行。

乔万尼·安杰利一世与菲亚特

（1）诞生于咖啡馆的图林意大利汽车制造公司

菲亚特帝国的创始人乔万尼·安杰利一世 1866 年 8 月 13 日出生于意大利小镇菲拉·佩洛莎（Villar Perosa）一个很有名望的农场主家庭，在 5 岁之时，其年仅 40 岁的父亲病逝。1889 年，乔万尼·安杰利一世以骑兵中尉的军衔从摩那德军事学院毕业。在军校学习时，乔万尼就对工程和物理感兴趣，毕业后在佛罗那建立了一个小工作室，研制发动机。现在瑞典的斯福克（SFK）滚珠轴承厂是乔万尼当年所创建的第一个工厂，当时名为瑞福（RIF）。在瑞福公司的生产走上轨道之后，乔万尼聘请了一位总管，负责打理瑞福公司及乔万尼的农庄。乔万尼自己开始梦想制造汽车，为此，1891 年来到了图林。

布瑞洛咖啡馆是当时时尚和精英人士的聚会场所，作为新生事物的汽车，是这里的人显摆和讨论的一个重要对象。他们的讨论逐渐具体，何种品牌的汽车具有生命力，是应该向少数富人提供豪华型汽车，还是应该发展大众型汽车？应该采取什么样的形式组织这种生产？1899 年 7 月 1 日，布瑞洛咖啡馆里的八位意大利绅士决定共同组建一个公司："图林汽车设计和销售公司"，不久后他们将公司名称改为"图林意大利汽车制造公司"，简称 FIAT——菲亚特。菲亚特的正式成立时间比福特汽车公司早 4 年，初始资本金额 80 万里拉也比福特的 1 万美元（当时约合 5 万里拉）多出很多。

（2）乔万尼·安杰利一世：缔造菲亚特帝国

菲亚特创立时的出资人有 8 个，但是工厂的实际管理者始终是乔万尼·安杰利一世。到 1906 年前后，菲亚特已经从最初的 150 名员工发展到了约有 1500 人，当年利润总额达 200 万里拉。乔万尼·安杰利开始不满于仅仅是股东之一，他要强化自己对公司的控制。这一年，菲亚特的股票开始上市交易，股票市值总额约 900 万里拉。由于快速增长的盈利，菲亚特股票深受追捧，价格很快从初始的每股 100 里拉上涨到 1885 里拉，几位创始股东经不住财富暴涨的诱惑，抛售股票退出了公司，而富有远见的乔万尼·安杰利一世则趁势买入，扩大了他的持股份额。

菲亚特股票的交易火爆，遭到监管机构的怀疑，1907年图林市检察院开始就乔万尼·安杰利一世是否编造了虚假财务报告、操纵菲亚特公司股票进行调查。到 1908 年 8 月，由于检察机关的严重怀疑，乔安尼·安杰利一世和菲亚特公司行政委员会的全体成员不得不集体辞职。但是在一年以后，检察机关拿不出乔万尼·安杰利一世有罪的证据，乔万尼·安杰利以公司总裁的身份重返菲亚特公司，这时公司的主要股东只剩下包括他自己在内的 3 位了。乔万尼到底是如何最终独揽菲亚特大权的，已经是历史之谜。意大利也是个关系型社会。许多人认为乔万尼·安杰利的“菲亚特股票运作”最终无罪，可能与他和在 1892 年到 1921 年之间曾 5 次出任意大利总理的乔万尼·乔利蒂提过从甚密有关。

乔万尼·安杰利一世重返菲亚特之后，凭借与政府的密切关系，菲亚特得到了快速发展。随后的第一次世界大战中，菲亚特又赚得盆盈钵满。这时，菲亚特已经成为意大利最成功的企业之一，全国排名第三。

格奥尔格·冯·西门子与德意志银行

（1）一群私人银行家联合创立的股份公司制银行

1870年3月10日，普鲁士国王批准了其股份公司章程，德意志银行（Deutsche Bank AG）正式成立。4月9日，德意志银行在柏林开始营业。最先提出组建德意志银行的是私人银行家德尔布吕克（Adelbert Delbr ück）和自由主义政治家及货币专家班贝格（Ludwig Bamberger）。最初认购德意志银行股份的是包括德国一些领导性的银行家在内的总计76人，他们提供了德意志银行最初成立时的总计500万塔勒股本（thalers，当时欧洲流行的一种银元，500万塔勒约等于1500万马克）。由于当时为德国外贸提供金融服务的主要是英国和法国的银行，创建者们取名德意志银行，是要表明现在开始将由德国银行承担这一角色。

1870年成立伊始，德意志银行的股票就在柏林股票交易所上市交易，1880年又在法兰克福股票交易所上市。1970年代以后，德意志银行开始陆续在一些国际大股票交易所上市：1974年巴黎股票交易所，1976年伦敦股票交易所，1978年布鲁塞尔股票交易所，1989年东京股票交易所，

2001年纽约股票交易所。

1870年到1945年之间，德意志银行的总部一直在柏林。二战后德意志银行被分解，1957年3月2日，重新走到一起的德意志银行把总部设在了法兰克福。德意志银行最早的国内分行是1872年的洪堡分行和1886年的法兰克福分行，最早的国外分行是1873年建立的上海分行和横滨分行。

由于在纳粹统治时期积极参与了“雅利安化”活动（没收及强制出售犹太人的财产和企业），德意志银行在1947年被分解为10家，1948年9月30日已由柏林迁至汉堡的德意志银行总部被撤销。1952年德国颁布《大银行法》，10家德意志银行的继承机构被整合成了三家：位于汉堡的北德意志银行，位于杜塞尔多夫的莱茵－威斯特法伦银行，和位于慕尼黑的南德意志银行。

德意志银行的分解，与战后日本解散财阀不同。日本的解散财阀，强制收购了财阀家族的股权转卖给公众，并禁止原财阀家族成员和财阀企业的部分高管在企业中任职。这样，日本原同一财阀系企业后来重新组合到一起，主要凭借的是一种文化和感情联系。德意志银行的股东和高管们，在这一分解的过程中并没有受到太大的实质损害，这也就使德意志银行的历史没有被彻底地割裂。1952年起，三家源自原德意志银行的兄弟银行的董事们就总是一起召开管理董事会会议，致使法律上分割的三家，实际运作上已经融合为了一家。1957年，这三家银行正式合并为新的德意志银行，只是法律形式对实际存在的一种追认。

（2）德意志银行的首位总裁：职业经理人西门子

德意志银行的第一位总裁（管理董事会发言人，行使近似于总裁的职责）是格奥尔格·冯·西门子（Georg von Siemens），担任这一职务三十年。到2002年阿克曼（Josef Ackermann）出任德意志银行董事会发言人为止，142年间德意志银行共经历有18位总裁。1967 ~ 1969年和1976 ~ 1988年，德意志银行有过两个双管理董事会发言人时期，这样实际是16任总裁。

格奥尔格·冯·西门子1839年10月21日出生，1870年开始，直到其去世的前一年（1900年），一直担任德意志银行管理董事会发言人。格奥尔格·冯·西门子是大名鼎鼎的西门子电气（当时名为Siemens & Halske，西门子—哈尔斯克公司）创始人维尔纳·冯·西门子（Werner von Siemens）的侄子，他父亲是律师和普鲁士王朝的文官。格奥尔格·冯·西门子进入西门子—哈尔斯克公司工作后，被委任负责建设从伦敦到加尔各答的印欧电报线路的谈判工作。这项工作中，年轻的西门子表现出的卓越谈判能力引起了德意志银行共同创始人德尔布吕克（传统私人银行Delbr ück Leo & Co. 的总裁）的注意。这时，德尔布吕克和班贝格正在致力创建德意志银行，并寻找德意志银行的管理董事会成员。尽管到那时为止，西门子毫无银行从业经验，但是德尔布吕克还是极力推荐他出任德意志银行的首任管理董事会发言人。为此，他们另外安排了一位富有经验的银行专家赫尔曼·沃利什与西门子一起工作。

西门子是从一个完全不同的领域，带着极大的自信、精力和扩张计划，加入到德意志银行中来的。他与那些传统的主要立足于个人资本的私人银行家不同，他是个雇员，一个银行经理人，一种全新类型的银行家。他给这些作为股东出资创建了德意志银行的私人银行家们，带来了迥然不同的语言及行事风格。

到1900年，在西门子的领导之下，经过三十年的时间，德意志银行成为德国最大的银行，并向世界最大银行进军。德意志银行不仅超越德国所有的私人银行，也超越了另外几家与德意志银行同期成立甚或更早成立的德国股份公司制银行，如由戴维·汉瑟曼于 1851 年创立的德国贴现银行，以及同为 1870 年创立的德国商业银行和 1872 年创立的德累斯顿银行，成为德国金融业无可争议的第一。

奥博、奥德威、麦克奈特与3M公司

（1）从错误中开始

1902 年 6 月 13 日，五位创始人签署了公司章程，共出资 5000 美元，每人 1000 美元占 1000 股，在美国明尼苏达州双港镇（Two Harbors）创立了明尼苏达矿业和制造公司（Minnesota Mining and Manufacturing Co.），即 3M 公司。

亨利·布赖恩(Henry S. Bryan),赫尔曼·卡博(Hermon W. Cable)，约翰·德万(John Dwan)，威廉·麦格纳高(William A. McGonagle)，J. 丹利·巴德（Dr. J. Danley Budd）等五位合伙人中，有一位律师、一位医生、两位铁路经理和一位肉铺老板，并无一人有矿业和制造业的经验。他们的创业冲动来自当时该地区正因为矿藏而繁荣。与其他梦想开矿致富的创业者们一样，“先成立起公司，然后才进行调查研究”。与其他人不同的是，他们在面临失败时，坚持把公司发展下去，最终将他们的投入转变为一项有利的风险投资。这五位创始人中只有双港镇的律师德万在有生之年从公司赚了些钱，但是他们都作为 3M 公司的创始人而被历史铭记。最初，公司总部就设在德万的律师办公室。

3M 的五位创立者购买了他们认为蕴藏着金刚砂的水晶湾矿。金刚砂可被用来制造市场需求非常大的工业磨料（砂纸上的砂粒和砂轮研磨剂），比当时用的石榴石要好，预计只要把采出的金刚砂卖给砂轮制造者就可大赚其钱。但是很快发现，这些矿石并非金刚砂，而是价值很低的钙长石，其硬度还不如石榴石，并不适合于制造砂粒和砂轮研磨剂。1904 年底，3M 公司股票在当地酒吧里两股才能换一杯最廉价的威士忌。

1904 年 11 月，董事会每天都在开会，寻找解决之道。创立者们决心不放弃公司，员工也同心协力。合伙人们决定削减自己的薪水，直至取消，还要个人再出资给员工发工资，以便把公司维持下去。最后公司接受了一位来自明尼苏达州首府圣保罗的名为埃德加·奥博（Edgar B. Ober）的投资者的建议，决定脱离采矿业，转向制造砂纸和砂轮。

（2）奥博的坚持和奥德威的耐心资本

奥博高中毕业后成为一家铁路公司的职员。努力工作的奥博不断得到提升，但这一工作满足不了他的雄心。当有机会买入了 5000 股 3M 公司股票后，他对公司充满信心和希望，他认为随着美国的工业化，3M 可以凭借工业研磨产品发展壮大。为了转向砂纸制造，公司需要融资支付其债务，并建设砂纸工厂。奥博找来了他的富商朋友卢修斯·奥德威（Lucius P. Ordway）——圣保罗一家铅管制造企业的合伙人。奥德威 21 岁从布朗大学毕业后来到了圣保罗市，开始经商。在奥德向他提出投资邀请时，他已有身家近百万美元。

1905 年，奥德威在确信不需要他介入日常运营的条件下投资了 2.5 万美元，同时有几位创始人兑换掉了他们的股份，奥博和奥德威合计占到了 3M 公司 60% 的股份，奥博接替了最初五位投资者中的亨利 · 布赖恩，出任公司总裁。又在德卢斯市购买了一个旧面粉磨坊，将其改造成了一个砂纸厂，公司办公地也搬迁到了德卢斯市。奥博在担任公司总裁的前 12 年里，没有领取薪水，卡博和德万两位坚持下来的创始合伙人也没有领取薪水。

没有奥博的坚持可能就没有 3M 的继续存在，没有奥德威的耐心和资本，也同样不会有3M的继续存在。尽管销售开始增长，3M还是需要资金投入。两年内，奥德威又向公司投入了20万美元。1906年，奥德威开始介入公司日常管理，出任公司总裁，亲自批准每一笔付款。奥德威虽有心退出，但是找不到合适的人能够购买他所占的绝大部分股份。毫无价值的矿藏，差劲的产品质量，激烈的市场竞争，每一项都足以毁灭当时的3M。1909年，对3M公司前景更有信心的奥博重新出任了总裁，并且一直任职到1929年。

（3）麦克奈特：3M公司的缔造者

麦克奈特（William L. McKnight，1887.11.11—1978.3.4）出身于南达科他州的一个农民家庭，在3M公司所在地的德卢斯商学院就读。由于家境贫寒，1907年5月，未满20岁的麦克奈特在还差半年才毕业的时候，就受聘于3M公司担任助理簿记员，周薪11.55美元。麦克奈特个性内向、不爱说话，但善于思考，勤奋耐劳。他说，“我知道自己并不比别人聪明多少，但我投入的时间要比别人多得多。”

1909年，麦克奈特成为3M公司的第一位成本会计，两年后出任芝加哥销售办公室主任。1914年，奥博提升麦克奈特为主管公司生产和销售的总经理，越过了两位更为年长和更有经验者。1916 年，29 岁的麦克奈特出任公司副总裁，并最终于 1929 年正式接替了奥博，就任 3M 公司总裁。1916 年，公司创立 14 年之后，实现了每股 6 美分的首次分红。同年，麦克奈特创建了公司第一个质量实验室，由此开启了 3M 注重产品质量、创新和研发的成长历程。

麦克奈特担任总裁 20 年之后，1949 年转任董事会主席，任职到 1966 年。从 1966 年开始，3M 公司领导层进入了 5 年左右一届的有序更替时代。这些人在出任到最高职位之前，多数都是前任总裁，职业升迁路径基本是总裁、运营总裁或美国业务总裁——总裁兼首席执行官——董事会主席兼总裁及首席执行官。

麦克奈特在 3M 公司服务 59 年，令 3M 公司声誉卓著，他自己却默默无闻。这一鲜明反差，刺激了《基业长青》两位作者的高瞻远瞩公司和对照公司比较研究，并得出如下论断：伟大公司无需伟大构想，更无需魅力型伟大领袖，公司组织本身才是终极创造。来源于自身历史而形成的文化基因和自觉形成的一系列内部机制和政策，使 3M 公司作为一个组织已经超越了个人，成为了柯林斯和波拉斯所称谓的“一部突变机器”，不论谁来当首席执行官，都会继续前进。

3. 合力与持续创业

从一人创业、两人合作创业到多人集体创业，天才的因素越来越少，规则的作用越来越大，而最为彰显组织规则作用的创业类型是合力与持续创业。

一人创业、两人合作创业和多人集体创业之间的区别是创业之初，作为公司创始人的人数不同。合力与持续创业，与一开始就明确地两人合作创业或多人集体创业不同，这类公司的最后成功创立和缔造，是经过多人和一连串事件之后才有的结果。传统企业中，这类公司的一个典型代表是可口可乐和美国运通。当代企业中，特别是IT和高科技行业中，这类公司很多，英特尔和Twitter是两个典型。

从可口可乐的一瓶水中，走出两个世界500强企业；从一箱怀表邮购开始的西尔斯，成长为美国商业景观的象征；开始于一项判断失误的采矿决策的3M，成长为世界最有创新能力的高科技企业。百年企业的发展是一场接力比赛，每一棒都很重要，都不能断，但是要有关键几棒创造优势而胜出。

作为一个组织，企业的成功要靠合力。惠普、英特尔和谷歌都是合力制胜，不是一个人的故事。惠普之道，休利特和帕卡德，一山二虎平等合作。英特尔从肖克利的叛帮八人组到仙童公司，再到英特尔的三驾马车：诺伊斯、摩尔和葛洛夫。苹果公司的乔布斯、沃兹、马库拉和库克，微软公司的盖茨、艾伦和鲍尔默，谷歌公司的布林、佩奇和施密特，技术天才、管理大师、灵魂人物、核心人物及铁腕执行型人物都很重要，但最重要的还是这些精英人物之间的有效合力和持续接力。

可口可乐：发明人、创始人和缔造者

可口可乐公司的百年成功，是从彭伯顿发明可口可乐饮料开始，到坎德勒收购可口可乐专利、创建可口可乐公司，再到伍德罗夫把可口可乐公司缔造为一个强大的企业帝国的合力与持续创业过程。

（1）发明人约翰·彭伯顿

最初的可口可乐是一种专利药剂和冷柜饮料，发明人约翰·彭伯顿是那个游医时代的一位医生和药剂师，在他开始进行发明可口可乐的实验时，已经 54 岁了。彭伯顿 1831 年出生于佐治亚，1850 年毕业于佐治亚南方植物医药学院。1855 年开始，彭伯顿与不同的合伙人合作经营药店，赚了一些钱财，但没有积蓄下来——不是用于做发明新药物的实验，就是馈赠给了亲友。

在提炼“可口可乐”这种据称具有很多医药功效的药剂饮料有了眉目之后，1855 年 12 月，彭伯顿与贩卖彩印机的鲁滨逊和多伊，及他的一位老搭档霍兰等四人合伙成立了“彭伯顿化学公司”。彭伯顿投入其技术和实验室，鲁滨逊和多伊投入他们的彩印机，霍兰投入了资金，四人平分股权。是鲁滨逊想出了“可口可乐”这个名字。1886 年 5 月 29 日，他们在《亚特兰大日报》上打出了可口可乐的第一幅广告：“可口可乐，可口！清新！快乐！活力！该新潮饮料含有神奇可卡叶和著名可拉果成分。”

1887 年 6 月 6 日，彭伯顿个人申请了“可口可乐”专利，6 月 28 日获得了专利权。随后，7 月 8 号，彭伯顿瞒着其合伙人将可口可乐三分之二的专利权卖给了其他人。彭伯顿化学公司马上陷入了一系列的诡计、欺骗和混乱之中。彭伯顿又向其他人再次出卖可口可乐专利权，彭伯顿的儿子也介入争夺。几经周折，尘埃落定，可口可乐专利权完全落到了艾萨·坎德勒的手中,他总计为此支付了2300美元。彭伯顿于1888年8月16日去世,享年57岁。他的独子酗酒,6年后死去。他的遗孀后来成为乞丐了其一生。

(2)公司创始人艾萨·坎德勒

艾萨·坎德勒1851年12月30日出生，由于美国内战，几乎没有受过什么正规教育。1870年，坎德勒以药店学徒开始了他的职业生涯。1877年3月，还不满26岁的坎德勒和霍尔曼共同买下了他们老板霍华德的一个柜台。坎德勒还不顾霍华德的反对,娶了这位前老板的女儿露茜。1881年,坎德勒买下合伙人霍尔曼的权益，第二年又与霍华德合伙开药店。1886年，坎德勒又买下了霍华德的权益，成立了艾萨·坎德勒公司，经营药酒、碘酒一类的专利药剂。

坎德勒不是彭伯顿那样的发明家，却是一位推销高手——顾客不满意保证退款。1888年坎德勒控制了可口可乐的专利权之后，开始经营可口可乐。1890年，他加大了对可口可乐的宣传，销量比上年增长了4倍，这使他下决心放弃药店生意，全力投入到可口可乐之中。

1892年1月29日，可口可乐股份公司正式组建，公司股本总额为10万美元，划分为每股面值100美元的1000股。坎德勒以其所拥有的可口可乐专利权作为出资，占500股。从与彭伯顿化学公司的纷争之后开始帮助坎德勒的鲁滨逊占10股。1892年，坎德勒为了筹集资金，把余下的490股出售给了两个投资者。

有关可口可乐的专利权、商标权等各种纷争问题全部解决，股权和财产边界都界定清晰的可口可乐公司正式成立之后，业务开始迅速发展起来。不过在其前20年里，设于亚特兰大的公司总部的人数都没有超过30人。

这时候的可口可乐公司实行薄利多销，不是把饮料直接出售给消费者，而是出售浓缩原浆给分销商和冷饮柜台商。为了鼓励经销商们多卖可口可乐，1897年制定出了一套按销售数量给经销商回扣的方案——当时可口可乐原浆的价格是每加仑1.50美元，经销商卖出100加仑会得到每加仑0.05美元的回扣，卖出2000加仑及以上会得到每加仑0.25美元的回扣。

这时坎德勒的两大得力干将是多布斯和鲁滨逊。多布斯是坎德勒的侄子，17 岁就开始为坎德勒工作，现在负责可口可乐公司的销售。鲁滨逊则是从彭伯顿化学公司时代就开始了其可口可乐生涯，现在负责广告。

（3）创始人家族的退出

早期的可口可乐只是出售原浆给冷饮柜台，由冷饮柜台调制成杯出售。1899 年 7 月 21 日，在律师兼商人托马斯和怀特海德两人的持续劝说下，坎德勒与他们签订了瓶装可口可乐的授权合同。这份 600 字的合同约定可口可乐公司按每加仑 1 美元的价格向托马斯和怀特海德两人供应原浆，并提供宣传品。坎德勒并不看好瓶装可口可乐的前景，他的想法是，瓶装成功了的话，可口可乐公司可以卖出更多的原浆；失败了的话，可口可乐公司没有一分钱的损失。合同没有约定时间期限，并只是象征性地收取了 1 美元的授权费。合同也没有约定原浆配料成本改变之后，如何调整原浆价格。在随后的半个多世纪里，双方围绕这份合同产生了大量的法律纠纷，最终可口可乐公司花费上千万美元买回了这份 1 美元发出去的“瓶装授权”。但是，另一方面，就是基于这样一份简单的合同，在可口可乐公司没有任何先期投入的情况下，诞生出了最终改变可口可乐业务结构的瓶装体系。可以说，是托马斯和怀特海德这两位律师出身的商人，把可口可乐带给了大众，也同时塑造了美国商业特许权授予体系的原型。在由此发展出来的可口可乐瓶装商体系中，最终诞生出世界 500 强企业之一的可口可乐企业公司。

尽管坎德勒坚持认为可口可乐是一种高级的冷饮柜台饮料，但是他很随性地发出的瓶装授权，却开启了可口可乐的平民化和大众化浪潮，并由此给他带来了滚滚财富。用这些财富，坎德勒创建了坎德勒投资公司，购买大量地产，并创建了中央金融信托公司等。可口可乐公司及各种其他投资的成功，使坎德勒成为亚特兰大举足轻重的人物，并于 1916 年 12 月当选为亚特兰大市长。

坎德勒的长子霍华德 · 坎德勒，在 1899 年 21 岁时就加入了可口可乐的推销员队伍，1916 年 1 月接替坎德勒，出任可口可乐公司总裁。这时有财团提出要以 2500 万美元的价格收购可口可乐公司，但是握有绝对控制性股权的坎德勒不同意。1917 年 12 月，身体状况欠佳的坎德勒夫人露茜担心她死后家族财产会被坎德勒后娶妻子控制或者会被坎德勒捐赠出去，劝说坎德勒把他所持可口可乐公司股票几乎全数转给了他的孩子们（他本人只保留了 7 股）。

从一开始就帮助坎德勒打理可口可乐事务的侄子多布

斯，对于后进入公司的堂兄弟霍华德掌管公司，难免心有不服。1919 年 8 月，由于多布斯从中撮合，时任佐治亚信托投资银行行长的欧内斯特·伍德罗夫为幕后主谋的一个财团，以 2500 万美元的总价，从坎德勒的孩子们手中收购了可口可乐公司的全部股份。在孩子们签署出售合同之后，坎德勒才知道这一结果，虽然震惊不已，但已无力挽回。这时坎德勒已经从亚特兰大市长的位置退下，可口可乐公司又被孩子们背着他卖了出去，他在孤独中度过了十年之后，1929 年去世，享年 78 岁。

原注册地在佐治亚州的可口可乐公司被重组为注册地在特拉华州的可口可乐公司，8 月 26 日可口可乐公司股票公开上市。多布斯出任公司总裁，霍华德任董事会主席，但是实权掌握在由欧内斯特·伍德罗夫、斯特森（收购财团重要成员之一挚信信托银行的副行长）和多布斯等 3 人组成的一个"投票表决权受托人"小组手中。

欧内斯特·伍德罗夫总想实际操控可口可乐公司，甚至想把由瓶装授权所产生的一个庞大的可口可乐瓶装公司和众多瓶装厂，都通过换股统一重组在一个庞大的可口可乐公司之中。多布斯不堪摆布，双方频繁冲突。1920 年 7 月，刚担任总裁一年时间的多布斯被罢免，董事会重新任命霍华德为总裁。霍华德的总裁位置坐到了 1923 年 4 月，欧内斯特·伍德罗夫的儿子罗伯特·伍德罗夫——掌控可口可乐半个多世纪的可口可乐帝国缔造者出任接替了他。虽然霍华德作为可口可乐公司的董事和顾问（顾问委员会主席），为可口可乐公司服务到了 1957 年去世为止，但是在所有权和控制权这两个层面上，作为创始人的坎德勒家族都已经从可口可乐公司退出了。

（4）帝国缔造者伍德罗夫

罗伯特·伍德罗夫，1919 年从坎德勒家族手中收购了可口可乐公司股权的欧内斯特·伍德罗夫的长子，1889 年 12 月 6 日出生。经过几份不太顺利的工作之后，罗伯特·伍德罗夫找到了怀特汽车公司推销员的工作，并很快干到了副总裁的位置，年薪 7.5 万美元。作为怀特公司副总裁，罗伯特加入了佐治亚信托银行董事会，在 1919 年的可口可乐公司重组中购买了一些可口可乐公司股票。在 1923 年可口可乐公司董事会对霍华德感到不满，提出要以 3.6 万美元年薪聘请罗伯特·伍德罗夫出任总裁时，标准石油公司也要聘请罗伯特·伍德罗夫出任总裁并许诺 25 万美元的年薪。由于手中握有当时市场表现不好的 3500 股可口可乐公司股票，为了收回这笔投资，罗伯特·伍德罗夫决定接受可口可乐公司总裁的工作。罗伯特·伍德罗夫提出，要拥有完全自由的作为总裁的决策权，即不能像他的两位前任那样受欧内斯特·伍德罗夫的干预和操纵。从1923年7月正式上任开始，罗伯特领导可口可乐公司60年，是产品发明人彭伯顿和公司创始人坎德勒之后，可口可乐的第三位英豪：帝国缔造者。

罗伯特·伍德罗夫上任可口可乐公司总裁之后，把一种近乎军事化的精确严密的管理模式，运用到了这个基本上仍是家族式管理的企业中，坚持每一方面都运用规范的程序和步骤。伍德罗夫推动可口可乐生产的标准化，建立冷饮柜员培训学校和瓶装商标准化委员会。从1920年代可口可乐就开始向海外发展，但并不很成功。真正让可口可乐走向全球的是第二次世界大战。珍珠港事件后不久，伍德罗夫就下达了一项特别命令：不管美国军队在什么地方，也不管公司要花多少成本，一定要让每个军人只花5美分就能买到一瓶可口可乐。二战之后，可口可乐公司继续在全球扩展。可口可乐每到一个国家，都首先找一个有经济实力和政治影响力的当地社会名人做瓶装商，然后把主要雇员送到美国进行8个月的全面培训。

1955 年，65 岁的罗伯特 · 伍德罗夫宣布退休，只是担任了一个公司新创立的金融委员会的主席职务，但是事实上直到 1985 年 3 月 7 日以近 96 岁的高龄去世为止，伍德罗夫都实际掌管着可口可乐公司的大政方针，他是事实上的“老板”。这期间，可口可乐公司经历了比尔 · 鲁滨逊（1955—1958）、李 · 塔利（1958—1962）、保罗 · 奥斯汀（1962—1971）、查里斯 · 邓肯（1971—1974）和卢克 · 史密斯（1974—1979）等多位总裁。其中，只有保罗 · 奥斯汀在一定程度上担当起了公司真正总裁的角色，并且在 1974 年之后作为董事会主席还实际掌管着可口可乐公司的重要事务。但是最后的结果仍然是，罗伯特 · 伍德罗夫出面要求奥斯汀退位。1981 年 3 月，董事会任命罗伯特 · 戈伊祖塔出任可口可乐公司董事会主席兼首席执行官。

罗伯特 · 戈伊祖塔成功地领导可口可乐推出了很多新产品，并最终通过收购和重组等方法，解决了历史遗留下来的可口可乐瓶装厂商问题。1986 年，由可口可乐公司自己拥有的瓶装厂和收购来的瓶装厂商组建可口可乐企业公司。可口可乐企业公司随后又对其他瓶装厂商进行了一系列的收购，进入了世界 500 强。

美国运通的创始人与缔造者

（1）三家竞争公司合并，创建美国运通

美国运通公司创建于1850年，为避免恶性竞争，由三家快递公司合并而成。

1830年代，波士顿商人威廉·哈恩登（William Harnden）在纽约创建了哈恩登包裹快递公司（Harnden's Package Express），经营纽约到奥尔巴尼之间的快递业务。1840年，在伊利运河航道上从事货物代理和票务代理的亨利·韦尔斯（Henry Wells）加入了哈恩登快递公司。

在说服哈恩登开设奥尔巴尼－布法罗快递线路未果后，韦尔斯劝说他的朋友乔治·波默罗伊（George Pomeroy）于1841年开设了经营奥尔巴尼－布法罗之间快递业务的公司。在投资人克劳福德·利文斯顿（Crawford Livingston）的支持下，韦尔斯接管了波默罗伊公司，更名为利文斯顿－韦尔斯公司（Livingston, Wells & Co.）。1842年，威廉·法戈（William George Fargo）加入了利文斯顿－韦尔斯公司。韦尔斯开设了由威廉·法戈负责管理的布法罗到芝加哥的快递线路。

1845年，哈恩登去世后，韦尔斯把纽约到奥尔巴尼的

线路纳入到了他的经营范围，并把公司总部搬到了纽约市。1848 年克劳福德 · 利文斯顿去世，公司名称改为了韦尔斯公司（Wells & Co.）。在此期间，韦尔斯把西部线路的股份卖给了威廉 · 法戈和克劳福德 · 利文斯顿的兄弟威廉 · 利文斯顿，并向两兄弟的堂弟约翰斯顿 · 利文斯顿出售了公司的部分股份。

韦尔斯公司快递业务的成功引来了竞争者的进入。1849 年，马车运输商人约翰 · 巴特菲尔德（John Butterfield）和詹姆斯 · 沃森组建了巴特菲尔德 – 沃森快递公司（Butterfield, Watson & Co.）。经过一段削价竞争之后，双方开始议和。韦尔斯公司西部线路出售给威廉 · 法戈和威廉 · 利文斯顿后改组成立的利文斯顿 – 法戈公司（Livingston, Fargo & Co.）也加入了进来，三家公司合并成为了美国运通公司。

1850 年 3 月，美国运通公司创立，股本总额为 15 万美元，划分为 1500 股，每股 100 美元。巴特菲尔德以 225 股、占股本总额 15% 的比例成为公司最大股东。韦尔斯和威廉 · 法戈各约有 100 股。公司控制权置于整个董事会之手，既不能允许巴特菲尔德也不能允许威廉 · 法戈说了算。组成董事会的 7 位成员来自三个前身公司，相应形成了三派：巴特菲尔德和沃森，威廉 · 法戈和威廉 · 利文斯顿，约翰斯顿·利文斯顿、詹姆斯·麦凯和亨利·韦尔斯。为了保持三派之间的权力平衡，还规定了一个董事会特别委员会制度，在董事会做出决策之前，要将重要问题交给一个特别委员会处理，这个委员会由各派的各一人组成（《美国运通》第34页）。

亨利·韦尔斯出任公司总裁，巴特菲尔德为副总裁，威廉·法戈为公司秘书。韦尔斯出任总裁，有其在快递业上资历最久的因素，但也有派系力量平衡方面的原因。三个公司在法律上合并为一个公司，并且成立了对整个公司进行控制的统一的董事会，但是在业务层面上并没有完全整合。在东部地区经营的巴特菲尔德－沃森公司和韦尔斯公司合并为了一个实体，取名韦尔斯－巴特菲尔德公司（Wells, Butterfield & Co.），在西部地区经营的利文斯顿－法戈公司仍然保留独立身份。这就使控制东部地区业务的巴特菲尔德和控制西部地区业务的威廉·法戈成为公司的两大实力人物，而亨利·韦尔斯则是双方都能认可的平衡性角色。

（2）威廉·法戈和詹姆斯·法戈：美国运通的缔造者

1867年，美国运通再一次面临1850年时的情况，出现了无法消灭掉的强有力竞争对手。这次是商人联合快递公司（Merchants Union Express）。在经过了一段时间的激烈竞争和协议停战之后，双方选择合并，组建了美国商人联合快递公司（American Merchants Union Express Company），几年之后公司名字又改回美国运通公司。

在 1850 年韦尔斯公司、巴特菲尔德－沃森公司和利文斯顿－法戈公司三家竞争者合并组成美国运通公司时，韦尔斯选择了守势。他虽然担任总裁，但实际退出了业务管理，只是承担一种力量平衡的角色。但是 1867 年这次与商人联合快递公司合并组成资本金高达 1800 万美元的新美国运通公司后，美国运通公司历史上第一位强有力的领导人出现了，他就是威廉·法戈。

亨利·韦尔斯于 1842 年把威廉·法戈带入了快递行业，并向威廉·法戈出售了西部线路的股份，使威廉·法戈在快递业拥有了自己的天地。亨利·韦尔斯在面对巴特菲尔德的强力竞争时，选择妥协、合并，促成了美国运通公司的创建。威廉·法戈在面临商人联合快递公司的强力竞争时，也同样选择了妥协、合并，促成了一个规模更大的新美国运通公司的出现。但是，和亨利·韦尔斯不同的是，威廉·法戈在公司合并之后，加强了自己对公司的控制。

由于主张合并而不是强硬竞争，威廉·法戈得到了合并双方的认同，出任了合并后新美国运通公司的总裁。在他的竞争对手们或病或亡而离开美国运通权力中心之后，威廉·法戈取得了对美国运通公司的绝对控制权，并结束了一个争吵不休的董事会对美国运通公司的控制。1869 年，威廉·法戈的弟弟詹姆斯·法戈成为公司董事、助理财务官和快递运营总管，另外一个弟弟查尔斯·法戈成为美国运通公司西部区负责人，并于 1875 年也进入了公司董事会。威廉·法戈创建了有 5 位成员的公司执行委员会，负责公司政策制定，他本人和他的弟弟詹姆斯·法戈都是成员。

在巩固住对美国运通公司的控制之后，威廉·法戈本人把兴趣转向了铁路投资，他的弟弟詹姆斯·法戈担负起了实际管理美国运通公司的责任。1881 年威廉·法戈去世之后，美国运通公司董事会推选詹姆斯·法戈出任了董事会主席。詹姆斯·法戈领导美国运通公司长达 33 年，奠定了作为一家金融机构的现代美国运通公司的核心产品和基础架构，并使美国运通公司从一家快递公司转型为旅行者服务公司。

美国运通公司从一家快递公司发展成为一家金融机构和旅行者服务公司，最初的起点只是现金承运。早期的银行私人支票只是为富人服务的，普通民众通过美国邮政局和快递公司直接递运小额现金，快递公司占据了主要的市场份额。美国邮政局为了防止邮递员窃取信件中的现金而创办了邮政汇票，这对快递公司的现金承运业务形成了严重挑战。

1881 年，詹姆斯·法戈新官上任后的第一把火就是决定创建运通汇票，以回应挑战。其实早在 1857 年，美国运通公司董事会上就提出了创建汇票系统的问题，但是当时公司董事会中的宗派斗争（任何新业务的引入都会意味着某一派系的权力增长），使这一创新性想法胎死腹中。1882 年上半年，美国运通公司正式推出了汇票产品。1891 年 3 月，美国运通公司推出了旅行支票。由于有汇票在先，美国运通的旅行支票一推出就有了信誉基础。旅行支票在汇票的基础上，使得美国运通从一家快递公司转型为金融公司，又迅速转型为一家国际性公司。

威廉·法戈和詹姆斯·法戈两兄弟结束了美国运通公司股东派系之间的争斗，建立起了公司的强力领导体制。

英特尔的创建

与绝大多数改变世界的伟大公司都有一个伟大的缔造者不同，英特尔公司是一连串创业事件和一组优秀人才连续合力而为的结果。

（1）肖克利的叛帮八人组

肖克利（W. B. Shockley）1910 年生于伦敦，3 岁随父母迁往加州。获麻省理工学院固体物理学博士学位。二战结束后，贝尔实验室开始研制新一代的电子管，肖克利为负责人。1947 年，肖克利的两位同事布兰坦（Walter Brattain）和巴丁（John Bardeen）发明了晶体管。肖克利因此与巴丁及布兰坦共同获得了 1956 年诺贝尔物理学奖。

随着晶体管技术的成熟和商业价值显现，肖克利于 1955 年回到老家圣克拉拉谷——硅谷，建立了肖克利半导体实验室。他从前在加州理工学院读书时的化学教授阿诺德·贝克曼在斯坦福研究区开办了一家制造科学测量设备的公司——贝克曼仪器公司，为肖克利创办公司提供了财力支持。包括诺伊斯（N. Noyce）和摩尔（R.Moore）在内的八位年龄全在 30 岁以下并学有所成的年轻科学家从美国东部陆续到达硅谷，加盟肖克利实验室。

尽管满怀发财的愿望，科学天才肖克利却毫无管理和经营才能。有“硅谷之父”之称的特曼曾评论说：“肖克利在才华横溢的年轻人眼里是非常有吸引力的人物，但他们又很难跟他共事。” 肖克利态度傲慢，总像对待小孩子一样对待这些青年才俊。一年之中，实验室没有研制出任何像样的产品。门徒们提议研究集成电路，也遭到了肖克利的拒绝。1957 年 9 月 18 日，八人一起离开肖克利实验室。人才走光之后，肖克利实验室发展无力，1960 年卖给了克莱维特实验室，1965 年又被转卖给了 AT&T，1968 年关闭。肖克利的发财梦破灭后，弃商就教，1958 年开始在斯坦福大学兼课，1963 年到斯坦福大学做教授，1989 年去世。

（2）八人组创业：仙童半导体公司

以诺伊斯为首，包括摩尔在内的肖克利叛帮八人组，决定一起出走并共同开创新事业——将他们在肖克利实验室里被否决了的集成电路研究项目进行下去。但是没有公司能够一下雇佣他们这样的八个人，投资银行海顿斯通公司（Hayden Stone & Co.）的洛克（Arthur Rock）建议他们成立自己的公司。在洛克的撮合下，八人组与发明家谢曼·菲尔查德（Sherman Mills Fairchild）达成了协议，在仙童摄影器材公司旗下创建仙童半导体公司（Fairchild Semiconductor）。仙童摄影器材公司是 1936 年从菲尔查德 1920 年创办的航空摄影公司中分立出来的。

仙童半导体公司是硅谷创业投资第一案例，公司创始人和投资者之间的力量对比完全向投资者一方倾斜，没有后来出现的那些创始人保护措施，而这埋下了诺伊斯和摩尔再次出走，创立英特尔的种子。双方合作协议的基本内容是：菲尔查德提供150万美元资金，由八人组成立一家半导体子公司，八人组每人只需出资500美元，享有公司部分股权。但有一个附加条款，如果公司成功了，菲尔查德有权在五年内用300万到500万美元的预定价格买回八人组的公司股权。这意味着，投资方承担了失败的全部风险，但同时设定了一个公司十分成功情况下创始人们的收益上限。

1957年底，仙童半导体公司正式成立。1958年1月，IBM公司给了他们第一张订单。到1958年底，公司已经拥有50万销售额和100名员工。1959年，诺伊斯和得克萨斯仪器公司工程师克比（J.Kilby）同时发明了集成电路（经过长时间的法律争执之后，1969年法院最后判决集成电路是一项同时的发明，仙童和得仪双方签订了相互授权协议）。发明集成电路使仙童半导体公司名声大振，1959年，在公司成立还不到两年的时候，菲尔查德以300万美元价格行使了对八人组股票的购买权，八人组每人获得了25万美元的收益。

创始人股权被母公司回购之后，自主权相应被削弱，利润也被转移到母公司，公司无力进一步发展。1961年，八人组中的3人离职。最后到1968年，因为诺伊斯没有如愿升任母公司的首席执行官，八人组中剩下的最后两人诺伊斯和摩尔一起离开仙童半导体公司。人才大量流失之后，仙童半导体几经努力，无力回春，被卖来卖去，相比其流失人才们所创建的那些公司（英特尔及AMD等），已经从半导体行业的领头者变成了无名小卒。

（3）创立英特尔

离开肖克利并在仙童半导体一起工作了11年之后，诺伊斯和摩尔决定继续一起干。这时，当初为八人组和菲尔查德牵线的洛克已经从纽约到了旧金山，并成为著名的创业投资家。洛克非常高兴并且是轻轻松松地帮助诺伊斯和摩尔筹集到了创办新公司所需要的资金。洛克之所以很高兴帮助他们，一是因为他们在业界已经确立起来的极高声望，二是他们自己愿意每人拿出24.5万美元（约为当时他们个人总资产的十分之一）向新公司投资。洛克自己要投资30万美元，并负责另外筹集25万美元以上的资金。洛克只用了两个下午的时间，向25个人打了电话，就完成了筹资工作。这25人包括八人组中的另外6人，他们的认股价格是 5 美元一股，诺伊斯和摩尔的认股价格是 1 美元一股。诺伊斯和摩尔合计持有英特尔三分之一以上的股份。

1968 年 7 月 16 日，英特尔公司正式成立。关于为什么没有像惠普那样用其两位创始人姓氏的组合——Moore Noyce 来为新公司命名，有两个说法：一是这个名字已经被一家连锁酒店抢先注册，二是发音像是更多噪音（more noises）。关于 INTEL 这一名称含义也有两个说法：一是集成电路（integrated electronics）两个单词的缩写，二是英文智慧（intelligent）一词的开头字母。

洛克出任英特尔公司的首任董事会主席，诺伊斯任首席执行官，摩尔任总裁。葛洛夫（A. Grove）于 1963 年在摩尔的邀请下加入仙童半导体公司，自愿跟随摩尔成为了英特尔公司的第 3 位员工，任营运主管。如果以葛洛夫是公司第 3 位员工的角度来看，他是“英特尔创办人之一”。但若以所有权来说，因未受邀以 1 美元价格认购股份，则是首位员工。

诺伊斯、摩尔和葛洛夫被称为英特尔的三驾马车。诺伊斯代表英特尔的精神，被尊称为“圣人”，引领着企业发展方向。摩尔是英特尔的心脏，出类拔萃的技术天才。葛洛夫则是英特尔的拳头，“偏执狂”，用铁腕管理着公司。

在一个技术驱动的公司里，灵魂人物、核心人物及铁腕执行型人物都很重要，但最重要的还是这些精英人物之间的有效合力和持续接力。

Twitter的诞生

（1）从Blogger到Odeo

埃文·威廉姆斯（Evan Williams）1972 年 3 月出生于美国内布拉斯加州的一个农民家庭。高中毕业后只在内布拉斯加大学学习一年就弃学了。

1997 年，埃文·威廉姆斯在旧金山科技图书出版公司找到了一份撰写营销材料的工作，开始自学编程。随后到了硅谷地区，先后以合同程序员形式在英特尔和惠普工作了一段时间。之后，埃文·威廉姆斯认识了一个名为梅格·胡里安的女孩，一位程序员，他们决定共同开办一家公司。这对恋人和他们的朋友一共 5 人，在埃文·威廉姆斯所租公寓的客厅中创办了 Pyra 实验室，计划编写一款可以提高工作效率的软件。

埃文·威廉姆斯和一位员工构建了一个简单的内部日

记网站，可以帮助 Pyra 实验室的员工跟踪记录工作进度。1999 年夏，埃文·威廉姆斯对外发布了该日记网站，为之取名 Blogger，就是博客，没有电脑编程知识的人也可以用它来创建网络日志。随着 Blogger 的流行，梅格从最初的并不看好变成了要全力掌控，埃文·威廉姆斯拒绝让位，一场权力斗争致使 Pyra 实验室的 5 人散伙了。剩下埃文·威廉姆斯自己继续支撑和打造着他的 Blogger 网站。2002 年，Blogger 已经拥有近 100 名用户，靠着广告和用户捐赠，埃文·威廉姆斯已经能够雇佣一伙程序员，并以每月 400 美元的价格租下了一间 16 平方米的办公室。2003 年 2 月，谷歌收购了 Blogger。

诺阿·格拉斯（Noah Glass）是威廉姆斯经营 Blogger 时的邻居，一直在搞一个私人电台项目。格拉斯编写了一款名为 AudBlog 的软件，就是语音博客，或叫播客。在威廉姆斯把 Blogger 卖给谷歌之后，格拉斯说服威廉姆斯投资，创建了一家名为 Odeo 的播客公司。由于格拉斯的妻子忍受不了 Odeo 公司在自家客厅里运作，格拉斯不得不请威廉姆斯给予更多的资金投入。威廉姆斯答应再投入 20 万美元，并把他经营 Blogger 时的旧公寓给 Odeo 公司作办公室用，但是他要亲自出任 Odeo 公司的 CEO。

威廉姆斯出任 Odeo 公司的 CEO，引来新闻媒体和投资人的注意。2005 年 8 月，查河投资公司和一些小投资者共同向 Odeo 公司投资了 500 万美元。可是，2006 年初，苹果公司在其 iTunes 中加入了播客功能，以播客为核心业务的 Odeo 公司失去前景，马上陷入了困境。

（2）创建Twitter

在讨论公司新方向时，杰克·多西（Jack Dorsey，1976 年出生）提出的“状态（你正在做什么）”概念引起了大家的兴趣。格拉斯尤其兴奋，并为其起了 Twitter 这一名字。威廉姆斯在忙着召开董事会，建议把 Odeo 公司卖掉，但同时也对 Twitter 项目表示支持。为了最终确定是否正式启动这一新项目，公司特别举行了几次“创意马拉松日”活动，每次用一整天的时间，让每个人为公司出谋划策，但不要谈你个人该干的工作。

多西在应聘进入 Odeo 公司之前，是一个自由职业的程序员。在他提出的“分享和更新状态”这一概念基础上，威廉姆斯和比兹·斯通（Biz Stone）提出了让每条状态的更新像博客一样有连续性，格拉斯提出了加上时间标签并起了 Twitter 这一名字。可以说，是通过持续的头脑风暴和多人之间的思想碰撞，才使 Twitter 的概念成型。2006 年 3 月 21 日，杰克 · 多西发出了第一条推文：刚刚创建了我的 Twitter。这一天被确定为了 Twitter 的正式诞生日。

作为 AudBlog 播客软件开发者和 Odeo 公司创始人，诺阿 · 格拉斯急于抓住 Twitter 这一新项目，以拯救陷于困境的 Odeo 公司，可是他一方面没有资金从而不得不早已将 Odeo 公司 CEO 的职位让与埃文 · 威廉姆斯，并因此与埃文 · 威廉姆斯之间一直存在着公司领导权之争。另一方面由于他过于急躁和过度插手 Twitter 项目，致使创意人和项目负责人杰克 · 多西无法容忍。杰克 · 多西找到威廉姆斯，要求让格拉斯不要插手 Twitter，并下了最后通牒："有他没我，有我没他。"

诺阿 · 格拉斯联系公司投资人和董事会成员，试图让董事会同意把 Twitter 项目分立出来，成为单独的公司，由他负责。但是，公司投资人已经对 Odeo 公司整个失去耐心，对 Twitter 项目也没有兴趣，只想尽快把整个公司卖掉，退出公司。要对 Odeo 公司这一烂摊子担起责任，并对的 Twitter 项目也有兴趣继续支持的只有埃文 · 威廉姆斯一人。2006 年 6 月 26 日，埃文 · 威廉姆斯在征得董事会同意后，解雇了诺阿 · 格拉斯。诺阿 · 格拉斯作为 Odeo 公司创始人被赶出局，只得到了6个月的补偿金，和所持公司股份的6个月保有权。

威廉姆斯通过将其出售Blogger时所得谷歌股票兑现，偿还了Odeo公司外部投资者们的500万美元，将Odeo公司重组为Obvious孵化器公司，并专门拿出了100万美元用于培育Twitter。2006年9月，在旧金山的“爱之旅”音乐节上，Twitter网站正式亮相，公开注册，开始获得广泛注意。2007年3月11日，在得克萨斯州奥斯汀举办的“西南偏南”年度科技大会上，Twitter当选为博客领域年度最佳创业公司，知名度大升，随后的几个月里注册用户就达到了10万。

至此，Twitter作为拯救Odeo公司的一个点子，到Obvious公司所正式孵化的一个项目，到一个已经很有知名度的网站，已经需要建立起正式和独立的公司架构了。2007年4月，作为到目前为止唯一所有者的埃文·威廉姆斯决定，自己将保留公司70%的股权，聘杰克·多西为公司第一任首席执行官，给20%股份，比兹·斯通和杰森·古德曼每人得3%股份，余下4%股份分给工程师和新员工。同时确定，埃文·威廉姆斯、杰克·多西和比兹·斯通三人是公司的联合创始人。

比兹·斯通是2003年Blogger被谷歌收购，威廉姆斯还在谷歌工作的时候雇佣进入谷歌的。2005年9月，比兹·斯通为追随埃文·威廉姆斯，放弃了价值200多万美元的股票期权，从谷歌离职，加入到了埃文·威廉姆斯新创建的Odeo公司。杰森·古德曼是2002年26岁时，从普林斯顿大学天体物理学专业退学，以时薪20美元加入了埃文·威廉姆斯的初创小公司，作为Blogger网站办公室主任处理杂务。杰森·古德曼也是Odeo公司7人董事会中威廉姆斯的少数几个盟友之一。

2013年11月7日，Twitter公司股票在纽交所上市。三位Twitter的用户，一位好莱坞影星、一位波士顿的警察和一位慈善组织负责人，分别代表着Twitter在娱乐、政府和公益三个领域里的价值，敲响了开市的钟声。Twitter的三位联合创始人，埃文·威廉姆斯、杰克·多西、比兹·斯通和公司CEO迪克·科斯托罗，四人并肩而立在交易大厅里。是这些人，再加上公司员工和投资者，共同缔造了Twitter。

5

章

融资、管理与公司控制

1. 创始人控制
2. 融资与公司控制
3. 管理能力与公司控制
4. 董事会：有效管控创始人危机

成功创业和创立公司之后，要管理和领导公司发展，但是创业、创立公司和管理、领导公司是两件事情。很多公司在成功创立后，由于管理和领导能力的缺乏，公司发展不起来，被挤出市场。另有一些公司，引入投资者后，创始人被赶出了自己所创建的公司。

1. 创始人控制

无论是从小本生意逐渐积累起来，还是靠融资起步，创始人控制都是公司的起点。如果公司发展需要进行外部融资，引入外部投资者，那么，为了保持创始人或创始人家族控制，融资时设置创始人控制权保护机制，融资后提升管理能力、向职业管理转型，都非常重要。

股权分散与控制权保持

股权分散不是企业经营的目的，但却是企业进行外部融资的必然结果，也是实现资本增值、兑现资本增值收益的一种重要途径。理论上说，只要持股低于 50%，就有失去控制的可能。想既进行股权融资又保持控制，是一个非常大的挑战。

很多公司创始人，为了挽救企业于财务困境而被迫出让控制性股份或让出控制性权力，从而导致自己出局。杜兰特于1908年创建了通用汽车公司，1910年就因财务危机而使公司控制权落入了银行之手。1916年夺回通用汽车公司的杜兰特，没有汲取教训，再度大举扩张，再度陷入财务危机，于1920年彻底失去了自己创建的公司。

能够像坎普拉德创建宜家那样，一直靠自我积累而发展起来当然非常好；但如果要进行外部和股权融资，则最好未雨绸缪地同时进行一些相应的制度设计。分级股份设置，将投票权委托给创始人行使的协议，以及对董事会人选的控制，如像扎克伯格那样把对方派出董事的人选作为考虑是否接受注资的一个重要条件，这些具体的公司治理机制安排非常重要。

在公司融资和股权分散的过程中，除了股权结构之外，还有一个需要留意的因素，就是股东构成对公司控制的影响。股权稀释到什么程度，还能保持控制，这在不同的股东构成条件下是不一样的。选择接受注资的时候，要看准对方是谁，看清对方的战略意图。如果对方全部都是真正的中小股东，而不是很容易采取一致行动的大机构，创始人的控制就相对牢固一些。在英美国家，10% ~ 20% 的股权就能保持住对公司的控制，因为它的对方彻底分散了。想在推进股权分散的同时保持公司控制，就要选择那些很难联合在一起的人，作为你的股票出售对象。

面对过度竞争的混乱局面，洛克菲勒试过建立石油生产商同盟等传统方法却发现不灵（总是会有人背叛）之后，决定大笔投入资金，扩张公司，建立规模经济。这时面临的问题就是，如何能够既扩大资本又保持自己对企业的控制权？洛克菲勒的选择是企业合并，向自己挑选的行业外部投资者出售股份。

可以通过修改公司章程引入特别的公司治理机制，保护公司创始人及管理层的职位稳定和利益。可以采用的办法很多，如，按投票权不同进行的分级股份制度，按任期不同进行的分类董事制度，公司股东权益保障计划，经理人控制权变更条款以及单一股东及代理他人行使的最高投票权比例限制条款等。

建立投票权不同的分级股份制度，具体可以分两步达成：一是主要股东之间达成协议，以关键股东提供适当补偿的方式，将投票权向关键股东集中；二是新股发行时，发行没有投票权或投票权比例低的新类型股份。有了这样的制度，可以使公司在创始人保持高度控制权的同时，进行股权融资。

创始人控制与职业管理

虽然可能不利于公司的长远发展，但是有些公司创始人选择了对公司进行严格的家族控制，并为此拒绝股权分散和公司上市，甚至不惜承担无限责任，如贝塔斯曼、米其林和宜家等。贝塔斯曼的第五代传人为了避免公司上市，不惜缩减公司业务、出售著名的BMG（贝塔斯曼音乐集团），以购回财务困境时不得已转让出去的25.1%的公司股权。米其林家族为了保持控制地位，不惜承担无限责任，采用了一种两合股份公司体制（只有承担无限责任的股东，才有权选举公司管理层人员），是法国三个坚持这种独特结构的公司之一。英格瓦·坎普拉德为了宜家公司能够超然独立地存在与发展，把公司注册地先从瑞典迁到丹麦，又从丹麦迁到荷兰，还通过一套复杂的基金会和控股公司体系来安排公司的股份与控制权。不过，即使是这类公司，虽然企业所有权一直是集中的，但它也有一套办法在一定程度上引进职业管理。一般来说是通过家族基金会，让投票权和财产权分开，行使投票权的人是家族核心成员和一些有能力的职业经理人。

比这种严格控制做法向前迈进一步的是，家族企业转化为股权开放的现代公司，但家族保持一定比例的股份，同时努力实现公司管理权也在家族内代代相传。分级股份制度是这类创始人家族的一种普遍选择，如德国的那些代代相传的企业家族。家族可能只持有 20% 到 30% 的股权，但依然保持对企业的控制。这样的企业遵守所有上市公司的基本规则，只是它的创始家族作为股东对公司重大的战略性问题和公司董事会的换届一直有积极甚至是决定性的影响。安杰利家族控制下的菲亚特是上市公司，家族只持有 20% 左右的股份，但是秉持其一贯的“绝不让菲亚特落入他人之手”的信念。创始人乔万尼·安杰利一世的座右铭是：把我的事业延续下去，保护好遗产，挑选合适的人，率领家族进入下一代。实际控制着爱立信、阿里斯顿等全球著名公司的瑞典瓦伦伯格集团可以说是这方面的典范。

创始人家族控制再宽松一点，也更常见、更常规一些的做法是把家族股份传承和企业管理权传承分开安排，家族保持股份控制，企业实行职业化管理。山姆·沃尔顿“与员工及家人双重合伙”的治理之道，以及欧仁·舒莱尔“财产继承与企业管理分开安排”的传承之法，使“家族掌控之下职业经理人管理”的沃尔玛和欧莱雅，在作为行业领袖企业持续发展的同时，也给创始人家族继续创造着巨额的财富。与此类似，由于企业内部崇尚实力主义，丰田、佳能等公司创始家族的后人实际是竞争上岗的，企业管理权在职业经理人和家族后代之间往往轮番交替。

2. 融资与公司控制

有些行业可以容你小本起家，逐渐积累和成长，但是更多并且越来越多的行业，进入门槛在提高，最低资本要求也在提高，起步需要融资，竞争和扩张也需要融资，引入投资者。

投资者可以助你成功，也可以让你出局。思科和古奇，一个是非常硬性和高科技的互联网基础设施产品，一个是非常软性和时尚奢侈的箱包鞋帽产品，这两个在完全不同的产品市场里经营的公司，却遭遇同样一个资本世界里的力量控制。在外部投资者的帮助下，思科公司取得了成功，但公司的创始人夫妻出局了。古奇家族的第三代利用外部资本平息家族内部纷争，结果导致家族出局。

思科公司（1984年创立）创始人莱恩和桑迪夫妻，不仅没有在1987年引入风险资本时进行控制权保护设计，反倒在1988年5月为了争取风险资本方（红杉资本）支持他们赶走公司的职业经理人CEO，而将自己的股份投票权委托给了投资人——红杉资本的瓦伦丁，这使他们在公司上市仅仅半年后的1990年8月，因与公司经理人团队的冲突和投资人支持了经理人团队而被迫离开了自己创建的公司。

从1893年造出他的第一辆“汽车”开始，亨利·福特经过10年努力、四轮创业融资和两次公司失败经历之后，最终于1903年创立了福特汽车公司，然后又通过1906年和1919年两次重大的股权收购，把福特汽车公司从12名股东的“朋友合伙式”企业，最终变成了福特父子完全拥有的家族企业。

谷歌源自斯坦福，沿袭惠普文化，两位创始人合力制胜。脸书源自哈佛，沿袭微软文化，一位创始人离开，另一位创始人成为公司领袖。这种不同的背后，却有一种共同的成功要素：公司内部治理机制安排上的创始人控制，保证了公司拥有不受资本摆布和短期市场压力的自主空间。

谷歌上市前，两位创始人选择要以少数股权“同时”接受凯鹏华盈和红杉资本两家风投，以防范只有一家注资时，风投的势力过于强大。上市时，谷歌通过一种拍卖机制确定发行价格和分配股票，而不是像通常做法那样，让投资银行来定价和分配股票。谷歌设置了分级股份制度：出售给公众的是 A 类普通股，每股 1 个投票权；两位创始人和施密特及公司高管保留的是 B 类普通股，每股 10 个投票权。

扎克伯格创业时很年轻（大二），没有亨利·福特那种历练，也没有谷歌两位创始人那样“资深”（那两人是基于攻读计算机科学博士的研究成果而决定创立谷歌公司的），但他遇到了连续创业者、有过被红杉资本赶出自己所创公司经历的肖恩·帕克，并聘其为公司总裁，这使扎克伯格直接学会了应对投资者，掌握公司控制权。2004 年接受彼得·泰尔的 50 万美元种子资金时，脸书把泰尔要亲自而不是委派其他人出任公司董事作为接受融资的一个条件。2005 年接受阿克塞尔公司投资时，脸书要求对方的主要合伙人吉姆·布雷耶亲自出任董事，而不是其实际负责此项目的高级合伙人凯文·埃法西。2009 年脸书公司进行了分级股份设置，扎克伯格和他的合作伙伴们所持的股票转换成投票权比例比较高的 B 类股份，以保证股权分散化以后对公司的控制。

亨利·福特：从创业者到公司控制者

1886 年，德国人戈特利布·戴姆勒（Gottlieb Daimler）开发出了世界上第一辆汽油动力四轮汽车，这一成就比亨利·福特早 10 年。但是给这个世界装上轮子的人是亨利·福特，而不是戈特利布·戴姆勒。

亨利·福特出身普通农场家庭，没有受过什么高等教育。他从一个业余的汽车制造爱好者起步，经过与五批投资者之间一次一次的“公司治理博弈”，逐步从一个浪费股东钱财的完美主义者，成为一个真正用心造车的伟大创业家，并最终成功创建了福特汽车公司。

作为创业者，亨利·福特是如何“利用”外部投资者，提升自身人力资本而最终成功创业的？作为公司控制者，亨利·福特是如何“对抗”投资者，并最终将公司完全转为家族所有的？

（1）狂热的业余爱好者和他的早期支持者

1875 年的一天，12 岁的亨利·福特在距离底特律 8 英里的地方，第一次看到了一种不用马拉的交通工具：一台蒸汽机车。

1893 年，亨利·福特制造出了他的第一部“汽车”，其实只是一部手推车车架装在四个自行车轮上的“汽油马车”。它只有两种行驶速度，不能倒车，也不能刹车。

1896 年，亨利·福特的汽车开上了底特律大街。同年，他将这辆车以 200 美元的价格卖给了查尔斯·安斯利。这是亨利·福特做的第一单生意，他需要这笔钱做他的第二辆汽车。几年之后，亨利·福特又以 100 美元的价格将这辆车从查尔斯·安斯利的手上买了回来。

这期间，亨利·福特的本职工作一直是爱迪生照明公司的机械师，并被提升到了月薪 125 美元的工程师职位。1899 年，爱迪生照明公司向亨利·福特提供了一个更高的总监职位，但条件是放弃他的汽车。亨利·福特的选择是汽车事业，放弃了待遇优厚的工作。

早期对亨利·福特的汽车感兴趣的一个重要人物是底特律市长梅伯里。亨利·福特拥有的美国历史上第一张汽车驾驶执照，正是这位梅伯里发给他的。梅伯里也是亨利·福特汽车事业的第一个资助者，是他为亨利·福特和帮其做零部件的铁匠之间的交易做担保。也许出于这个原因，亨利·福特获得的第一个专利权（1898 年获得的化油器的专利权），是以梅伯里的名义申请的。

1898 年，有了一项专利之后，梅伯里联系了另外三个投资人：一位底特律的著名商人（加菲尔德）、一位医生（霍伊特）和一位保险公司的人（伦纳德）。这四位投资人每人出资 500 美元，共计 2000 美元，为亨利 · 福特的汽车试验提供资金，为他的所有发明申请专利。投资人获得三分之二的专利比率，亨利 · 福特保留三分之一，汽车出售获利也按此比例分配。如果亨利 · 福特的试验结果导致某个公司诞生，协议继续有效，新公司将以公平的报酬雇佣亨利 · 福特。

（2）第二批投资者与福特的第一家公司：底特律汽车公司

专利、高层庇护、典范一般的工作模式和人格中的磁力，使亨利 · 福特成为全美诸多汽车创业者中最有前途的一个。在梅伯里市长的倡导下，一些底特律大名鼎鼎的人物，包括梅伯里本人以及加菲尔德、霍伊特和伦纳德等三位早期支持者，还有曾与梅伯里竞争市长的制造商布莱克，一家大种子公司的老板费里，美国参议员、前木材商帕尔默，密歇根储蓄银行总裁乔治 · 佩克等，共同出资 15000 美元，于 1899 年 8 月 5 日创建了底特律汽车公司。亨利 · 福特被任命为新公司的机械主管，月薪 150 美元。为此，亨利 · 福特于 1899 年 8 月 15 日从爱迪生照明公司辞职。

创业性的企业一定要给予创业主导者足够的激励。缺乏激励机制，导致了底特律汽车公司的失败。底特律汽车公司对亨利·福特没有足够的激励，亨利·福特“经常到附近的树林中闲逛，假装在思考某些设计。还让员工帮助他躲避投资者。”（《福特传》第 23 页）在预先装配好的物美价廉的部件能够在市场上轻松买到的情况下，亨利·福特却执着地搞着像传动装置这样的复杂部件。

底特律汽车公司成立后的一年多时间里，股东们为公司生产的 12 辆汽车每辆投入了 1250 美元，而每辆车的出售价格为 1000 美元。底特律汽车公司于 1900 年 11 月停业，1901 年 2 月 7 日正式解散。最后，这些投资者算出，他们的机械主管亨利·福特，共浪费了他们 86000 美元的资金。

（3）第三批投资者与福特的第二家公司：亨利·福特公司

底特律汽车公司解散了，但是梅伯里并没有对亨利·福特失去信心。梅伯里和墨菲等购买了破产清算后底特律汽车公司的资产，并雇佣亨利·福特继续从事他的汽车开发。由此开发出来的赛车，在 1901 年 10 月的一次赛程 25 英里的锦标赛上超越了当时的领先者，从此亨利 · 福特作为汽车制造者声名远播。

受此激励，墨菲以及失败的前底特律汽车公司的其他几个股东与亨利 · 福特，共计 6 人，又于 1901 年 11 月 20 日共同组建了一家新公司。公司总资本 60000 美元，其中 30500 美元为现金投入。6 名股东——亨利 · 福特、墨菲、布莱克、鲍恩、霍普金斯和怀特各持 1000 股股份，每股价值 10 美元。亨利 · 福特获得了总价值约 10000 美元、占总股本六分之一的股份，但是没有薪水了。新公司以其首席机械师的名字命名——亨利 · 福特公司。布莱克任总裁，墨菲为财务主管，剩余三位股东担任了其他的要职。

新公司给予亨利 · 福特的“激励”似乎还是不够，他与投资者之间仍然存在分歧。投资者希望生产造价在 1000 美元左右、轻便朴素的大众型汽车。但是，对于亨利 · 福特来说，“由于公司状况与他的利害关系仍然较小，他从公司获益的唯一方式就是通过制造能够赢得赛事的汽车来扩大自己的声誉。”（《福特传》第 26 页）

这样，亨利 · 福特公司的股东们与亨利 · 福特之间的矛盾在公司成立仅几个月后就爆发了。股东们请来了新的首席机械师——要把以生产手枪的最严格标准用于生产一流汽车的亨利·利兰。这家公司以底特律市创立者名字重新命名，成为大名鼎鼎的凯迪拉克汽车公司，是今日归属通用汽车旗下的全球顶级高端汽车品牌之一。

1902 年 3 月，亨利·福特仅仅带走 900 美元现金和自己名字的使用权离开公司。他自己认为，那是一群投机者在想利用他的汽车赚钱。除了机械方面，他没有什么发言权。亨利·福特认为，他和底特律汽车公司及由之延续而来的“亨利·福特公司”股东之间的主要分歧是在战略上，他没有得到什么资助制造“质量好、可以销售给大众的汽车”，股东们只想按订单生产，在每辆车上赚最多的钱（《我的生活与工作》第 17 页）。

这是亨利·福特第二次被排除出汽车制造者的行列。在 1902 年，没有几个汽车先驱遭遇过两次重大失败。

（4）第四批投资者与福特的第三家公司：福特与马尔科姆森公司

第三次上路的福特先找到了两名赛车制造资助者：一位是自行车赛世界冠军、25 岁的年轻富翁汤姆·库伯，一位是巴顿·佩克，底特律一家自行车修理厂的老板，资助过福特的第一家汽车公司（前述底特律汽车公司）的那位银行总裁乔治·佩克的儿子。这次合作的内容就是制造两辆同样的赛车，其中一辆将归库伯所有。对于福特来说，结果就是他制造出的一辆名为 999 的赛车在 1902 年 10 月 25 日的一次生产商挑战杯赛中打破了美国纪录，这为亨利·福特赚足了优秀汽车制造者的名声。

凭借赛车上获得的可观名声，亨利·福特再一次开始寻找支持者，并且这回他可能觉得自己在汽车制造方面已经有了足够的"人力资本"，要真正实现他为大众造车的想法了。这次的投资者是一位白手起家、以魄力十足闻名的企业家，底特律最大的煤炭商人——马尔科姆森。两人合作的基本原则是"有钱者出钱，有力者出力，利益均分"：马尔科姆森提供种子资金（立即投入 500 美元，随后根据需要投入，预计要 3000 美元），福特负责制造出经济型新车的样车，然后展出样车，以便吸引足够的风险投资来创建一家大批量生产这种汽车的新公司。计划中的新公司将对外发行 10 万美元的股票，两位原始合伙人要占 51% 的股份，这 51% 由两人各持一半。

1902 年 11 月，亨利·福特和马尔科姆森正式成立了"福特和马尔科姆森公司"。这回亨利·福特也要玩命地把事情做成了，根据合作协议，他与马尔科姆森都没有薪水。

马尔科姆森派了一位他最得力的助手——煤厂的出纳詹姆斯·卡曾斯到汽车公司来工作。卡曾斯的能力和性格，都与亨利·福特正好互补，大大提高了汽车公司的管理水平和运作效率。

（5）福特汽车公司的创建：不太自愿却最终“暴发”的投资者

1903年初，亨利·福特的第一种可以批量生产的车型——A型车即将成型，马尔科姆森开始尽力出售公司股份。公司股本定为15万美元，其中10万美元为流通在外、供股东持有的股份，5万美元留做公司的库存股份。亨利·福特和马尔科姆森以他们的专利权、资金投入和已完成工作作为投资，各持有价值2.55万美元、占25.5%比例的股份，两人合计占51%，可以保持控制权。这样，要以每股100美元的价格对外出售490股，筹集另外的4.9万美元公司股本。

圈内已无信誉，只好在亲戚朋友等圈外人士中寻找新的投资者。

也许是因为马尔科姆森没有汽车行业的经验，也许是因为亨利·福特有汽车行业的经验——前两次的失败记录，马尔科姆森那些生意上的朋友，没有人愿意投资他与亨利·福特的汽车公司。整个汽车业圈内都没有人愿意给福特与马尔科姆森公司投资。主要负责募股工作的卡曾斯只能去求助圈外人，劝说每一位可能担此风险的亲戚和朋友。卡曾斯的堂兄弗赖伊，卡曾斯生意上的一位朋友、地产商施特劳雷，各以 5000 美元购买了 50 股。帮助起草公司章程和招股书的两位律师安德森和拉克姆也各出资 5000 美元买了 50 股。卡曾斯本人则是以他姐姐的 100 美元、自己的 400 美元、向马尔科姆森借的 500 美元及一张从未来的公司借 1500 美元的期票，购买了总价 2500 美元的 25 股。

你得先投资这车才能生产出来，把潜在顾客游说成了投资者。

完全是一个偶然的机会，马尔科姆森的一位堂兄遇上了一位想买辆汽车的大富翁——气枪制造商贝内特，将其带来参观亨利·福特的 A 型车。马尔科姆森劝说贝内特以现金和汽车装配场地投入购买汽车公司 25% 的股份，贝内特有意，但是遭遇了其气枪公司其他董事的反对。亨利·福特本人也因生产出的汽车要用贝内特的气枪公司的品牌名称“雏菊”而不同意。最后是贝内特个人以两张各值 2500 美元的票据方式“投资”了 5000 美元。一年以后，贝内特用福特汽车公司给他的分红兑现了这两张票据。尽管贝内特并没有真实投入一分钱，但是福特汽车公司凭借贝内特的信用声誉大大增强了自己的购买力。

以股抵债，把别无选择的债权人变成了投资者。

福特汽车公司两个重要股东——道奇兄弟，则几乎是有些被逼无奈而主要通过“债转股”加入进来的。霍勒斯·道奇和约翰·道奇两兄弟从自行车部件生产商成长为汽车部件生产商。在福特试制汽车的过程中，道奇兄弟公司成了最大的债主。1903 年 4 月，到期债务无法偿还时，马尔科姆森与道奇兄弟商谈“以股抵债”。作为债权人，道奇兄弟别无选择，否则就可能眼睁睁地看着亨利·福特和马尔科姆森的汽车公司倒闭后自己的债权化为乌有。这样，道奇兄弟以他们的全部债权转化为福特汽车公司 70 股股份，每人持有 35 股。此外道奇兄弟两人又每人投入 1500 美元现金购买 15 股，这样每人持股 50 股。

银行家格雷，为了保住对马尔科姆森的债权而投资福特汽车。

汽车公司最后一个，也是实际现金出资最多的一个股东，是马尔科姆森的舅舅，底特律日耳曼－美洲银行的总裁和创始人之一约翰·辛普森·格雷。格雷的出资在很大程度上也是“被逼无奈”。他如果不出资支持汽车公司，那么，对马尔科姆森的煤炭公司的大量贷款可能会无法收回。格雷出资10500美元，占新公司实收现金资本的37.5%。条件是，格雷将出任公司总裁，而且如果一年内他对这一投资感到不满的话，马尔科姆森必须偿还他投入的资金。

由银行家格雷担任总裁的福特汽车公司正式成立。

1903年6月16日，在实际只收到28000美元现金的基础上，总股本金额为10万美元的福特汽车公司正式成立了。总裁格雷甚至没有出席公司的创立大会，对于一个大银行家来说，一家小汽车公司的成立，不是多么重要的事情。公司创立大会由股东之一律师拉克姆任会议主席。

无论如何，大银行家格雷担任福特汽车公司的总裁，是一个重要的信号。这等于是告诉底特律商界，福特汽车公司有坚强的财力后盾。马尔科姆森任财务主管，但要留在煤炭公司，这是格雷的要求，因为他更关心的是作为摇钱树的煤炭公司。卡曾斯任公司秘书兼业务经理，年薪2400美元，负责福特汽车公司的日常事务。亨利·福特的职位是副总裁兼总经理，负责机械技术和生产，年薪3600美元。其他股东都基本不参与公司的经营。“那是一种两分结构，福特先生照管机械技术和工厂，卡曾斯先生照管生意。”（《福特传》第39页）10名日薪1.5美元的工人的任务是组装汽车。

（6）亨利·福特梦想成真：聚敛一帮天才，鼓励他们创造辉煌

1903年，除福特汽车公司之外，美国还有88家汽车公司，其中25家在底特律。当年年底就倒闭27家，随后1904年又有37家倒闭。在20世纪的前8年里，美国总计有502家汽车公司成立，其中302家倒闭或转行。1905年之前成立的汽车制造公司，大多数都没有给投资者们带来一分钱的回报，多数甚至没有能造出一辆汽车，尽管他们从信心十足的投资者那里获得了大量资金。

福特汽车公司1903年6月16日正式成立，7月15日接到了第一个订单。曾经屡受挫折的完美主义者亨利·福特终于开始真正生产汽车了。"失败是成功之母"，这是亨利·福特经常挂在嘴边的话。以前三批股东的投资损失，转化为亨利·福特能够做出好车的名声和一身真功夫，也转化为"福特汽车公司"股东们几乎是史无前例的巨额投资回报。1903年10月，公司成立4个月，分红2%；11月21日，分红20%。1904年6月16日，公司成立一周年第三次分红时，总计已经付给原始股东们6.8万美元。1905年6月公司成立两周年时，分红100%。到1919年亨利·福特买断了所有其他股东的股份时，每一位坚持到这一时间的福特汽车

公司原始股东的投资，都在16年的时间里翻了2500倍!

从1893年做出他的第一辆汽车开始，经过10年的努力，创业者亨利·福特终于做成了他一直最想做的事：聚敛一帮天才，鼓励他们创造辉煌!

（7）控制权之争：挤出公司创业元老马尔科姆森

公司的成功与失败都会产生股东之间的矛盾。福特汽车公司取得巨大成功之后，首先产生的一个矛盾是公司创立时的主要资金支持者、本来没有直接介入管理的马尔科姆森，现在要介入管理了。

马尔科姆森于1905年通过出售股份和移交管理权，将他的煤炭公司组成了股份公司。然后他准备取代卡曾斯，自己掌管福特汽车公司。这本是以前定好的一个计划，但是现在的情况变了。两年前，作为世界上唯一愿意也能够出钱或筹钱支持亨利·福特的人，马尔科姆森是公司恩公统治者。但是现在，他不再像是一个骑士，而是一个乡下亲戚。

卡曾斯拒绝交权之后，马尔科姆森提议召开了董事会。董事会有5位董事，约翰·格雷和约翰·道奇支持卡曾斯留任，只有约翰·安德森支持马尔科姆森，这样2比2的格局下，福特的一票成为了关键。福特只对他的汽车事业忠诚，对他人忠诚从来不是也永远不会是福特的特点。福特的决定是支持卡曾斯留任，因为卡曾斯的管理是公司成功的一个关键要素。

马尔科姆森使福特汽车公司的成立成为可能，却无力获得公司的管理权。于是，他宣布要成立一家新的汽车公司与福特汽车公司直接竞争。为了避开马尔科姆森，福特和卡曾斯成立了一家新公司——福特制造公司，负责为福特汽车公司生产零部件。除了马尔科姆森之外，福特汽车公司的其他所有股东都是福特制造公司的股东。福特汽车公司的利润被转移到了福特制造公司，福特汽车公司仅仅维持收支平衡，停止分红，堵住了马尔科姆森的资金源。

对于其他股东来说，实际上一切都没有变化，原在福特汽车公司的股票价值和分红转移到了他们在福特制造公司中的股权上。但是，对于马尔科姆森来说，福特汽车公司的股票则是价值难料了。在1905年12月的董事会会议上，他被要求立即辞去董事和财务主管的职位，因为他要成立自己的汽车公司的计划对公司造成了利益冲突。忍无可忍的马尔科姆森以要起诉公司为回击，没有再被要求辞职。这期间，也有股东厌恶福特和卡曾斯这种“背信弃义”做法，贝内特就是因为怕家乡人知道他与“小人”有合作而不再受到其家乡人的尊敬而退出公司。

1906 年 7 月，马尔科姆森卖掉了自己的股份。福特和卡曾斯设法得到了这些股份，还购买了贝内特及其他三位股东的股份。福特的持股从 25.5% 上升到了 58.5%，卡曾斯的持股则从 2.5% 上升到了 11%。

格雷同意福特、卡曾斯这种通过成立新公司转移利润来解决他与马尔科姆森之间问题的做法。贝内特认为，福特和卡曾斯也曾想“解决”格雷的“问题”，因为他们感觉身为公司总裁的格雷束缚了他们的手脚。但“在这位底特律商界亲善仁慈的老雄师身边，两个冒失的年轻人只有发抖的份儿，根本不敢要弄任何诡计”。不过 1906 年 7 月 6 日，格雷因病去世了，亨利 · 福特被选为公司的新总裁。格雷的股份仍然保留为其家人的财产，但是福特最终掌握了公司的控制权。

（8）道奇兄弟起诉福特：公司要为股东赚钱，分红少了违法

在福特汽车公司选择了高地公园的新厂址之后，道奇兄弟也在底特律北部选择了一个新厂址。结果是，福特汽车公司建成了全世界最大的汽车工厂，道奇兄弟公司建成了全世界最大的汽车零部件工厂。道奇兄弟作为福特汽车公司的股东，享受着优厚的分红，也与福特汽车公司做着

生意。但是这种生意却并没有任何特殊地位。在双方关系牢不可破的时候，卡曾斯下大力气压低道奇兄弟公司提供的零部件的价格，因为他们的零部件量太大，单位价格压低能够给福特汽车公司节省很大成本。随着福特汽车公司越来越多地自己生产零部件，减少对外部供应商的依赖，道奇兄弟公司方面也开始扩展其工厂的能力，减少对大客户的依赖，双方的关系开始越来越紧张。

1913 年 8 月，约翰·道奇不愿意再忍受福特的独裁，正式辞去了福特汽车公司董事和副总裁的职务，也结束了双方间的零部件生意关系，不过道奇兄弟仍然持有福特汽车公司的股份。1914 年 11 月，道奇兄弟公司开始自己生产汽车。他们知道难以直接与福特 T 型车那样的低价汽车竞争，目标客户定为“想再要一辆汽车的福特车主”。道奇车定价 780 美元，明显高于当时 T 型车的 450 美元。

这时福特烦恼的不是道奇汽车会怎么样，而是道奇兄弟已经不再给福特汽车公司做出贡献，却仍要“赚取”福特汽车公司的分红。此前一直维持很高分红率的福特汽车公司从 1915 年开始转向了新策略——每月拿出相当于公司资本的 5% 的利润来进行分红。而且，公司“评估”出的资本是 200 万美元，只是其实际资本的五十分之一。当时高地公园工厂一天就能生产出价值200万美元的汽车。

即使以如此低估的资本价值，以今天的公司分红标准来看，福特汽车公司的分红也是丰厚的，1919年最大股东亨利·福特本人得到了大约50万美元的分红。尽管过去的分红10倍于现在，而且也正是因为如此，公司的股东都已经拥有足够的财富——几百倍于1903年公司成立时任何人的想象。大多数的股东并没有反对有利于公司进一步扩张的新分红政策。公司第二大股东是卡曾斯，已经辞职。两位律师，拉克姆和安德森以及格雷的继承人都表示满意。

但是，道奇兄弟的情况不同。他们自己生产的汽车卖得相当好，从第一个完整生产年1915年开始一直是美国五大畅销车之一。一方面，为了发展自己的汽车事业，他们需要更多的资金；另一方面，可能更为重要的是，他们认为亨利·福特把这么大规模的利润留在公司投入到计划中的荣格河工厂是在冒险。福特的高地公园工厂已经是世界最大的汽车工厂，而福特计划中的荣格河新工厂将是全世界所有类型的所有工厂中的头号巨人。

1916年11月2日，道奇兄弟俩起诉了福特汽车公司董事亨利·福特、埃兹尔·福特、霍勒斯·拉克姆和弗兰克·克林根史密斯，控告他们损害了股东的利益。道奇兄弟要求法院命令福特汽车公司永远把四分之三的利润用于分红，禁止公司在荣格河投资修建冶炼工厂。道奇兄弟认为，在荣格河修建冶炼工厂，超出了福特汽车公司章程规定的公司经营宗旨。道奇兄弟还反对福特的日薪 5 美元和 T 型车降价做法。

法院于 1917 年 6 月开庭，道奇兄弟的代理律师指控说："福特先生已经得到了他所需要的所有的钱。他的野心是雇佣尽可能多的人，以尽可能低的价格出售汽车。而应该对股东尽到的义务，他一点也不考虑。去年他可以挣得 6000 万到 7500 万，他却只挣了 2800 万。当所有其他的汽车都在提价，福特为什么要降价？就算他只是想保住在汽车业的领导地位，难道他一定要降价吗？他真正的愿望是做大众恩人。他想以股东的损失换取自己的荣誉。我们要求福特先生以利润最大化的原则经营公司。当一个企业只是扩张自己，不去赚取利润，它就是非法经营。"（《福特传》第 148 页）

巡回法院一审裁决支持了道奇兄弟的分红诉求。法庭命令福特汽车公司立即支付 1927.5 万美元的特别红利，并且调整公司的红利政策，以保证 50% 的公司利润能够回到股东手中。法院还裁定在荣格河修建冶炼厂与福特汽车公司章程不符。福特汽车公司提起了上诉，这样至少能够将上述裁决的执行拖延到 1919 年。

1918 年 11 月，亨利 · 福特宣布将于年底辞去公司总裁职务，其 25 岁的儿子埃兹尔 · 福特将接任总裁职务，掌管这家 2.5 亿美元的企业。

1919 年 2 月 17 日，密歇根州高级法院宣布了对“约翰·道奇和霍勒斯 · 道奇诉福特汽车公司、亨利 · 福特和其他人”一案的最终裁决。最终裁决把在荣格河修建冶炼厂归入了福特汽车公司的权利范围，但是再次支持了道奇兄弟对公平分红的定义和要求。其实福特汽车公司已经在 1919 年初的两个月重新采用了公平的普通分红方式，但是法庭命令公司追溯支付过去的红利 1927.5 万美元。

（9）负债收购其他股东的全部股权，福特汽车转为家族企业

亨利 · 福特对密歇根州高级法院关于公司分红问题的终审判决非常恼火，认为“法院已经逼迫他以违背自己最佳判断的方式分配了福特汽车公司的资金”。1919 年 3 月 6 日，亨利 · 福特宣布他将组建一家新的汽车公司。5 天之后，福特汽车公司的新总裁埃兹尔 · 福特宣布，他和他父亲都

将彻底退出福特汽车公司。

道奇兄弟的一位律师认为，竞业禁止合同不允许亨利·福特离开福特汽车公司去开办一家新的汽车公司。但是经销商开始恐慌，因为新公司一旦成立，他们的利润一定下降。有关福特汽车不稳定的各种传言开始出现。到了7月份，公司的大多数股东都做好了出售公司股份的决定。

在1906年挤出了马尔科姆森及购买了贝内特和其他三位股东的股份之后，亨利·福特持有福特汽车公司股份的比例是58.5%。道奇兄弟和卡曾斯等其他股东共计持有41.5%的股份。福特委托波士顿一家金融服务公司负责谈判，原则是“如果他不能买到全部的股份，他就一点股份也不会买”。

此时福特汽车公司的总股份数是20000股，亨利·福特持有11400股，埃兹尔·福特持有300股，剩余的8300股分布是：卡曾斯2180股，格雷的后人2100股，约翰·道奇1000股，霍勒斯·道奇1000股，约翰·安德森1000股，霍勒斯·拉克姆1000股。除卡曾斯以其曾对公司的贡献为由而要了一个稍高一点的价格（13000美元）之外，其他股东得到的都是同样的价格：道奇诉公司分红案中确定的福特汽车公司每股股份价值为12500美元。折算为1903年的股份的话，当时投入100美元购买的一股现在出售的价格是 25000 美元。不计已经得到的可能几百倍于原始投资的分红，13 年的时间里，1 美元的原始投入资本增值为 2500 美元。这些股份都是以埃兹尔·福特的名义购买的。根据福特自传的说法，是埃兹尔看到其他股东与其父亲在公司战略方向的矛盾而出钱购买下了所有这些股份。

经过两次重大的股权变化，福特汽车公司的股权结构从 1903 年创立之初的 12 名股东、福特本人持股 25.5% 的“朋友合伙式”企业，经过 1906 年的第一次股权收购变成了福特本人持股 58.5% 的个人绝对控股企业，于 1919 年最终变成了福特本人持股 58.5%、儿子持股 41.5%、父子完全拥有的家族企业。

福特汽车公司的原始股东：股份数额、相互关系及退出时间和出售所获价值

	美元	人物关系	出售时间及售价　美元
亨利·福特	25500		
马尔科姆森	25500		1906 年，17.5 万
卡曾斯	2500	马尔科姆森的助手	1919 年，2931 万
弗赖伊	5000	卡曾斯的堂兄	1906 年，估计是 2.5 万
施特雷劳	5000	马尔科姆森的生意伙伴	1906 年，2.5 万
安德森	5000	起草公司计划的律师	1919 年，1250 万
拉克姆	5000	起草公司计划的律师	1919 年，1250 万
贝内特	5000	气枪制造商	1906 年，估计是 2.5 万
霍勒斯·道奇	5000	由部件供应商成为公司最大债权人	1919 年，1250 万

续表

	美元	人物关系	出售时间及售价　美元
约翰·道奇	5000	由部件供应商成为公司最大债权人	1919 年，1250 万
格雷	10500	马尔科姆森的舅舅和债权人	1919 年，2625 万

注①：有一位匿名股东，罗塞塔·卡曾斯，是卡曾斯的姐姐，出了 100 美元，持有 1 股，但是因为福特不喜欢公司的股东里出现女人的名字，这 100 美元算在了卡曾斯的投资里。1919 年出售时，这 100 美元变成了 2.62 万美元。

注②：1906 年，马尔科姆森卖掉了自己的股份，福特和卡曾斯设法得到了这些股份，还购买了贝内特等其他三位股东的股份。福特的持股从 25.5% 上升到了 58.5%，卡曾斯的持股则从 2.5% 上升到了 11%。1919 年，福特的儿子埃兹尔·福特以 12500 美元每股的价格买下了余下 41.5% 的股份，福特汽车公司成为 100% 由福特家族所有的企业。

资料来源：根据《福特传》中的文字记述整理。

扎克伯格：脸书的持续融资与牢固控制

扎克伯格（1984 年 5 月 14 日出生）也许并不是最先有实名社交网站设想的人，但是他凭借自己的技术和坚持精神，成为了领先者。

（1）第一轮融资：60万美元与500万美元市值

在帕克的推动下，2004 年 9 月，彼得·泰尔（Peter Thiel, PayPal 公司的创始人之一）投入了 50 万美元的种子资金，获取公司 10% 的股份和一个董事席位。公司的名称也由 thefacebook 改为 facebook，因为帕克非常不喜欢这个“the”。泰尔以 50 万美元获得 10% 的股份，等于公司估价 500 万美元，而这距离公司成立还不到半年的时间。

虽然扎克伯格觉得这一估价有些低，但是因为泰尔认同扎克伯格的战略构想，不会干预公司运作，并且具有 PayPal 等公司的成功经验，扎克伯格决定接受这一投资。扎克伯格还把泰尔要亲自而不是委派其他人出任公司董事作为接受融资的一个条件。

在这轮融资中，除了泰尔的 50 万美元之外，还有介绍帕克认识泰尔的霍夫曼（LinkedIn 的创始人）投入的 4 万美元，以及平卡斯（霍夫曼的朋友、六度社交网络专利的共同持有人）和公司另外几位友人投入的小额资金，使总融资额达到了约 60 万美元。

泰尔注资之后，公司的结构开始比较正式了，此前只有扎克伯格 1 位董事，现在建立了一个有四个席位的董事会：泰尔、帕克、扎克伯格以及由扎克伯格控制的一个空余席位。这样的安排是为了让公司以外的人在数量上没有优势，从而保证未来的投资者不会篡位控制公司。泰尔在脸书属于投资者，但是其自己也是个企业家和曾经的创业者，他信奉企业创立者应该控制他们创建的公司。

帕克甚至还特别在公司有关文件中规定，如果任何一位公司创立者或者帕克本人，以任何原因离开公司，他们可以保留他们在公司的电子邮件地址和手提电脑。这是他从被 Plaxo 公司踢出局后得到的教训，失去这两样东西，意味同时失去了很多有价值的联系。

2004 年 11 月 30 日，公司成立仅仅 10 个月，注册用户数突破了 100 万。用户数的增长也意味着费用的增长，60 万美元很快就“烧掉”了。

（2）第二轮融资：1370万美元与1亿美元市值

到了 2005 年初，在新一轮融资进来之前，帕克从一家风险贷款公司借来了 100 万美元维持公司运转。3 月底，全球音乐电视网的母公司维亚康姆公司提出要以 7500 万美元的价格买下整个公司，但是扎克伯格拒绝了。

《华盛顿邮报》提出以 600 万美元投资获取公司 10% 的股份，使公司估值达到了 6000 万美元，或说投资前 5400 万美元的估价。即使这样，扎克伯格还提出了，《华盛顿邮报》方面的董事需要由其老板格雷厄姆亲自出任，其他人免谈。格雷厄姆担心自己分身无术，便与扎克伯格达成了一个不派董事的口头协议。但是由于《华盛顿邮报》方面的高层谈判代表的父亲去世了，使正式协议签署要耽误些时日。

正在这个时候，位于硅谷的阿克塞尔合伙公司（Accel Partners）出场了。并提出了一个几乎是二倍于《华盛顿邮报》报价的价格——投资前8700万美元，投资1270万美元，注资后市值1亿美元。扎克伯格面临着一个两难选择：《华盛顿邮报》方面估价低但是不干预管理，并且已经口头上达成了协议；阿克塞尔方面会干预一些事务（该公司距离脸书只有三个路口），但是估价高，并且拥有硅谷的关系网络。陷于道德困境的扎克伯格征求了格雷厄姆的意见，格雷厄姆很赏识扎克伯格，同意了他的选择。格雷厄姆表示："对于一个20岁的小伙子来说，真不错。他打电话来并不是告诉我他准备接受其他公司的投资，而是找我来商量。"经过此事，扎克伯格也更加尊重格雷厄姆，格雷厄姆成为了扎克伯格的良师益友。

扎克伯格决定接受阿克塞尔公司的投资，但是要求对方的主要合伙人吉姆·布雷耶（Jim Breyer）亲自出任董事，而不是其实际负责此项目的高级合伙人凯文·埃法西（Kevin Efrusy）。布雷耶接受了这一条件，但也同时附加了一个要求，就是允许他个人再向脸书投资100万美元。阿克塞尔投资后，脸书增加了一名董事席位，由4人变为5人。现在是布雷耶、泰尔、帕克、扎克伯格和扎克伯格控制的一个空余名额。这次融资之后，萨瓦林的股份被稀释到了10%左右，这使其大为光火，与扎克伯格决裂，完全退出了公司的管理。扎克伯格关闭了他的电子信箱，并指令此前一直由萨瓦林负责的广告代理商Y2M公司终结与萨瓦林的业务联系。

阿克塞尔的资金到位之后，扎克伯格开始招兵买马。2005年夏天，正式获取了Facebook.com这个地址，是花20万美元从已经拥有这个地址的一个名为Aboutface的公司买过来的，该公司不愿意脸书公司用股票支付。相比之下，当时为脸书的办公室墙上画些涂鸦画作的一位画家接受了脸书的一点点股票作为报酬，如今已价值千万美元。脸书开始飞速增长，2005年10月份用户数突破500万。

（3）第三轮融资：2750万美元与5亿美元市值

2005年底到2006年初，维亚康姆公司积极地想要注资或者全盘收购脸书。维亚康姆公司提出了包括8亿美元现金的总额15亿美元的报价，但是双方就余下7亿美元延期支付的条款谈不拢。

与维亚康姆公司的交易告吹之后，脸书启动了第三轮融资。由格雷洛克公司（Greylock Partners）牵头，包括美瑞泰克资本公司（Meritech Capital Partners）以及泰尔和阿克塞尔公司在内的投资人，按注资前5亿美元估价，投入了2750万美元的新资金。来自格雷洛克公司的大卫·斯泽成为脸书董事会的观察员。

（4）第四轮融资：3.75亿美元与150亿美元市值

2006年6月，雅虎表示愿意用10亿美元的价格收购脸书，并不愿意卖掉公司的扎克伯格遇上了难题。投资者布雷耶极力主张接受这一收购，泰尔内心倾向接受但愿意尊重扎克伯格的立场，帕克（仍然是重要股东）站在扎克伯格一边。莫斯科维茨坚定不移地支持扎克伯格，不同意卖，更不愿意为雅虎这样的有名但是官僚主义的大公司工作。公司员工方面则是年长者主张卖，年轻者不愿意卖。最后由于雅虎方面7月中旬发布的财务报告令华尔街失望，当日股价下跌22%，雅虎方面退却了，将收购报价降到了8.5亿美元，脸书董事会一致同意拒绝了这一交易。

这期间脸书推出了起初遭遇用户强烈抵制的“动态新闻”，并做出了前景非常不明确的对社会开放脸书注册的决定。股价恢复后的雅虎又重新提出了10亿美元收购的议案，甚至暗示还可以提高报价。扎克伯格面对着要求卖掉公司的巨大压力。但是动态新闻和开放注册最后获得了成功，用户数突破了1000万，脸书从学生世界变为整个世界。非常想要接受雅虎收购的投资者布雷耶也改变了主意：我们不打算出售。随后所有积极促进和赞同把公司卖给雅虎的管理层人员都不再被扎克伯格所信任。

在推出动态新闻和开放注册决定的时候，脸书就已经开始筹划平台战略，把脸书变身为一种开放平台，人们可以在上面运行各种各样的应用程序。2007年5月24日，通过一场声势浩大的“F8开发者大会”正式启动了脸书的开放平台。“开心农场”游戏、“理想”（为非营利组织募集资金的）一类的软件像雨后春笋一样在脸书上流行起来。在脸书里成长起来了大量的新型创业公司。2009年，这些滋生于脸书平台的软件公司创造了与脸书公司本身一样的销售收入，大约5亿美元。

平台战略的巨大成功，又让脸书身价倍增。有几家公司提出愿意按100亿美元的估价注资，但是扎克伯格觉得公司该值200亿美元了。2007年10月，脸书开始在谷歌和微软两大巨头之间周旋询价。最后的谈判结果是微软同意了150亿美元的估值水平，以2.4亿美元的投资获得1.6%的脸书股权。微软的这项对脸书的超高估值投资，主要是双方签订广告代理协议的一个副产品，也蕴涵着要拉住脸书以免其投入谷歌怀抱的目的，为此微软特别附加了一个约束条件：脸书不能接受任何来自谷歌的投资。随同微软一同投资的还有李嘉诚，以 6000 万美元获得 0.4% 的股份。李嘉诚随后又追加了 6000 万美元的投资，还有三家德国的风险投资公司投入了 1500 万美元。脸书的第四轮融资总额达到了 3.75 亿美元。

在接受微软投资、完成了第四轮融资之后，在董事会成员布雷耶的要求之下，扎克伯格从谷歌挖来了谢丽·桑德伯格（Sherry Sandberg）出任脸书的首席运营官。桑德伯格从 2001 年开始在谷歌工作，属于资深高管，主管著名的谷歌自助服务广告业务。2008 年 3 月，40 岁、身为两个孩子母亲的桑德伯格开始到脸书上班，为扎克伯格这个当时 23 岁的男孩子打工。来了新的“总管”，扎克伯格给自己放了 1 个月的假，一个人独自背包做了一次环球旅行。桑德伯格帮助公司找出了一套新的广告业务模式，并对公司管理的基础架构进行了重组，许多年轻的公司元老选择了离开公司，另行创业。

（5）第五轮融资：5亿美元与500亿美元市值

2007 年，微软对脸书 150 亿美元的估值被看作是天价，随后金融危机爆发，人们普遍认为脸书公允估值不应该超过 100 亿美元。2009 年 5 月，来自俄罗斯的数字天空科技公司（Digital Sky Technology）按 100 亿美元的估值向脸书投资 2 亿美元。数字天空科技公司还用 3 亿美元从雇员和其他外部投资者手中收购了一些脸书的股票。

脸书势如破竹般发展，2010 年 7 月，活跃用户超过 5 亿。11 月的一次私有公司股票拍卖中，脸书估值达到了 560 亿美元。在经历了估值大幅上涨后，扎克伯格表示有意以 500 亿美元的估值展开融资。2011 年 1 月 4 日《纽约时报》报道，2010 年底，脸书按 500 亿美元估值从高盛和俄罗斯数字天空科技公司获得了 5 亿美元的投资（高盛 4.5 亿，数字天空 5000 万）。作为交易的一部分，高盛还计划成立专项投资基金，按 500 亿美元估值为其客户向脸书追加投资 15 亿美元。

投资者的热捧和高盛的加入，致使美国证监会要调查脸书股票的投资者人数是否已经实际超过了 499 人的限制。美国证券法规定如果股东人数达到 500 人以上，公司就必须要公开财务报告，成为公众公司。同谷歌一样，脸书也因为股东人数问题而“被迫”成为上市公司。

（6）保持控制：挑选中意的董事比融资还重要

从脸书上线第一天开始，马克・扎克伯格就很会保护自己,每篇网页的下方都有“由马克·扎克伯格制作”的签名。脸书一上线，人们就把它与扎克伯格画上了等号，而没有注意到它的共同创建人和最早出资者萨瓦林。

帕克两次被自己所创建的公司赶走的经历，让扎克伯格很早就对风险资本家心存戒备。帕克帮助公司所做的一些治理机制设计，以及《华盛顿邮报》的分级股份安排给扎克伯格的启示，都对年轻的扎克伯格保持住对公司的控制有所助益。但是，最重要的是，扎克伯格自己的价值取向和意志。这个中学时代就拒绝过百万年薪诱惑的青年，决心掌握住自己的公司，这是他连接和改变世界的工具，赚钱不是他的主要目的。他已经签署了巴菲特和盖茨倡议的财产捐赠协议。

为了保持控制和脸书公司自主发展，扎克伯格一直在拒绝被整体收购的“发财和套现机会”，并且对任何可能让他失去公司控制权的交易都不感兴趣。在每一次需要给投资者董事席位的融资过程中，他都把能够与自己合意的对方最高人物亲自出任董事作为接受投资的一个必要条件。

扎克伯格能够一直控制住脸书，帕克功不可没。2005年 8 月，帕克因为参加了一次有吸毒者参加的聚会，投资者布雷耶坚持要帕克走人，辞去总裁职务并要放弃其认股权和董事席位。为了避免扎克伯格为难，帕克接受放弃一半认股权，但坚持要求将其董事席位交给扎克伯格控制，就是这个席位的继任人选可以由扎克伯格在需要时随时指定，这样扎克伯格就控制了5人董事会中的3个席位。帕克第三次被自己帮助创建的公司赶走，但是他与扎克伯格一直保持着良好关系，实际承担着扎克伯格的一个重要顾问的角色。

对于由扎克伯格控制董事会的绝对多数，帕克并不认为这样做会有什么好处，但是相比将这个席位交给其他人要好，因为那样则可能使公司最终落入外部投资者之手，那将是最糟糕的结果，他痛恨风险资本家赶走公司创始人。现在脸书董事会的5个席位分配是：布雷耶、泰尔、扎克伯格和扎克伯格掌握的2个空缺席位。如果一旦扎克伯格与两位投资者董事的意见向左，他可以随时任命两位他能够信任的新董事。帕克离开脸书之后，成为了一个投资人，并创建了自己的新公司。

2008年6月，扎克伯格邀请马克·安德森（Marc Anderson）填补了他所掌握的两个公司董事会空缺席位之一。安德森是个投资者兼实业家，是曾经辉煌一时的网景公司的创立者之一，从2005年开始成为了扎克伯格的亲密顾问。脸书董事会里，安德森是扎克伯格的坚定同盟，他们方向一致。对于扎克伯格牢牢控制公司，安德森认为，“这是好事”，只有年轻的首席执行官能持久运营一家大型科技公司。

布雷耶主要负责公司架构和招聘。“马克喜欢黑客文化和创造性混乱，”布雷耶说，“我给他的建议是在产品创新方面可以这样，但在另外的领域如销售、人力资源部或者法律部可不能这样。”天使投资者泰尔是扎克伯格一贯的支持者，他表示“马克是我们永远的首席执行官”。泰尔对管理不感兴趣，他与扎克伯格谈得最多的是关于长期策略和金融市场环境。

年轻的扎克伯格愿意与任何人在任何时间谈论任何事情，特别是当对方是首席执行官的时候，他把这些会谈当作了一个学习过程。扎克伯格还曾专门去给他一直非常尊重、实际已经成为他的企业管理导师的《华盛顿邮报》创始家族成员、首席执行官格雷厄姆当了几天“跟班”，实地观摩和学习如何做一个首席执行官。2009年，扎克伯格邀请格雷厄姆填补了他所控制的脸书剩余的一个董事会席位。

2009年底，扎克伯格对脸书公司股票做了分类设置，把他和他的合作伙伴们所持的股票转换成投票权比例比较高的一类股份，以保证股权分散化以后的公司控制。这时脸书的股权结构是：扎克伯格25%，阿克塞尔合伙公司

12%（约 1% 由布雷耶个人持有，即他 2005 年时个人投入的 100 万），达斯廷·莫斯科维茨约 6.8%，比德·泰尔 6%，爱德华多·萨瓦林 5%，肖恩·帕克 4%，格雷洛克合伙公司 2%，美林泰克资本合伙公司 1% 多一点，微软大约 1.5%，李嘉诚大约 0.75%，广告公司埃培智集团大约 0.5%（早期与公司之间一项广告代理交易的结果），数字星空公司 2009 年 5 月 2 亿投资获得 2%，以 3 亿美元价格从不同的雇员手中收购约 1.5%。其他投资人和雇员大约 30%。

谷歌：融资原则、上市机制和分级股份设置

谷歌公司于 1998 年 9 月接受天使投资创立。1999 年 6 月，经过几个月的艰苦谈判，谷歌与硅谷的两家著名风投公司，凯鹏华盈和红杉资本达成了注资协议：以谷歌 1 亿美元的估值，两家风投公司共同向谷歌投资 2500 万美元。为了保持控制和公司的独立性，这次融资中，谷歌两位创始人坚持的原则是出售股权比例不超过 25%，两家风投公司要一起进入，不接受哪家单独进入。

美国法律规定股东超过 499 人之后的一年之内必须转为“公众公司”，即使不上市也要对外公布财务报告。需

要对外公开财务报告是许多公司不愿意上市的一个主要原因，管理者怕因此被竞争对手掌握公司的一些重要信息。在2003年，谷歌股东人数超过了这一门槛，本不想让公司上市的佩奇和布林（除了担心泄密之外，他们还憎恶华尔街规则：要让投行赚一大笔和迫于季度报告的短期市场压力），不得不选择让谷歌上市。

谷歌要首次公开发行，一个新矛盾产生了。两位创始人拒绝听从专家或者施密特以及另外三名董事（施拉姆、凯鹏华盈的杜尔和红杉资本的莫里茨）的意见。他们要采用一种"科学"和更加公平的方法，通过一种拍卖机制确定价格并分配股票，而不是让投资银行家来确定价格并把股票分配给他们青睐的客户。

为了保护他们珍视的谷歌"核心价值"（当然，也可以说就是为了保住控制权），他们决定公司要设置分级股份制度：出售给公众的是A类普通股，每股1个投票权；两位创始人和施密特及公司高管保留的是B类普通股，每股10个投票权。两位风投董事对此强烈反对，施拉姆居中不想表态。两位创始人不愿让步，并为此专门向人咨询了实行分级股份制度的《华盛顿邮报》公司、《纽约时报》公司、出版《华尔街日报》的道·琼斯公司以及巴菲特的伯克希尔－

哈撒韦公司的情况。最后还是请坎贝尔出面说服两位风投董事与创始人保持了一致。

为了让两家风投及其他投资者放心，佩奇和布林写了“一封来自公司创始人的信”，与招股书等文件一并呈交美国证券交易委员会备案。这封信中，两位创始人表示，谷歌不是一家传统的公司，他们更为关注的是用户而不是投资人，他们坚持关注用户更有利于股东的长期利益。对于设置分类股票制度的目的他们也直言不讳：“随着股票的易手，这种结构的主要作用是，可以给予我们的团队，特别是布林和佩奇，对公司重大决策和命运日益重要的控制权。”根据谷歌2004年第三次修订版公司章程，谷歌公司的授权资本结构为：60亿股A类普通股和1亿股B类普通股。A类股份每股一个投票权，B类股份每股10个投票权。在分红等其他方面，两类股份同股同权。

2004年8月，谷歌股票通过一种竞价机制，绕过投资银行直接面向公众首次公开发行其A类普通股，募集资金19.2亿美元。谷歌A类普通股股票在纳斯达克上市交易，B类普通股股票不公开发行，也不公开交易。佩奇和施密特及一个约10人组成的高管团队到纽约参加了仪式。布林留在公司工作，他拒绝参加的理由是：“这将传递出错误的信号。”在布林看来，这只是一个普通的工作日，首次公开发行并不是为了发财，而是为了谷歌的发展。自上市开始，两位创始人每年都会写给年度股东大会“一封来自公司创始人的信”，这构成谷歌年报的一个重要部分，不过内容不再是解释谷歌独特的高层架构和分级股份设置，而是有关谷歌公司发展的重要事项。

谷歌上市时，前几大股东持股比例情况是：佩奇和布林两位创始人合计持有 32%，施密特持有 6.1%，红杉资本 9.9%，凯鹏华盈 8.7%，施拉姆 2.2%。投票权方面，佩奇、布林和施密特控制 37.6% 的投票权，整个管理团队加上董事会成员控制 61.4% 的投票权。谷歌还扩展了董事会规模，新增了斯坦福大学校长约翰 · 亨尼斯（John Hennessy）、基因技术（Genentech）公司首席执行官阿特 · 莱文森（Art Levinson）和英特尔公司总裁兼首席运营官保罗 · 欧德宁（Paul Otellini）三位董事。2004 年 12 月 31 日，全体高管和董事拥有谷歌 68.2% 的投票权。施密特、佩奇和布林三人持有 49.8% 的 B 类股份和 47.2% 的投票权。到 2009 年底为止，16 到 17 位的谷歌高管和董事会成员一直控制谷歌 70% 左右的投票权，其中施密特接近 10%，佩奇和布林都是接近 30%。

谷歌的两类股份及高管和董事的投票权比例　当年年底数字（2004—2009）

	2004	2005	2006	2007	2008	2009
高管和董事投票权（%）	68.2	78	73	70	71	70
#施密特、佩奇和布林(%)	47.2	69	66	67	68	68
持有B股比例(%)	49.8	84	85	88	90	90
A股流通在外数（亿股）	0.96	2.03	2.28	2.36	2.40	2.44
B股流通在外数（亿股）	1.79	0.93	0.81	0.77	0.75	0.74
B股股东人数（次年2月）		148	136	111	105	90

资料来源：Google annual report 2004—2009。

谷歌的投票权结构　当年股东大会召开前数据（2007—2010）

		2007	2008	2009	2010
施密特	持B类股(%)	13.3	12.4	12.5	12.7
	占投票权(%)	10.3	9.4	9.5	9.5
布林	持B类股(%)	35.6	38.0	38.9	38.6
	占投票权(%)	27.7	29.0	29.4	29.0
佩奇	持B类股(%)	36.2	37.3	38.2	39.3
	占投票权(%)	28.2	28.5	28.9	29.6
杜尔	持B类股(%)	3.7	3.1	2.9	2.6
	占投票权(%)	2.9	2.3	2.2	2.0
高管及董事合计	持B类股(%)	93.0	91.4	93.1	93.2
	占投票权(%)	72.5	70.0	70.6	70.2
	人数	17	16	17	16

资料来源：Google proxy statement 2007—2010。

3. 管理能力与公司控制

成功创立企业之后，创始人需要转型做管理，或是提升自身的管理能力，或是引入职业管理，否则很难保持住公司，或者被竞争者挤垮，或者被投资者赶走。

谷歌创始人布林、佩奇和脸书创始人扎克伯格，虽然都在公司融资过程中引入了创始人保护安排，但是他们也都同时在努力学习管理，实现从创始人向管理者的转型，并主动或是被迫接受投资者要求，为公司引入职业管理。

2007年底，应投资者董事布雷耶要求，扎克伯格从谷歌挖来谢丽·桑德伯格出任首席运营官。为了有利新“总管”上位，扎克伯格给自己放了1个月的假，独自做了一次环球旅行。扎克伯格愿意与任何人在任何时间谈论任何事情，特别是当对方是首席执行官的时候，他把这些会谈当作一个学习过程。扎克伯格还曾专门去给他一直非常尊重、实际已经成为他的企业管理导师的《华盛顿邮报》创始家族成员、首席执行官格雷厄姆当了几天“跟班”，实地观摩和学习如何做一个首席执行官。

谷歌两位创始人佩奇和布林一开始对投资者倡导的“职业管理”不太信任，担心会破坏以工程师为王的谷歌文化，但是最后还是接受了投资者推荐的斯密特出任谷歌公司的董事会主席兼首席执行官，形成了谷歌独特的“三驾马车”结构。

有些非常优秀的公司创始人没有像谷歌和脸书创始人这样自觉提升管理能力或适应管理转型，则因管理能力不足、公司陷入困境而被迫离开了自己所创建的公司。通用汽车创始人杜兰特、苹果公司创始人乔布斯、思科创始人桑迪和莱恩，以及古奇家族后代等都是这种情况。

杜兰特两次失败于同样一个原因：管理能力不足致使公司陷入困境，被迫离开自己所创建的通用汽车公司。乔布斯和杜兰特一样，也是因为管理能力不足而被迫离开自己所创建的苹果公司。

但是，乔布斯和杜兰特重回自己所创公司的方式不同。杜兰特是通过离开通用汽车后创办雪佛兰汽车公司收购通用汽车公司股票而夺回通用汽车公司的。乔布斯是由于离开苹果后创办 NeXT 公司被苹果公司收购而重回苹果公司，是被苹果公司董事会请回去的。乔布斯好友、甲骨文公司创始人拉里·埃里森曾要通过收购帮助乔布斯夺回苹果公司，被乔布斯拒绝。

经过离开苹果公司之后的十年历练，乔布斯的管理能力已经提升到了一个全新的高度，不再是那个一心痴迷于产品设计而完全忽视管理问题的年轻创业者。

思科创始人桑迪和莱恩为赶走公司首任职业经理人 CEO，把自己的股份投票权委托给了投资方，为两年半后他们自己被赶走埋下了祸根。但是“赶走”桑迪的主要力量，是思科管理团队成员。创始人自己没有能从一个卓越的创业者转型为团队领导人和优秀管理者，从而被快速行进的公司列车甩了出去。

古奇家族第二代掌门人把古奇打造成了一个国际性的时尚帝国，但没有很好地控制住家族内部的利益冲突和矛盾。家族第三代莫里吉奥·古奇借助投资集团平息了家族内讧，但既没有凭直觉管理公司的才能，又缺乏系统、理性的管理方法，还顽固地拒绝投资集团聘请专业人士管理的提议，双方矛盾升级到了必须有一方退出的程度。莫里吉奥有心但是无力收购投资集团的股权，古奇家族从古奇集团出局。

杜兰特：通用汽车的失去、夺回与最终失去

杜兰特两次失去通用汽车公司时的情形几乎一样：轻率的大举扩张，产品库存积压，管理不善，缺乏控制。斯隆评价杜兰特时说，杜兰特成为大企业家很偶然，是碰上了好机会。公司的重大决定都要等他有空时才能拍板，并往往只凭一时的冲动做出。

（1）通用汽车扩张过快陷入财务危机，杜兰特黯然离场

早期通用汽车公司就是杜兰特一个人的天下，他一只眼睛盯着工厂和产品市场，另一只眼睛盯着股票行情和资本市场，心里则想着称霸天下。成立之初，通用就到英国设立据点，1912 年正式改名为通用汽车欧洲公司。杜兰特到处收购，通过股票交易手段，1908 年到 1910 年间，通用汽车公司共吸纳了约 25 家公司进入，并且大部分是全资拥有。其中有 11 家汽车公司，2 家电灯公司，余下为零部件企业。

1910 年 3 月，通用汽车公司发行了 100 万美元的股票。

别克公司的员工购买了12.2万美元，弗林特市的四家银行联手购买了38万美元，余下部分被底特律、辛辛那提和纽约的几家银行购买。但是当年4月就出现了市场低迷，银行立即停止贷款，通用马上陷入财务及经营危机。杜兰特到处借款维持通用汽车的生存，芝加哥大陆储蓄和信托公司本来同意借款950万美元，但由于通用汽车公司没有中央财务管理部门而告吹。这件事震动了通用汽车董事会，他们发现自己根本不知道拥有多少资金或短缺多少资金，公司财务账目一塌糊涂，濒临破产。

1910年9月25日，几家放款银行和杜兰特及通用旗下公司负责人会面。多亏利兰对凯迪拉克公司情况的介绍，让银行家有了信心。几家银行同意提供为期5年、年息6%的1500万美元借款，但通用汽车实际到账的是1275万美元。这些借款还要以"普通股"的形式获得红利，最后其实际获得的"红利"远远超过了借款额本身。

银行家集团以股权托管的形式取得了对通用汽车公司的控制权。通用汽车公司由一个5人组成的董事会执掌，其中有3位是银行代表。董事们选了波士顿李·西金森公司的斯托罗任通用汽车公司临时总裁。杜兰特保留副总裁（创建通用时杜兰特就选择了副总裁的头衔），通用名义上的总裁先是乔治·丹尼尔，后是威廉·伊顿，但是没有任何实际管理权。公司要提供办公室，三位银行代表董事要天天来公司上班；杜兰特的女婿和其他三位董事要辞职。由杜兰特推荐，斯托罗任命纳什为别克公司经理。纳什出身贫穷，从铁匠干到杜兰特先前创建的马车公司的经理。纳什1912年成为通用汽车公司总裁，名义上是第五任，实际是第一位真正行使职责的通用汽车公司总裁。此前的通用汽车总裁都是名义或傀儡性质的，并没有真正行使多少总裁职权。

斯托罗和其他贷款银行的行长们都想通用汽车公司尽早还债，他们的方法就是卖掉杜兰特四处收购来的那些企业。他们让杜兰特出任一个新成立的财务委员会的主席职务，但任务不是去收购，而是清查审计他已经收购来的那些企业。斯托罗感觉自己驾驭不了通用汽车公司。他和金融家们决定聘请托马斯·马尔出任通用汽车公司总裁，詹姆斯·肖为总会计师。在银行家们的强硬要求下，通用汽车公司申请将其全部股票在纽约股票交易所挂牌交易并获批准。

银行家托管通用汽车的5年时间里，通用汽车虽然没有太大的业务上的增长，市场占有率从21%下降到了8.5%。但是在财务上却是十分健康了，以至1916年9月16日，董事会宣布每股派息50美元现金，这是公司成立7年来的首次现金分红，也是纽约股票交易所成立以来每股派息额的最高纪录。

（2）东山再起，杜兰特通过雪佛兰夺回通用汽车公司控制权

1910年10月，杜兰特找到赛车手雪佛兰，鼓动他做汽车设计工作，仿造法国的经济型汽车。1911年5月，杜兰特出资，雪佛兰以技术做投入，成立了雪佛兰汽车公司。这一期间，执掌通用的银行家们决定停止别克10型车——一种小型车的生产，杜兰特决定另起炉灶生产别克10型车。为此，1911年8月，杜兰特又成立了利特尔汽车公司。

在通用汽车公司大权旁落之后，杜兰特手中又有了新的汽车公司。1912年，他做出了震动汽车界的举动：创建合众国汽车公司，首先在特拉华州注册，然后在纽约州，最后落户到了密歇根州。1913年8月，由于利特尔赚钱而雪佛兰赔钱，杜兰特让利特尔公司兼并了雪佛兰公司。雪佛兰一气之下离开了公司，并将其所持股票卖给了杜兰特，落得个与别克一样的命运，留下了名字而没有留下财富，1920年11月死于赛车事故。以后，兼并了雪佛兰的利特尔

改名为雪佛兰，合众国汽车公司也改名为雪佛兰汽车公司。1915 年雪佛兰汽车公司成功推出了雪佛兰 490 车型，采用与当时售价 490 美元的福特 T 型车同样价位投入市场，因为比 T 型车多了电打火的起动系统而大受市场欢迎。大概是为了方便向金融界展示自己的产品，雪佛兰汽车公司在纽约设立了汽车工厂。

在杜兰特的雪佛兰汽车公司蒸蒸日上的同时，银行家们掌管下的通用汽车却步履缓慢甚至停滞不前。债权人一心保护自己的债权和利益，拒付股息，对盈利的部门也不提高员工工资。这时，杜兰特开始收购通用汽车公司股票，以期夺回对通用汽车的控制权。雪佛兰公司业绩优秀，杜兰特不断增发雪佛兰股份，以 5 股雪佛兰股票换 1 股通用汽车股票，通用汽车的小股东提着装满了股票的手提箱蜂拥而至。为了确认自己已经掌握了通用汽车公司一半以上的股票，杜兰特带着三个助手反复清点了一夜。

1915 年 9 月 16 日，杜兰特在银行家们接管 5 年之后重新回到了自己创建的通用汽车公司。通用汽车召开了董事会，半数董事站到了杜兰特一边。但是在董事会提名新一届董事名单时，两派僵持不下。董事考夫曼邀请来的两位以观察员身份列席董事会会议的皮埃尔 · 杜邦和拉斯科布（时任杜邦公司财务主管，后任杜邦公司总裁）先是保持中立，后在银行家们的邀请下，成为调停人。杜兰特和银行家方各提名7位新董事候选人，杜邦提名3位中立的董事候选人。两个月后的1915年11月16日，通用汽车公司股东大会通过了新一届董事会成员的选举，同一天的董事会会议委任杜邦为通用汽车公司董事会主席，并继续聘纳什为总裁。

起初杜兰特对于仍然由纳什担任公司总裁并没有意见。但是由于雪佛兰汽车销售火爆，杜兰特决定雪佛兰与通用的换股比例由以前的5比1改为4比1。这让站在银行家们一边的斯托罗派占不到便宜了，于是又发生了一次斗争，纳什站在了反杜兰特联盟的一边。但是凭借股权比例上的优势，杜兰特获得了胜利，纳什提出了辞职。纳什在斯托罗的支持下创建了纳什汽车公司。孤儿出身的纳什，死后留下了近5000万美元的财富。

1916年6月1日，杜兰特当选为通用汽车公司总裁，"一场盛大的演出又开始了。"（斯隆语）

（3）春风得意，杜兰特领导通用汽车公司再度高歌猛进

1916年10月13日，杜兰特出任通用汽车总裁不到半

年的时候，资本金总额达到1亿美元、注册于特拉华州的通用汽车公司替代了原来注册于新泽西州的通用汽车公司，原来处在新泽西州通用汽车公司作为控股公司管理下的独立子公司别克、庞蒂亚克、奥尔兹、凯迪拉克等等成为新通用汽车公司下属的事业部，通用汽车公司本身从以前的纯粹控股公司变为运营性公司。1917年，新的通用汽车公司及其下属事业部正式投入运营。由于担心《反垄断法》限制，杜兰特没有立即合并雪佛兰公司，但到1918年，雪佛兰汽车公司也被并入了通用汽车公司。

杜兰特完全重掌通用汽车公司大权之后，重新起用了被银行家们晾在一边的利兰父子主管凯迪拉克，同时出重金留住了沃尔特·克莱斯勒，出任别克总裁。克莱斯勒为了从事“汽车事业”，牺牲12000美元年薪的工作，到通用汽车公司拿6000美元年薪，并且在银行家控制和纳什管理时期一直得不到加薪。杜兰特直接把他的待遇提高到50万美元一年，完全出乎克莱斯勒的想象。杜兰特收罗全国各地的零部件制造商，这其中包括海厄特滚珠轴承公司，并由此将管理天才斯隆纳入了通用汽车旗下。兼并戴尔科工厂时带来一位凯特林，他的研究成果使通用汽车公司获利几十年。斯隆从麻省理工毕业后，加入了海厄特的滚珠轴承公司。后来他父亲出资 5000 美元挽救了身为优秀发明家但并非优秀商人的海厄特的公司，斯隆成为海厄特轴承公司总裁，领导海厄特成为了滚珠轴承的领先供应商。

在留住管理人才的同时，雄心勃勃的杜兰特也得到了公司新董事会主席杜邦及其背后的杜邦公司的支持。杜邦家族制造火药，发战争财，但是相比其在通用汽车公司的投资收益，数亿美元的战争财“简直像零用钱一样不足挂齿”。1917 年 12 月 21 日，杜邦公司董事会根据杜邦和拉斯科布的建议，授权购买价值 2500 万美元的通用汽车和雪佛兰汽车公司股票。到 1918 年初，杜邦公司通过从公开市场和个人手中购买，收购了 23.8% 的通用汽车公司股票。1918 年，杜邦与杜兰特一致决定将通用汽车公司的股本总额提高到 2 亿美元，年底，杜邦公司在通用汽车的投资达到 4300 万美元，持股份额达到 26.4%。到 1919 年底，杜邦公司在通用汽车的投资达到 4900 万美元，持股份额达到 28.7%。到 1921 年，杜邦公司持有通用汽车公司的股票份额进一步提高到了 36%。（杜邦公司持股通用汽车后来受到了美国政府的反垄断起诉，1949 年结案，法院判令杜邦公司在一年内剥离他们持有的通用汽车股权。）

杜邦方面人员接管了通用汽车的财务部门。杜邦派拉斯科布出任通用汽车财务委员会主席，杜兰特是成员。该委员会负责所有财务问题，并决定高层管理人员的薪水。杜兰特任通用汽车执行委员会主席，该委员会负责管理财务问题之外的所有运营问题。杜邦方面的代表海斯克尔同时是财务委员会和执行委员会的委员。

得到拉斯科布和财务委员会的支持，杜兰特带领通用汽车公司在1918和1919年间又进行了大规模的业务扩张。此时的福特固执己见，以至不惜让已经上5亿美元的企业重新成为家族企业。福特汽车公司仍旧坚持大规模生产样式单一的黑色T型车，这一“色盲”行为让许多人选择了色彩斑斓的雪佛兰轿车。美国汽车业成了通用和福特两大巨人的天下。

（4）人才流失，扩张失控：杜兰特彻底失去通用汽车公司

杜兰特的经历和体验让他坚信，只要是他自己做出的重大决定，事情一准会取得成功，而靠领导集体做出的决策总会导致失败。杜兰特的这种自我膨胀让他和杜邦及高级管理人员的分歧越来越大。公司管理任人唯亲，事业部的运营则以讨价还价为基础。斯隆说，杜兰特善于扩张，

不善于管理，决策充满随意性。1919 年，斯隆向杜兰特建议，由于公众股东对通用股票的兴趣越来越大，公司有必要请独立的会计师来进行审计。不太了解会计工作的杜兰特当即同意，并让斯隆负责这项本该由财务部门负责的事情。

1920 年前后，杜兰特的一人专断达到了顶峰，让高级管理人员寒心。有时他们会被杜兰特召集到他旅行途中的任何一个地方，可能还要等上几个小时，才能举行一次办公会议。“他从来是凭着充满智慧的某种直觉做出决断，开始从事一项大事业的。他从来不注意收集与工作项目有关的事实。”（斯隆语）1920 年 3 月 25 日，由于杜兰特过分插手别克公司的管理，别克公司总裁克莱斯勒愤然辞职。可以说，克莱斯勒的愤然辞职和其随后创建的克莱斯勒汽车公司，堵死了杜兰特第二次离开通用汽车后想要第三次在汽车业崛起的道路。斯隆也在此时差点离开通用汽车公司。

此前，成功创建凯迪拉克公司、将凯迪拉克卖给通用之后又为通用服务了十年的利兰父子，因为对待战争态度不同（一战爆发后利兰父子主张通用要为国家服务，生产飞机发动机，杜兰特不同意）而于 1917 年被杜兰特解雇。1910 年，是小利兰说服了银行家们不对通用汽车进行清算收回贷款，从而拯救了杜兰特和通用汽车公司。离开通用汽车后，利兰父子自己建立了为政府制造飞机发动机的工厂，然后用此工厂又创建了林肯汽车公司。投资人查墨斯在损失了上百万美元之后退出，最后林肯汽车被福特汽车公司收购。这使本来只是凭借T型车独霸低端市场的福特汽车公司，在高端市场上也有能力与通用汽车展开竞争。

1920年，由于经济萧条，汽车需求疲软，杜兰特和拉斯科布合伙成立了通用汽车承兑公司，向低收入阶层的消费者提供购车贷款，但是无济于事。1920年底，整个美国经济陷入了大衰退。除了别克和凯迪拉克还维持减产运营之外，其他主要的汽车事业部都关闭了工厂。

一味扩张，疏于管理和控制，在带来产品积压的同时也为杜兰特最后的失败埋下了“股东基础不稳”的祸根。1920年3月，为了满足大肆扩张的资金需求，通用汽车公司发行了6400万美元的新股，参与认购的包括杜邦公司、J.P.摩根公司及一些英国投资公司。杜邦、拉斯科布以及摩根等所拥有的股票，达到了可以提名6位董事的份额。1920年6月，杜兰特接受了6位新董事：3位工业企业家，3位银行家。这其中就包括了一位摩根公司的合伙人斯特蒂纽斯杜，在杜兰特拼死吃进以维护通用股票价格时，正是这位通用的新董事在大肆抛售。

自从1917年开始，为了维持对通用汽车公司的控制权，支撑通用股价，杜兰特就不断地买入通用股票，甚至举债购买。对了对付华尔街的抛售，杜兰特还使用了一种类似现在共同基金的手法。他成立了一家杜兰特公司，由他的内侄担任总裁。这家公司以18美元的特定价格向“正派股民”提供通用汽车公司股票的“融资证券”。公司计划书说，“在人们以非常不明智的价格向证券市场狂抛通用汽车股票的最后几天，我们杜兰特公司全部买进了这些股票。”但是杜兰特的这招在华尔街遭遇了惨败，以致最后不得不出售通用汽车股票。通用汽车股票继续下跌，杜兰特资金链断裂，接近个人破产境地。最后，杜邦、摩根等投资者与杜兰特达成了协议，通过一家新的持股公司收购杜兰特的股票。

比较仁慈的杜邦派还想提名杜兰特任通用董事会主席，但是摩根派的人坚决反对，认为“杜邦他们这帮人怎么会这么糊涂和无能，竟然对杜兰特深信不疑”。而杜邦则认为“摩根公司对通用汽车的股票纯粹是瞎操心。摩根公司的人无时无刻不在质问杜兰特先生有关股票的事情，我觉得，我们没有必要去管他的事情。”

摩根公司的会计师们对杜兰特个人资产清算的最后结果是：他拥有的通用汽车股份按每股9.5元计算价值2404.5185

万元，他的债务总计2403.7319万元，资产净值7865美元。

1920年11月30日，还差一周满59岁的杜兰特辞去总裁职务，退出了通用汽车公司。1921年1月，通用汽车公司决定支付杜兰特150万美元现金，作为给他的一揽子赔付金。

为了扭转危难的局势，董事会主席杜邦兼任总裁。拉斯科布仍任财务委员会主席。执行委员会进行了重组，包括杜邦、拉斯科布、海斯克尔和斯隆。这个新委员会负责运营政策，同时也负责一部分管理工作。原来由各事业部负责人组成的执行委员会成为运营咨询委员会。整个通用汽车公司基本按照斯隆此前一年所做、本来是提交杜兰特但是未被采纳的一项“组织研究”提出的分权管理模式，重新构造了组织结构。

杜邦作为主席，实际主要由4人执行委员会管理的状态持续到了1923年5月10日。本来，1923年4月18日，股东年会选举新董事会；4月19日，董事会决定杜邦仍任总裁，领导原班人马再干一届。但是5月10日，杜邦提议召开了一次特别董事会会议，在先请另一位董事莫特担任会议主席后，杜邦提出了辞去总裁职务的请求，得到董事会批准。杜邦继续担任董事会主席，根据杜邦的提议，董事会聘任斯隆为总裁，并担任执行委员会主席。

杜邦卸下总裁职务，斯隆接任，意味着通用汽车结束了杜兰特退出后以“稳定局势”为主要任务的特殊时期，进入了一个新的发展时期。执行委员会成员扩大到了 10 人，不再负责具体的管理性工作，而只是负责政策制订，行政管理性工作全部交回总裁负责。

斯隆一直领导通用汽车公司到 1946 年，先是作为总裁，后是作为董事会主席，同时一直担负着通用汽车公司首席执行官的角色。斯隆重建通用汽车公司分权管理下事业部制的组织结构，使通用汽车公司在很长一段时期里成为了现代多元业务集团企业管理的典范。

到斯隆为止的通用汽车公司历任总裁名单及任职期限

乔治·丹尼尔	1908.09.22 ~ 1908.10.20	此二人只是挂名，实际由杜兰特管理
威廉·伊顿	1908.10.20 ~ 1910.11.23	
詹姆斯·斯托罗	1910.11.23 ~ 1911.01.26	银行家们的代表
托马斯·尼尔	1911.01.26 ~ 1912.11.19	一定程度上是斯托罗所代表银行家们的“傀儡”
查尔斯·纳什	1912.11.19 ~ 1916.6.1	
威廉·杜兰特	1916.06.01 ~ 1920.11.30	名副其实的总裁
皮埃尔·杜邦	1920.11.30 ~ 1923.5.10	斯隆实际成为执行副总裁
艾尔弗雷德·斯隆	1923.05.10 ~ 1946	从总裁到董事会主席兼 CEO

（5）杜兰特不甘心失败，但已经没有了再创辉煌的历史机遇

从通用正式退出的杜兰特，刚过完 59 岁生日后，又准备创建一家新的汽车公司。他向朋友和家乡父老发出投资邀请，得到了各种中小投资人的热烈响应。1921 年 5 月，资本金为 500 万美元的杜兰特汽车公司正式成立并挂牌上市。在工厂场址尚未确定的情况下，杜兰特汽车公司就收到了价值 3100 万美元的汽车订单。杜兰特汽车公司又很快取得了商业上的成功，公司股价表现也很好。不到两年的时间里，公司总共生产了 7.5 万辆杜兰特牌轿车。10 个分厂总计雇佣 4.8 万人，各种汽车生产能力总计每年 65 万台，产品远销世界 35 个国家。

通用汽车公司被“银行家”夺走是杜兰特的最大痛苦，因此他要自己也搞个银行干干。1923 年 3 月，他接管了一家银行——自由国民银行。为了避免银行被大资本操控，他特别设计了一种非常分散的股权结构。资本金由 30 万股东共同出资，每人仅限 1 股，每股 150 美元。掌握了银行的杜兰特，开始紧盯股市，对汽车的热情逐渐消散。

杜兰特汽车公司成立后虽然取得了不菲的业绩，但是在通用和福特之后，汽车业老三的位置也已经不可能是他

了。1920 年离开通用的克莱斯勒于 1924 年首次推出了自己的汽车，后又收购了道奇兄弟陷于破产的汽车公司，占据了汽车业老三的位置。1925 年的美国汽车市场，通用和福特两家占一半以上，克莱斯勒（包括道奇和普利茅斯）占 20%，余下 30% 由杜兰特和其他 40 家汽车制造商争夺。杜兰特曾努力再次走联合之路，将杜兰特与其他小型汽车公司联合起来，以与上述三大公司竞争，但是这一切都已经太晚了，杜兰特汽车公司——杜兰特所创建的最后一家汽车公司，没有像通用汽车公司那样有人拯救，而是最后破产清算了。

不再做汽车梦的杜兰特本人则深陷 1929 年大危机爆发之前的那段美国股市大投机狂潮之中。坚定不移做多、甚至在道德上反对做空（你怎么能卖出你没有的东西）的杜兰特，最后被 1929 ~ 1933 年的大危机彻底击垮。1936 年 2 月 8 日，杜兰特向纽约地方法院正式提交了个人破产申请。

乔布斯：被迫离开与重新执掌苹果

乔布斯被迫离开自己所创办的公司，但他通过成功创办新企业而于 12 年之后归来，并且一直执掌苹果至因病去世。

（1）乔布斯被迫离开苹果

1981 年 3 月，因为财务困境、大幅裁员等等原因，苹果公司首任总裁斯科特被迫辞去了总裁和 CEO 职位，马库拉由董事长改任总裁兼 CEO，乔布斯则接替马库拉出任苹果公司第二任董事长。

乔布斯一直想自己出任苹果公司总裁，并且毫不怀疑自己完全有这个能力。但是苹果公司董事会中只有他一个人这样认为。自己不能出任总裁，次优选择就是找一个能够听自己话的人出任总裁。1982 年底，不懂 IT 技术的市场营销高手——百事可乐总裁斯卡利（John Sculley）进入了乔布斯和苹果公司董事会的视野。1983 年 4 月，斯卡利出任苹果公司总裁兼 CEO，年薪 100 万美元，另有业绩奖金和股票期权。乔布斯在说服斯卡利放弃百事可乐公司总裁职位而接受苹果公司总裁职务时，说了一句被广为传播的名言："你是想一辈子卖甜水，还是想改变世界？"

斯卡利对乔布斯有些崇拜，任由乔布斯控制公司。乔布斯任董事长，斯卡利任总裁兼 CEO，但实际的 CEO 职权掌握在乔布斯手中的状态，持续了两年时间。乔布斯沉迷于技术和新产品研发，而对公司管理混乱和销售日益恶化的状况认识不足。

到了 1985 年 4 月 11 日，由苹果公司上市开始一直担任董事的一位投资者罗克牵头，董事会决定让斯卡利全权掌握公司。在董事会的全力支持下，斯卡利对公司进行了一系列的机构重组，乔布斯除了董事长职务之外，对公司具体部门和重要事务不再有任何直接管理权（最初是保留了一个新产品开发部副总裁的职务，后来干脆是一个更空的“新产品构想者”职务）。乔布斯试图进行“宫廷政变”式的反击，但是没有取得成功。斯卡利先是要求全体管理人员当着乔布斯的面投票表示是支持乔布斯还是支持他，后又逐一征询公司董事的意见，要求解聘乔布斯。最后的结果还是乔布斯被他自己请来的职业经理人斯卡利“赶出”了自己创建的苹果公司。这场权力斗争持续了 5 个多月，1985 年 9 月 17 日，乔布斯向苹果公司董事会提交了辞呈。辞呈中的一段内容是：“苹果公司最近的机构重组让我没有任何事情可做，甚至也不让我接触日常管理方面的汇报文件。我只有 30 岁，我还想为电脑事业贡献自己的力量，也希望取得一定的成就。”

乔布斯辞职后，苹果公司董事长的职位空缺了几个月。斯卡利从 1983 年 4 月开始担任苹果总裁兼 CEO，1985 年 9 月开始真正掌握 CEO 实权，1986 年 1 月开始兼任董事长，此后一直领导苹果公司到1993年，该年6月由史宾德勒（Michael Spindler）接任其总裁和CEO职务，同年10月，马库拉接任其董事长职务。史宾德勒的总裁与CEO职务和马库拉的董事长职务均任职到1996年2月，此后由阿米利欧（Gil Amelio）出任苹果公司董事长兼CEO，苹果公司从此再没有设置总裁职务。

（2）乔布斯重新执掌苹果

面对被迫离开苹果的情况，乔布斯一开始曾想从政，但是找了一家专业咨询公司征询意见后放弃了这一想法。乔布斯认识到自己“最擅长的事情就是召集一组天才般的人，和他们一起设计产品”。乔布斯正是这样做了，他首先创办了NeXT公司，并获得了罗斯·佩罗特和佳能公司的支持；后又买下了一个电脑动画制作组，将其办成了著名的皮克斯动画制作公司。

由于NeXT公司拥有苹果公司需要的操作系统技术（以此为基础研发Mac OS X），在阿米利欧的主导下，1996年12月20日，苹果公司以3.775亿美元现金加150万股苹果公司股票的价格买下了NeXT公司。现金用于偿还NeXT公司的其他投资者，股票则全部归了乔布斯。阿米利欧还聘请乔布斯作为苹果公司的特别顾问。

但是 1997 年伊始，媒体舆论对苹果公司的轰炸、乔布斯好友甲骨文 CEO 埃里森对苹果公司的接管威胁、阿米利欧宣布裁减 2700 个职位等等，致使苹果公司风雨飘摇。1997 年 7 月 4 日开始，苹果公司董事会召开了长达 36 小时的系列电话会议，最后由董事伍拉德（Edgar S. Woolard Jr.，杜邦公司董事长）代表董事会电话通知阿米利欧辞职。关于乔布斯在这一过程中是否使用了一些手段，存在各种不同说法和猜测（包括他在 6 月 26 日抛售了 150 万股出售 NeXT 时所获得的苹果公司股票）。无论如何，结果是乔布斯替代了把他拉回苹果公司的阿米利欧，重新掌管苹果。

1997 年 7 月，乔布斯以 1 美元的薪酬出任苹果公司“临时”CEO，一直“临时”到 2001 年 1 月，被正式任命为苹果公司 CEO。在乔布斯的领导下，通过 iPod、iTunes 和 iPhone 等一系列新产品的成功推出，苹果电脑公司转型为一家消费电子类产品公司，并于 2007 年去掉了公司名称中的“电脑”字样，正式改名为苹果公司（Apple Inc，）。2009 年乔布斯身患重病后，仍然担任着苹果公司 CEO，实际运营主要由 COO 库克负责。

自 1997 年 7 月阿米利欧辞去董事长和 CEO 职务后，

苹果公司的董事长职位也开始空缺（1996 年 2 月开始苹果公司没有了总裁职位），董事会由两位联席领导（Co-lead）董事即钟彬娴和莱文森负责。在身患重症的情况下，乔布斯为什么不干脆改任董事长，并正式任命库克为首席执行官，可能与乔布斯自身在苹果公司权力更替和治理结构演变中的特殊经历有关。1985 年身为董事长的乔布斯为争斗 CEO 的职权而被迫离开苹果，现在他似乎要牢牢抓住 CEO 的头衔，心里才踏实。

从乔布斯（自身担任董事长并是公司大股东）先前败给斯卡利和后来赢了阿米利欧（董事长兼 CEO）的两次苹果权力斗争中，我们都可以清楚地看到，是董事会中的多数派支持决定胜负，董事长职务本身不起决定作用。这也许是乔布斯与苹果公司治理案例可以带给我们的一个最大的启发：不管你是谁，创始人、大股东或董事长兼 CEO，公司内部领导权配置的最高决定者都是多数派董事。董事会的权力到位，有董事会的裁决机制，多大、多激烈的公司内部权力斗争，都可以和平解决，不会因权力斗争而使公司瘫痪以至分崩离析。

思科：风险资本入主与创始人出局

1976 年，红杉资本瓦伦丁曾经拒绝了乔布斯，没有向苹果公司投资。1987 年，瓦伦丁在向他眼里“没有任何管理可言，但有非常好的想法”的思科公司投资时，已经决定要为思科引进专业管理。

（1）红杉资本入主，瓦伦丁出任董事长

1987 年春，通过一位律师的介绍，思科公司联系上了从 1974 年就担任红杉资本常务合伙人的唐·瓦伦丁。在瓦伦丁看来，“这是一家没有管理可言的创业公司，但他们有非常好的想法”，并且在其产品的知识产权问题上还与斯坦福大学之间存在着纠葛。但是瓦伦丁还是决定向思科投资，因为思科的技术比瓦伦丁所熟悉的其他公司要先进得多。红杉资本向思科投资 250 万美元，得到思科 29.1% 的股份。思科创立三年，估值达到 860 万美元。

红杉资本在思科占 29.1% 的股权比例，低于两位创始人的持股比例（桑迪和莱恩各自持有思科 17.6% 的股份，合计 35.2%），因此，红杉资本要对公司的日常运营进行控制，自然会遭到两位创始人的抵制。瓦伦丁在第一次见到桑迪

时就曾直言不讳地说："我听说你就是思科一切问题的根源。"桑迪反驳道："没有我就没有思科。"瓦伦丁坚持认为，要为思科引进专业的管理方法，否则它将永远无法走出苦苦挣扎的创业阶段。加强销售力量是当务之急。1988年1月，在瓦伦丁的主导之下，思科以9万美元年薪和5.1%的股份，聘请了特里·埃格——思科的第17名员工，出任首任销售副总裁。

这时思科的内部管理还是处在两位创始人（莱恩和桑迪）和职业经理人（CEO格雷夫斯和CFO恩布里）之间的激烈冲突之中。两位职业经理人认为自己有责任也有权告诉两位创始人应该如何运营一家企业，但是两位创始人却不这样认为。作为让瓦伦丁同意解雇格雷夫斯的交换条件，桑迪和莱恩把他们拥有的合计35.2%股份的投票权交给了瓦伦丁，使瓦伦丁在思科拥有了64.3%的股份投票权。这也为日后两位创始人"被赶出局"埋下了祸根。

在主要由工程师构成的思科公司里，负责销售的特里·埃格发挥着巨大的实际管理职责，他要"管理"那些工程师们，以确保他们让产品包含他已经许诺给客户的那些特性。甚至在推选瓦伦丁出任思科首任董事长的问题上，他也发挥了重要作用。在决定解聘格雷夫斯的董事会会议上，埃格表示，没有CEO也没有董事长，会让人对公司感到困惑。瓦伦丁问埃格："那你认为应该怎么办？"埃格回答："你是我们当中最出名的人，我想推举你当董事长。"瓦伦丁环顾四周，问大家是否有不同意见。没有听到有人表示异议后，瓦伦丁说道："好，那我就是董事长了。"

（2）摩格里奇奠定思科基础架构

1988年5月，思科聘请了硅谷的一位沙场老将查克·萨特克利夫（Chuck Sutcliffe）替代格雷夫斯。这位第二任CEO属于"老好人"，任职6个月，并没有有效地解决思科的内部矛盾。倔强、苛刻的桑迪也许已经理解了公司需要专业管理人员的道理，但实践上却不想屈服于这个管理层。1988年11月的时候，思科还只有35名员工，其中12名是工程师，有些头重脚轻，需要结构调整。瓦伦丁找来了一位合适的人选担当思科公司的领导角色：约翰·摩格里奇（John Morgridge，1933年出生）。摩格里奇既有管理经验，又有高科技知识。瓦伦丁想让摩格里奇带领思科公司上市。上市被当作树立共同目标和转移内部矛盾的手段，因为这时候的思科内部，上市是唯一没有任何争议的事情。

摩格里奇这位思科公司第三任CEO上任之后，除了要面对脾气火爆、对人苛刻的两位创始人之外，还要面对因为出色销售业绩居功至伟、我行我素而又深得董事会支持的埃格。桑迪是个情绪皇后，用一位思科前首席技术官的话说，“她的体内有一种狂野的能量，当这种能量被聚集起来的时候是惊人的。但她没有丝毫的容忍力，随时会大喊大叫。无论什么事情，她都要发表高见。”甚至投资人瓦伦丁都感到，“和她一起工作是非常艰难的。她的处事风格非常生硬，带着一种完美主义者的态度以及非常苛刻的对抗主义手法，而且丝毫没有宽恕之心。”（《思科风暴》第 79 页）莱恩也非常缺乏沟通技巧，有时会对潜在客户也大喊大叫。好在他们的这些矛盾冲突，似乎并不是因为私心私利，而只是对公司业务问题的看法不同。桑迪为了客户的利益会毫不犹豫地开火。如果埃格认为他会得到一个订单，也会毫不犹豫地向别人开火。瓦伦丁甚至曾让摩格里奇聘请一位“公司的精神医生”，帮助处理思科内部的冲突局面。

在红杉资本公司的帮助下，思科聘请了很多高级管理人员，接管原来由工程师负责的一些商业性事务。这些人包括：戴夫·林，1988 年 12 月出任思科首位生产副总裁；爱德华·科泽尔，1989 年 3 月成为思科的市场扩展经理；

约翰·博尔杰，1989 年 6 月成为思科第二任首席财务官。摩格里奇着力加强了思科的“团队建设”。当时的风险投资者普遍反对给创始人和工程师之外的员工股票期权，但是摩格里奇努力说服了瓦伦丁接受这一做法，使思科成为硅谷最早给大量非管理层和非技术员工股票期权的公司之一。

（3）公司上市与创始人出局

在摩格里奇领导的一年多时间里，思科从 1988 年 11 月时的一个只有 35 人、其中 12 人为工程师的创业性小公司发展成为 1989 年 12 月时拥有 172 名员工、35 名工程师，生产部（42 人）、销售和市场部（45 人）、客户服务部（32 人），和财务及行政部（20 人）等各关键职能部门建制齐全的成型公司。1989 思科的营业收入和利润分别达到了 2766 万美元和 418 万美元。1990 年 2 月 16 日，思科上市。此时红杉资本持股比例为 23.5%，两位创始人莱恩·博萨克和桑迪·勒纳各自持有 13.8% 的思科股份。

但是，在思科上市仅仅半年之后，1990 年 8 月 28 日，在包括销售副总裁特里·埃格、生产副总裁戴夫·林和首席财务官约翰·博尔杰在内的 6 名副总裁以集体辞职相威胁的要求之下，思科董事会解聘了公司创始人之一桑迪·勒纳，随后已经于1988年与桑迪分居的另外一位创始人莱恩·博萨克自己辞职。1990年底，思科的这两位创始人抛售了所持思科股票。莱恩·博萨克于1991年创建了自己的新公司：XKL，从事计算机I/O和底版研究。

从公司控制权配置角度来看，1988年5月，为了争取红杉资本方瓦伦丁支持赶走公司首任职业经理人CEO格雷夫斯，桑迪和莱恩把自己的股份投票权委托给了瓦伦丁，为两年半后他们自己被公司赶走埋下了祸根。但是“赶走”桑迪的主要力量是思科管理团队成员。董事长瓦伦丁、CEO摩格里奇原本是支持桑迪的。实权人物销售副总裁埃格起初因很欣赏桑迪重视客户权益而置身事外，但是在看到她对一位重要客户发火之后，决定加入反对者的阵营。因此，从一定意义上说，是思科的两位创始人，尤其是桑迪，自己没有能从卓越的创业者转型为团队领导人和优秀管理者，从而被快速行进的思科列车甩了出去。十几年之后，思科这两位创始人仍然拒绝《思科风暴》（2003年出版）作者罗伯特·斯莱特的采访要求，可说是怨气不消。

古奇家族：从内讧到出局

同在家族资本主义盛行的意大利，安杰利家族的第五代成员保持住了对菲亚特集团的控制，但是古奇家族却在第三代就彻底失去了古奇集团。古奇在短短几十年内从一个小店铺和家庭作坊成长为国际顶级时尚品牌，可谓是商业史上的奇迹之一。古奇家族在因为内讧而引入私人股权资本（PE）仅仅四年之后就彻底失去了古奇集团，也可说是为企业创始家族提供了一个异常惨痛的教训。

（1）艾度·古奇：成功的创建者，失败的掌控者

古奇欧去世后，继承了古奇全部财产的三兄弟把古奇的业务分成了三块，各自具体管理一块：艾度负责海外市场，1907 年出生的法斯卡（Vasco）负责佛罗伦萨的工作，1912 年出生的罗多佛（Rodolfo）负责米兰分店。但是古奇事业仍然是作为一个集团来整体运作的，两位弟弟对大哥很信服，一切由艾度放手去做。

这位古奇家族第二代的掌门人艾度·古奇是营销高手，擅长开疆拓土，把古奇打造成了一个国际性的时尚帝国；但他却没有很好地控制住家族内部的利益冲突和矛盾。艾

度的长子乔吉欧于1969年在罗马自立门户，开设了一个“古奇精品店”，好在1972年古奇精品店并入了古奇家族事业，仍由乔吉欧管理。给古奇家族事业带来更大麻烦的是艾度的二儿子宝洛。

1970年代初期，古奇成功在美、欧、亚三大洲确立了品牌地位，成为了身份地位的象征。1971年为了加快扩张步伐，艾度曾提出改变其父亲确立的家族要牢牢控制公司所有权原则、通过出售40%股权让公司上市的想法，但是遭遇其两个弟弟的坚决反对。两个弟弟还决定，至少100年内，不对外出售公司股权。但是实际的演变却脱离了他们的初衷，家族内部的纷争导致了外部人的进入。

1974年，古奇创立者的二儿子法斯卡死于肺癌。法斯卡没有孩子，其持有的三分之一古奇股权应由其妻子继承。为了保持古奇的家族所有权，艾度和罗多佛提出用现金替代股权，法斯卡的妻子同意了，这样艾度和罗多佛各持有古奇50%的股份。艾度拿出他10%的古奇股份平分给了他的三个儿子，初衷是想让他的三个儿子能够早些加入到古奇的管理决策中来。平分给三个儿子也很公平，但是他没有想到的是，这样一来，他的任何一个儿子如果和罗多佛联合起来都将持有53.33%的股份，将在公司决策中拥有压倒性的优势。事实上，也正是这一点导致了艾度后来在家族纷争中失去了对古奇的控制权。艾度的二儿子宝洛利用这 3.3% 的股权掀起了巨大的古奇家族内部纷争。

在法斯卡死后，宝洛负责起了佛罗伦萨工厂的管理工作，同时他利用自己的股东身份频频介入罗多佛负责的米兰业务，引起罗多佛的强烈不满，将其打发到了纽约，1978 年又将其从意大利古奇公司开除。宝洛先是利用发展古奇香水公司来反击罗多佛：由于此前成立的古奇香水公司股权分配是艾度、罗多佛和艾度的三个儿子五人各占 20%，把古奇公司的资源用于香水公司的发展，则会使罗多佛的利益受损。后又利用自己在纽约的人脉关系，自创 P.G（宝洛·古奇的缩写）品牌，与古奇对抗。在涉及公司利益的大问题上，艾度与罗多佛站在了一起。1980 年，艾度把宝洛从古奇美国公司解雇。宝洛一怒之下，将古奇公司告上法庭。双方在法庭上对抗的同时，也打起了贸易战：古奇一一警告其供应商，如果发现他们与宝洛有业务联系，将立即终止合作关系。此后，除 1981 年底和 1982 年初一段短暂的和解之外，宝洛与古奇之间一直诉讼和对抗不断。1995 年底，宝洛死于肝炎，1996 年由破产法庭裁定古奇母公司以 370 万美元买下 P.G 品牌的所有权。

（2）莫里吉奥·古奇：借外力平内乱，家族出局

1983 年 5 月，一直与艾度父子平分古奇的罗多佛死于癌症，其唯一的儿子莫里吉奥·古奇（Maurizio Gucci）继承了他 50% 的古奇股份。35 岁成为古奇最大股东的莫里吉奥，是第三代古奇家族成员中唯一的大学毕业生（法律专业），自有一番抱负，要对古奇进行现代化改造。为了取得大于 50% 的公司控制权，他找到了一直与古奇对抗的宝洛，获得了宝洛的支持。1984 年 10 月，莫里吉奥出任古奇公司董事长，聘请艾度为公司名誉总裁。与此同时，艾度陷入了在美国逃税的官司，于 1985 年底将自己所持 40% 的古奇股份转让给了宝洛之外的两个儿子乔吉欧和罗贝托，使他们两位各持有 23.33% 的古奇股份。

艾度因为逃税被判入狱，增强了宝洛对莫里吉奥的报复心。在纷繁的诉讼之争中，一项“伪造罗多佛股权转让签名”的指控，曾使莫里吉奥逃离意大利，不过最终莫里吉奥被判无罪。为了摆脱艾度孩子们的股权控制，莫里吉奥通过摩根士丹利找到了一家由阿拉伯人内米尔·克达（Nemir Kirdar）于 1982 年创建的名为“投资集团（Investcorp）”的私募股权投资基金，双方签订了一份主要内容为重塑品

牌知名度、实现专业化管理和通过收购家族其他成员股份统一股东意志的协议。摩根士丹利出面代表投资集团收购莫里吉奥之外的家族成员股份。他们首先从宝洛的3.3%入手，于1987年10月以4000万美元的价格将其买下。这3.3%的股份已经可以使联合在一起的莫里吉奥和投资集团掌握古奇控制性的股份，而艾度的另外两个儿子乔吉欧和罗贝托如果不甘于小股东的地位，就只能卖掉股份了。到1988年6月，投资集团经过摩根士丹利共从宝洛、乔吉欧和罗贝托手上收购了47.8%的古奇股权。罗贝托保留2.2%，是希望能与莫里吉奥合作掌控古奇，在发现合作无望之后就放弃了。到1989年4月，投资集团最后从艾度手上收购了所持古奇美国公司17%的股权之后，掌握了整个古奇集团50%的股份，莫里吉奥持有另外的50%。84岁的艾度，不得不和儿子们一样走出了古奇的大门，将自己打拼了一辈子的江山，卖给了一家金融机构。

1989年6月开始，彻底平息了家族内讧的莫里吉奥，在投资集团支持下，开始了重振古奇的种种努力。可惜，莫里吉奥既没有艾度那样凭直觉管理公司的才能，又缺乏系统、理性的管理方法，还顽固地拒绝投资集团聘请专业人士管理的提议，致使古奇债台高筑，最后双方矛盾升级到了必须有一方退出的程度。莫里吉奥有心但是无力收购投资集团的股权。1993 年 9 月，在莫里吉奥引入投资集团驱逐走他的大伯和三位堂兄弟四年之后，不得不以 1.2 亿美元的价格将自己所持的 50% 古奇股权卖给了投资集团。古奇家族彻底从古奇集团出局。卖掉古奇之后，莫里吉奥创建了一家小公司。1995 年 3 月 27 日，在新公司尚无起色的时候，莫里吉奥被他两个孩子的母亲、他的前妻雇凶枪杀。

投资集团在完全掌控了古奇之后，起用了索尔负责管理，福特负责设计，古奇开始增长和盈利。1995 年和 1996 年古奇两次公开发售股份，投资集团共进账 24 亿美元。投资集团退出，古奇股权高度分散，招来了法国路易 · 威登 – 轩尼斯的恶意收购威胁。古奇选择了法国巴黎春天集团（Pinault Printemps Redoute, PPR）为白衣使者。到 2004 年，巴黎春天集团持有古奇集团 99.49% 的股权。古奇使巴黎春天集团晋升为世界第三大奢侈品集团。

4. 董事会：有效管控创始人危机

世界充满不确定性，公司遭遇危机很正常，遭遇创始人危机也很正常，否则就不会有那么多的公司创始人和创始人家族出局了。

创始人失去自己创建的公司总是一种悲伤，但是如果创始人限于自身眼界、偏好或者能力，宁愿公司发展缓慢也要将其牢牢掌控在自己手中，公司就会停在“创始人陷阱”之中，也成为不了可以持续发展的伟大公司。

阻碍公司转型的创始人陷阱不仅仅表现在拒绝股权分散上，也可以表现在拒绝职业管理上，即把职业管理限制在一个有限的范围之内，拒绝进一步走上“市场控制－经理人主导阶段”。

这里的一个特殊难题是，由于分级股份制度的兴起，一些公司创始人在股份投票权上保有了对公司的绝对控制权。在这种情况下，如果创始人在自身导致了公司危机的情况下，还是顽固地坚持拥有对公司的绝对控制权，公司就很难办了。

天才的创始人，未必是优秀的公司管理者

天才发明家爱迪生，作为通用电气公司创始人却是失败的。1892 年爱迪生通用电气公司与汤姆森－休斯敦公司合并成为通用电气公司。虽然爱迪生的名气很大，但是爱迪生通用电气公司的效益没有汤姆森－休斯敦公司的效益好，两个公司股东的股份分别以一比一和三比五的比例换成新公司的股份，并且是汤姆森－休斯敦公司的总裁科芬成为了新公司——通用电气公司的总裁。爱迪生不满公司名称中没有自己的名字，并且股权也被稀释为不再是最大股东，在仅仅出席了一次董事会会议之后就离开了通用电气公司。

思科是互联网基础设施市场上占绝对优势的公司，如果没有思科的路由器，也许就不会有互联网。但是思科的两位创始人没有能从卓越的创业者转型为团队领导人和优

秀管理者，跟不上思科公司的前进步伐而出局了。1990 年 2 月 16 日，思科上市，红杉资本持股 23.5%，两位创始人莱恩 · 博萨克和桑迪 · 勒纳各自持有 13.8% 的思科股份。思科上市仅仅半年之后，1990 年 8 月 28 日，在 6 名副总裁以集体辞职相威胁的要求之下，思科董事会解聘了桑迪 · 勒纳，随后莱恩 · 博萨克自己辞职。1990 年底，思科这两位创始人抛售了所持思科股票。

丰田汽车创始人丰田喜一郎也是天才创始人而非优秀管理者，因此成为公司陷入财务困境时出局的一个重要案例。1930 年 3 月，丰田喜一郎占用丰田自动织机公司的一角，开始研制汽车。1937 年 8 月 28 日，丰田自动织机公司把汽车部独立出来，组建成立了丰田汽车公司，丰田喜一郎以执行副总裁身份实际负责丰田汽车公司的管理工作。1941 年，丰田喜一郎正式出任公司总裁。战后经济萧条使丰田汽车公司于 1949 年底陷入困境。1950 年初，日本银行名古屋分行出面组织银团贷款拯救丰田汽车公司，条件是要求公司裁员，并将销售部门变为独立的销售公司。由于自感愧对占员工总数 26% 的 2146 名被要求“自愿退休”的员工，丰田喜一郎“引咎”辞职。

创始人出局，公司可以继续正常发展

正常情况下，无论是创始人自身出现问题，还是创始人能力所限使其已经不能继续领导公司，创始人所任管理职务都是可以被一个正常运作的公司董事会所替换掉的。

公司发展过程中，包括创始人出局在内的各种矛盾和冲突本身都不是问题，关键是有没有一个像董事会投票这样的明确、权威的决策中心和裁决机制。三位创始人连续出局，都没有阻挡 Twitter 作为一家独立公司的发展步伐。从创始人、员工到投资人和用户，他们构成了一种相互作用但以董事会为核心——谈判、妥协和集体决策中心——的公司治理系统，正是这个系统缔造了 Twitter。在从 Odeo 公司的一个项目发展成 Twitter 公司的过程中，作为 Odeo 公司主要创始人的诺阿·格拉斯已经出局了，主要是被项目负责人杰克·多西挤出局的。作为 Twitter 创意提出者、项目负责人、首任 CEO 和联合创始人的杰克·多西，正式任 CEO 职位的时间也仅一年半（2007 年 4 月到 2008 年 10 月），主要是被投资人罢黜的。这还没有完，作为 Twitter 早期唯一投资者和公司主要创始人的埃文·威廉姆斯，在公司第二任 CEO 的职位上也是仅仅坐了两年时间（2008 年 10 月到 2010 年 10 月），就被公司投资者和董事会罢黜了。

创始人要保持住公司控制权，首先公司的业务发展要比较好，能产生足够和可持续的现金流，以使创始人不必为了挽救企业于财务困境而被迫出让控制性股份或让出控制性权力，进而导致自己出局。杜兰特于 1908 年创建了通用汽车公司，1910 年就因公司财务危机而使公司控制权落入了银行家之手。1916 年，夺回通用汽车公司的杜兰特没有汲取教训，再度大举扩张，再度陷入财务危机，于 1920 年彻底失去了自己创建的公司。杜兰特两次失去通用汽车公司时的情形几乎一样，轻率地大举扩张，产品库存积压，管理不善，缺乏控制。

创始人特权增加管控难度，但也并非无解

分级股份制度、上市前签署原始股东将投票权委托给公司创始人行使的协议等制度安排，有力地保护了公司创始人，缓解了来自华尔街的短期市场压力，使公司创始人能够按照自己的战略意图领导公司。但问题的另一面就是，如果创始人管理无能或是出现问题，公司董事会很难按常

规程序及时解除创始人的管理职务。

创立于 1984 年的思科公司，其创始人不仅没有在 1987 年引入风险资本时进行创始人的控制权保护设计，并且在 1988 年 5 月为了争取风险资本方支持，他们赶走公司的职业经理人 CEO，而将自己的股份投票权委托给了投资人。于是，在公司上市半年后的 1990 年 8 月，当创始人与公司经理人团队发生冲突，且投资人支持了经理人团队时，创始人被迫离开公司。从思科公司角度看，这使董事会能够不受创始人特权束缚，及时替换管理层，为公司引入最合适的领导人。

创始人特权存在时，如何避免其不利影响，使公司董事会能够在必要时解除创始人的管理层职务，以免公司陷入创始人危机？如果出现违法、违规等问题，外部监管力量的及时介入可以提供一种救济手段，如特斯拉公司创始人马斯克因为一条不当 twitter，招来监管层介入而被迫放弃董事长职务。如果像思科公司创始人或是当年的乔布斯那样，并没有什么不当行为，但是管理能力不足致使公司问题重重，公司内部治理机制（股东会和董事会）有什么样的制度安排可以发挥作用呢？

绝对的权力导致绝对的腐败，创始人特权也跳不出这个陷阱。一个可行的办法是，在公司创设分级股份制度以及公司投资者与创始人签订投票权委托协议时，附设约束条件，创始人违反这些附设条件时，剥夺其相关特权。另一个办法是，创设类似紧急状态下的董事会那样的公司章程条款，在出现创始人危机的情况下，通过特别委员会行使正常情况下的董事会权力，从而绕开创始人特权对公司行为的约束。

健全治理，把创始人危机的影响降到最低

创始人个人出了问题，无论是触犯了法律，还是遭遇疾病或交通事故等意外事件，其公司能否持续发展，取决于公司的治理质量和组织发展水平。

每一家能够持续发展的企业都是一个有机性组织，创始人的影响已经融在这个组织的血液里，不是简单地通过股权结构和人事调整就能够消除的。从美国的福特，日本的丰田、佳能，到意大利的菲亚特，所有这些公司都是上市很久、股权已经很分散了的公司，而创始人家族的影响和控制都保持了很好的延续。它们不仅没有过明确的“去家族化”口号或者旨在“去家族化”的行动，而且把创始

人家族控制的存在作为组织优势的一个来源，其优势在于能保持公司的长期视野和可持续性竞争力，避免完全经理人控制下的公司行为短期化。丰田、佳能和菲亚特都在经历过几代职业经理人领导之后，又回归到了创始人家族后代领导。

现代公司治理原则主张董事会中心主义，也就是说，除非股东明确保留的权力，其他权力都可以默认配置给董事会。但这并不意味着股东不能控制董事会的组成，而是恰恰相反，意味着要强化股东对董事会的控制。在董事会中心主义之下，公司的经营管理等具体行为由董事 / 经理人本着整个公司利益最大化的原则行使，以消除控股股东直接行使这些权利时很容易产生的“不公平关联交易”等窃取公司利益的行为。在不能直接行使经营管理等具体权力（或者说消除控股股东对公司具体经营管理行为的直接控制）的情况下，控股股东对公司董事会的控制能够给其带来的只是纯粹股东利益（总体股东回报——分红和资本增值），这与其他股东、中小股东的利益是一致的。

现有董事会成员不应该利用公司资源拉拢其他股东去与大股东对抗。这种行为滥用了董事会中心主义赋予董事和经理人的权力，也违背了现代公司治理原则下董事和职业经理人的基本义务——忠诚与勤勉。董事会中心主义的本意是通过董事会集中行使公司管理权力来消减股东之间的利益冲突，董事和职业经理人本身都应该是促成股东团结的力量，他们只能通过管理能力和业绩来让全体股东放心，并从而使控股股东不愿意并且没有必要继续保持控制。公司通过“股东控制董事会，董事会管理公司”这样一种良好的公司治理而自然走向股权分散。股权分散只是良好公司治理的一个自然结果，而不是改进公司治理的手段，更不应该是公司发展的目标。

参考文献

REFERENCES

[1] 欧文·W. 林茨迈尔著，毛尧飞. 苹果传奇，北京：清华大学出版社，2006

[2] 阿克塞尔·马德森著，林华译. 创业史诗——杜兰特创建美国通用汽车公司之路，北京：华夏出版社，2004

[3] 阿瑟·C. 马丁内斯，查尔斯·麦迪根著，侯颖译. 百年老店西尔斯，北京：中信出版社，2003

[4] 小艾尔弗雷德·斯隆著，刘昕译. 我在通用汽车的岁月，北京：华夏出版社，2005

[5] 安迪·格鲁夫著，安然译. 只有偏执狂才能生存，北京：中信出版社，2002

[6] 鲍勃·奥尔特加著，屈陆民等译. 信任萨姆——全球最大零售商沃尔玛的秘密，北京：华夏出版社，2001

[7] 本·麦兹里奇著，马小艳译. Facebook——关于性、金钱、天才和背叛，北京：中信出版社，2010

[8] 彼得·伯罗斯著，朱林勇译. 逆火——惠普女总裁的权力之路，北京：机械工业出版社，2004

[9] 彼得·科利尔，大卫·霍罗维兹著，周越等译．洛克菲勒家族传，北京：中国时代经济出版社，2004

[10] 彼得·科利尔，大卫·霍罗维兹著，李必龙等译．美国楷模——福特史诗，北京：华夏出版社，1999

[11] 彼得·克拉斯著，王鹏译．卡内基传，北京：国际文化出版公司，2005

[12] 伯迪·托尔卡著，张宗梁，王芳译．宜家的故事——与英格瓦·坎普拉德对谈，呼和浩特：远方出版社，2007

[13] 布鲁诺·阿贝斯卡著，戴捷译．欧莱雅——一部法国的魅力财富史，北京：中信出版社，2004

[14] 出井伸之著，程雅琴译．迷失与决断——我执掌索尼的十年，北京：中信出版社，2008

[15] 大卫·柯克帕特里克著，沈路等译．Facebook 效应，北京：华文出版社，2010

[16] 戴维·法伯著，王庆华，刘瑾译．斯隆规则——通用汽车塑造轨迹，北京：机械工业出版社，2004

[17] 戴维·格里森著，傅兴潮译．我愿全世界都买可口可乐——罗伯特·戈伊祖塔与可口可乐的全球行销战略，北京：宇航出版社，1998

[18] 戴维·帕卡德著，贾宗谊译．惠普之道——比尔·休利特和我是如何创建公司的，北京：新华出版社，1995

[19] 道·盖尔著，胡小军等译．东山再起——郭士纳与 IBM 十年转机，北京：华夏出版社，2003

[20] 道格拉斯 · 布林克利著，乔江涛译 . 福特传——亨利 · 福特，他的公司和一个进步的世纪，北京：中信出版社，2005

[21] 恩里克·巴迪亚著，黄芳魏微译 . ZARA —— 引领快速时尚，杭州：浙江人民出版社，2010

[22] 费托·阿旺塔利奥著，殷明，白海军译 . 法拉利背后的家族，广州：花城出版社，2008

[23] 丰田英二著 · 李宁等译 . 决断——丰田成功之路，天津：天津科学技术出版社，1989

[24] 弗里德海姆 · 斯瓦茨著，王薇译 . 肯定是你——雀巢缔造者的经营理念，哈尔滨：哈尔滨出版社，2004

[25] 富士通株式会社著，陆华生，黄文明译 . 富士通——电子先锋，北京：华夏出版社，2001

[26] 谷本真辉，李鑫著 . 一胜九败——日本新首富柳井正的创业人生与商业哲学，北京：中华工商联合出版社，2011

[27] 托马斯 . 海因里奇，鲍勃 · 巴彻勒著，夏璐，徐雯菲译 . 温柔的力量——金佰利公司与美国的消费革命，上海：上海远东出版社，2008

[28] 韩国《东亚日报》经济部著，李敦球，刘海生译 . 韩国大企业的领袖，北京：新华出版社，2003

[29] 亨利 · 福特著，梓浪，莫丽芸译 . 我的生活与工作，北京：北京邮电大学出版社出版，2005

[30] 霍华德 · 舒尔茨，多莉 · 琼斯 · 扬著，文敏译 . 将心注入，北京：中信出版社，2011

[31] 霍华德·舒尔茨，乔安·戈登著，张万伟译.一路向前，北京：中信出版社，2011

[32] 吉姆·卡尔顿著，朱贵冬，杨芳等译.苹果公司兴衰内幕，北京：新华出版社，1999

[33] 加藤胜美著，郑春瑞译.超越梦想——御手洗毅与佳能，北京：华夏出版社，2000

[34] 杰弗瑞·扬，威廉·西蒙著，蒋永军译.缔造苹果神话——史蒂夫·乔布斯传，北京：中信出版社，2007

[35] 凯文·梅尼著，胡金涛译.特立独行者和他的 IBM 帝国——沃森传，北京：中信出版社，2004

[36] 肯·奥莱塔著，薛红卫，谭晓晖译.被谷歌——已经、正在和将要被谷歌改变的人、公司、行业和世界，北京：中信出版社，2010

[37] 莱因哈德·莫恩著，冯波等译.合作制胜——贝塔斯曼的成功之道，北京：华夏出版社，2000

[38] 雷·克洛克著，陈寅译.三十年一亿倍——麦当劳教父雷·克洛克自传，北京：中华工商联合出版社，2004

[39] 李昌雨著，文大一，侯绮梅译.三星之父，北京：海洋出版社，2005

[40] 李庆植著，金香兰译.三星内幕，北京：中国铁道出版社，2012

[41] 铃木敏文著，袁淼译.我的零售人生——铃木敏文自传，北京：中信出版社，2010

[42] 罗伯特 · A. 伯格曼著，高梓萍等译 . 战略就是命运，北京：机械工业出版社，2004

[43] 罗伯特 · 斯莱特著，屈陆民译 . 重启微软：比尔 · 盖茨与史蒂夫 · 鲍尔默是如何再创微软辉煌的，北京：中国社会科学出版社，2006

[44] 罗伯特 · 斯莱特著，王雪平译 . 思科风暴，北京：中信出版社，2003

[45] 罗尔夫 · H. 卡尔森著，王晓玲译 . 所有权与价值创造——新经济时代的公司治理战略，上海：上海交通大学出版社，2003

[46] 罗恩 · 切尔诺著，王鹏译 . 洛克菲勒：罪恶与圣洁，北京：国际文化出版公司，2007

[47] 吕迪格尔 · 荣格布鲁特著，朱刘华，黄孝阳译 . 宝马背后的家族，广州：花城出版社，2008

[48] 马克 · 彭德格拉斯特著，丁岚译 . 上帝、国家、可口可乐，南宁：广西人民出版社，2003

[49] 迈克尔 · 科索马罗，理查德 · 塞尔比著，程化等译 . 微软的秘密，北京：北京大学出版社，1995

[50] 诺尔 · 蒂奇，斯特拉福德 · 舍曼著，吴郑重译 . 掌握命运——通用电气的改革历程，上海：上海译文出版社，1996

[51] 欧内斯特 · 冈德林著，陈雪松等译 . 创新沃土：美国 3M 公司创新机制，北京：华夏出版社 2001

[52] 皮埃尔 – 安托万 · 多内著，方友忠译 . 米其林传奇——从偏僻小厂到全球轮胎帝国，桂林：广西师范大学出版社，2009

[53] 片山修著，陈锐译 . 丰田方式，北京：华夏出版社，1999

[54] 片山修著，桂雪琴译．索尼法则，北京：华夏出版社，1999
[55] 莎拉·盖·弗登著，辛艳译．古奇王朝——世界上最时尚家族的情感、势力与脆弱，北京：中信出版社，2005
[56] 萨姆·沃尔顿等著，沈志彦等译．富甲美国——零售大王沃尔顿自传，上海：上海译文出版社，1996
[57] 索尼传媒中心编．索尼源流——从废墟上起步，北京：华夏出版社，1999
[58] 田原总一朗著，韦平和，黄天荣译．电脑英才——富士通公司池田敏雄传，北京：华夏出版社，2000
[59] 托马斯·舒勒尔著，朱刘华，黄孝阳译．贝塔斯曼背后的家族，广州：花城出版社，2008
[60] 威廉·E. 罗思柴尔德著，杨斌等译．通用电气成功全书，北京：机械工业出版社，2008
[61] 乌尔里西·菲赫尔著，江澜等译．保时捷的老板，北京：中央编译出版社，2007
[62] 小爱德华·J. 雷内汗著，雨柯译．铁路大亨：范德比尔特的财富人生，北京：中信出版社，2009
[63] 小托马斯·沃森著，尹红等译．父与子——IBM 发家史，北京：新华出版社，1993
[64] 小托马斯·沃森著，张静译．一个企业的信念，北京：中信出版社，2003
[65] 亚当·杰佛逊著，李贺译．史蒂夫·鲍尔默传，北京：中国青年

出版社，2004

[66] 岩渊明男著，杨延梓，郑春瑞译 . 佳能理念，北京：华夏出版社，1999

[67] 弗里德赫尔姆 . 施瓦茨著，杨轩译 . 德意志银行，北京：华夏出版社，2008

[68] 伊丽莎白 · 坎德勒 · 格雷厄姆，拉尔夫 · 罗伯茨著，贾宗谊译 . 可口可乐家族，北京：新华出版社，1995

董事长书架丛书

微信公众号　　微信扫码购书

企业管理出版社
ENTERPRISE MANAGEMENT PUBLISHING HOUSE

地址：北京市海淀区紫竹院南路 17 号中国企业联合会 1 号楼
电话：68414643　　邮箱：qiguan1961@163.com

即将出版

即将出版

微信公众号　　微信扫码购书

企业管理出版社
ENTERPRISE MANAGEMENT PUBLISHING HOUSE

地址：北京市海淀区紫竹院南路 17 号中国企业联合会 1 号楼
电话：68414643　　邮箱：qiguan1961@163.com